目标威胁多因子
综合评估稳定性分析方法

李登峰　著

科 学 出 版 社
北　京

内 容 简 介

本书从目标威胁概念、形成机理与评估范式的角度，把目标威胁多因子综合评估明确划分为目标威胁排序多因子综合评估与目标威胁等级多因子综合评估两种形式，并分别创建相应的研究范式与稳定（或灵敏）性分析方法。主要包括目标威胁排序（等级）多因子线性常权/变权加权综合评估方法、目标威胁排序（等级）多因子常权/变权 TOPSIS 综合评估方法、目标威胁排序（等级）多因子常权/变权 VIKOR 综合评估方法、目标威胁等级多因子综合评估级别特征值方法、目标威胁等级多因子综合评估二元语义方法、目标威胁排序（等级）多因子线性加权综合评估模型与结果关于目标威胁因子权重、目标威胁因子（级别）特征值的稳定性分析方法。每种理论模型与方法都配以实例进行示范剖析和说明。

本书可供决策分析、网络安全、资源与环境评估、旅游安全管理、作战指挥决策、系统分析、企业风险评估、供应链风险管理等方面的理论与应用研究人员，以及高等院校、科研院所决策科学、作战指挥学、运筹学、旅游管理、模糊数学、管理科学、企业管理、计算机与网络安全、系统工程、环境科学、生态学等学科或专业的教师与研究生阅读参考。

图书在版编目（CIP）数据

目标威胁多因子综合评估稳定性分析方法/李登峰著. —北京：科学出版社，2023.9

ISBN 978-7-03-074682-5

Ⅰ. ①目… Ⅱ. ①李… Ⅲ. ①多目标决策－研究 Ⅳ. ①C934

中国国家版本馆 CIP 数据核字（2023）第 014662 号

责任编辑：马 跃 / 责任校对：贾伟娟
责任印制：赵 博 / 封面设计：有道设计

科 学 出 版 社 出版
北京东黄城根北街 16 号
邮政编码：100717
http://www.sciencep.com

涿州市般润文化传播有限公司印刷
科学出版社发行 各地新华书店经销

*

2023 年 9 月第 一 版 开本：720 × 1000 1/16
2024 年 1 月第二次印刷 印张：11
字数：220 000

定价：122.00 元

（如有印装质量问题，我社负责调换）

前　言

威胁评估（threat assessment）、网络安全评估、旅游风险评估、绿色产品等级评估、气候灾害等级评估、环境污染评估等都属于综合评估范畴，但其概念、形成机理与研究范式等都有着本质的区别。目标威胁评估是目标分配与火力运用的重要前提，也是作战指挥决策中的重要环节，对实现信息优势到决策优势进而到全维优势的转化、提高指挥决策效能和作战效果具有重要意义。尽管目标威胁评估是一个已经受到国内外军事理论专家与指挥员高度关注且亟待解决的重要军事问题，但由于涉及武器装备使用、作战指挥样式、不确定性、主观性和作战的时效性等众多因素，这个问题一直没有得到很好的解决，并随着信息化、数字化程度的不断提高而越发复杂棘手。目前绝大多数研究工作是关于目标威胁的构模方法及其在具体作战任务中的应用，尚未形成统一的理论与方法体系，尤其缺乏对目标威胁评估的稳定（或灵敏）性问题的研究。这个问题的解决直接关系到目标威胁评估的质量和可信度，也是让指挥员在实际作战指挥决策中放心地参考、使用的关键因素。本书以军事目标威胁为背景，从目标威胁概念、形成机理与目标威胁评估研究范式的角度，结合多因子（或属性、目标、指标、准则、因素）综合评估方法，明确提出把目标威胁多因子综合评估划分为目标威胁排序多因子综合评估与目标威胁等级多因子综合评估两种形式，着重开展相应的多因子综合评估模型与方法研究，并从数理基础和实证分析两个方面，提出目标威胁多因子综合评估的稳定性分析方法。

本书包含 6 章。第 1 章在系统梳理与综述国内外目标威胁研究现状的基础上，从目标威胁概念、形成机理与目标威胁评估研究范式的角度，明确提出把目标威胁多因子综合评估划分为目标威胁排序多因子综合评估与目标威胁等级多因子综合评估两种形式，并分别构建其相应的多因子综合评估逻辑关系，提出目标威胁评估四个尚未有实质性研究的关键性基础理论与方法问题。此外，介绍确定目标威胁因子权重的四种主观赋权法（直接赋权法、集值统计法、一致性排序法、有序二元链式比值法）、一种客观赋权法（熵权法）和一种主客观综合赋权法。第 2 章介绍目标威胁排序评估的相关概念，提出目标威胁排序多因子综合评估的一般性原理、过程及其稳定性问题，具体构建三种常用的评估模型，即目标威胁排序多因子线性加权综合评估模型、目标威胁排序多因子逼近于理想解的排序法（technique for order preference by similarity to an ideal solution，TOPSIS）综合评估模型与目标威胁排序多因子多准则妥协解排序法（vlsekriterijumska optimizacija ikompromisno resenje，VIKOR）综合评估模型，并研究这三种评估方法、目标威胁因子特征值无量纲化（或归一化）方法、目标威胁因子类型趋同化方式和一致化方法、目标威胁因子权重等对目标威胁排序评估结果的影响，即稳定（或灵敏）性分析。进一步地，结合变权概念，提出目标威胁因子状态变权向量的构造原理与方法，据此创建三种重要的目标威胁排序多因子变权综合评估模型，即目标威胁排序多因子线性变权加权综合评估模型、目标威胁排序多因子变权 TOPSIS 综合评估模型、目标威胁排序多因子变权 VIKOR 综合评估模型。第 3 章提出目标威胁等级多因子综合评估的一般性原理与过程，具体构建三种重要的目标威胁等级多因子综合评估模型，即目标威胁等级多因子线性加权综合评估模型、目标威胁等级多因子 TOPSIS 综合评估模型、目标威胁等级多因子 VIKOR 综合评估模型；提出目标威胁等级多因子综合评估涉及的稳定性问题，构建多种形式的目标威胁因子特征值级别隶属函数，并实证分析不同目标威胁因子特征值级别隶属度对目标威胁等级评估结果的影响，即稳定（或灵敏）性。在分析按照最大隶属度原则确定目标威胁等级的局限性的基础上，提出把级别特征值作为目标威胁等级的评定原则，创建目标威胁等级多因子综合评估级别特征值方法。为区分相同威胁等级的目标威胁程度，提出具有目标威胁等级与符号偏移值双指标特征的二元语义概念，进而创建目标威胁等级多因子综合评估二元语义方法，并结合目标威胁因子状态变权向量，提出目标威胁等级多因子线性变权加权综合评估方法、目标威胁等级多因子变权 TOPSIS 综合评估方法、目标威胁等级多因子变权 VIKOR 综合评估方法。第 4 章从数理基础与实证角度两方面研究目标威胁排序多因子线性加权综合评估模型关于目标威胁因子特征值、目标威胁因子权重的稳定（或灵敏）性，具体给出保持目标威胁排序多因子综合评估结果稳定时的目标威胁因子特征值和目标威胁因子权重的变化范围的解析表达式。第 5 章以级别特征值作为目标威胁等级的评定原则，从数理基础与实证角度两方面分别提出目标威胁等级多因子线性加权综合评估模型关于目标威胁因子级别特征值、目标威胁因子权重的稳定（或灵敏）性分析方法，具体推导得到保持目标威胁等级多因子综合评估结果稳定时的目标威胁因子级别特征值和目标威胁因子权重的变化范围的解析表达式。第 6 章归纳全书的主要研究结论，并指出今后值得进一步完善和深入研究的一些具体问题及研究方向。

本书的研究重点是目标威胁多因子综合评估模型及其稳定性分析方法，包括目标威胁排序多因子综合评估模型与目标威胁等级多因子综合评估模型两种形式。目标威胁多因子综合评估本质上可归纳为一类典型的多属性（或因素、因子、指标、目标、准则）决策（或评价）问题。因此，本书的研究方法和结论不仅为分析判断目标威胁多因子综合评估结果的合理性、可靠性、准确性提供理论依据与智力支持，而且在决策、管理等其他领域的问题研究分析中具有推广参考价值。

本书自成体系，具备一定的微积分知识储备的读者就能够顺利轻松阅读，包括从事决策分析、网络安全、资源与环境评估、数字经济、旅游开发与安全管理、目标威胁与态势评估、自然灾害等级评估、系统分析、工程与工业系统优化设计、企业风险评估、作战效能评估、供应链风险管理、供应链韧性评估、生态环境评估、绿色低碳、软件开发、技术成熟度评估、企业绩效评估等领域的理论与应用研究人员，以及高等院校、科研院所从事决策科学、作战指挥学、运筹学、旅游管理、模糊数学、管理科学、企业管理、生态经济学、计算机与网络安全、系统工程、数据科学、应用数学、环境科学、生态学、水资源及水文学、供应链金融等学科或专业的教师、博士后、博士研究生与硕士研究生等。

本书提出的所有观点、理论、模型、方法与结论纯属作者个人的学术研究成果，如有不恰当之处，敬请斧正。

感谢费巍副教授帮助绘制书中所有图表并梳理所有参考资料。在本书撰写过程中，作者得到了很多专家、学者与高等院校、科研院所的支持和帮助，谨此致谢，不再一一列举。

李登峰

教授、博士生导师、博士

目　　录

第 1 章　目标威胁多因子综合评估分类及相关概念

1.1　目标威胁多因子综合评估问题

“威胁”（threaten）一词是指一方用武力、权势、力量等胁迫或恫吓另一方，使其屈服或遭遇危险。这个词最早出现在西汉司马迁《史记·刺客列传》“秦地偏天下，威胁韩、魏、赵氏”中。后又出现在《晋书·王敦传》“将以威胁朝廷，倾危宗社”中。宋朝苏轼在《乞约鬼章讨阿里骨札子》中写道：“若得休息数年，蓄力养锐，假吾爵命，以威胁诸羌。”这些例子中的威胁都包含“一方使用武力等”与“另一方遭受危险或危害”两层意思，与现在我们所说的威胁意思完全一致。

与威胁紧密相关的词很多，如危害、安全、风险等。当前，空中目标威胁、海上目标威胁、水下目标威胁、恐怖威胁、供应链风险、网络安全威胁、信息安全威胁、人身安全威胁、国家安全等与威胁及其近义词、反义词相关的词汇频繁出现。

战场态势评估是指在特定时空环境中的要素感知，并在对要素理解的基础上，预测战场态势在未来一段时间内的发展趋势或状态。通常，战场态势评估与目标威胁评估紧密相关，均为信息融合领域的概念，且在某些应用背景或领域，这两个概念有交叉或重叠。在美国国防部实验室主任联席会（Joint Directors of Laboratories，JDL）提出的数据融合处理模型中，明确地把战场态势评估和目标威胁评估划分为第 2 级与第 3 级融合处理的内容。战场态势评估通过对战场中部队的编制结构与整个战斗环境要素的描述，定量化地估计敌方力量，进而可以正确估计敌方的行动路线和杀伤力。我们可以把战场态势评估视为估计敌方战斗计划（或方案）的一种方法。目标威胁评估则是在战场态势评估的基础上，定量化地估计目标威胁的程度。因此，目标威胁评估融合了战场态势评估的结果，是对战场态势做进一步抽象的估计。以防空作战为例，空战态势评估和目标威胁评估并没有十分明确的界限，多数研究者把空战态势评估与目标威胁评估合二为一。在目标威胁评估中，应用了空战态势评估的内容；在空战态势评估中，则更多地考虑了目标威胁评估的结果，即目标威胁程度。由此可见，对空战态势的评估有利于目标威胁的确定，目标威胁的确定则更有助于对空战态势的评估，两者密不可分，具有交互并行的非线性过程。因此，空战态势评估和目标威胁评估是从经过初级融合的信息中提取关键的事件信息，并进行估计、分析和预测，辅助指挥员（或决策者）建立空战态势及其趋势理解的复杂信息处理过程[1]。

通常，目标威胁评估包括目标威胁排序评估与目标威胁等级评估两种重要类型。目标威胁评估模型是指控系统的核心模型之一，直接影响和制约着防空武器系统作战效能的发挥。目标威胁评估是威胁评估的一类特殊应用形式。威胁评估除用于作战指挥之外，已在网络安全、国家安全、信息系统安全、企业风险管理、供应链风险管理、旅游风险管理、恐怖威胁、自然灾害风险、交通安全、食品安全、资源与环境等多个学科、专业与领域受到广泛关注并得到不同程度的研究。本书从综合考虑多个目标威胁因子的角度，开展目标威胁评估研究，因此后续章节中都称为“目标威胁多因子综合评估”，以便突出强调“多因子综合”的研究视角。本书创建的目标威胁多因子综合评估模型与方法同样适用于非军事背景的一般化威胁（或安全、风险）评估问题。

在现有的国内外指控系统中，目标威胁多因子综合评估模型对各目标威胁因子的威胁程度都采用固定的线性等权重加权综合方法进行集结。例如，美国的“爱国者”导弹、法国的“响尾蛇”导弹都是通过对三个目标威胁因子采用相同权重1/3的线性等权重加权综合方法分别计算得到各自威胁评估结果的，这三个目标威胁因子分别是目标装载弹药造成被保卫对象的可能损失、被保卫对象的重要度、目标飞临被保卫对象的时间。从实际应用和理论研究角度看，尽管固定权重的线性等权重加权综合方法比较简单、易于实现，但受人为干预很大，目标威胁多因子综合评估结果的合理性、可靠性和准确性很难让人信服，无法让指挥员（或决策者）在实际作战指挥决策中放心地参考、使用。此外，在现有的目标威胁多因子综合评估研究中，目标威胁因子特征值（或威胁隶属度）的获取与处理、目标威胁因子权重的确定等含有较多的主观任意性和模糊不确定性，未能进行有效、合理的优化处理，致使一些指控模型给出的目标威胁多因子综合评估结果出现与实际威胁判断明显不相吻合的不合理现象，给实际作战指挥决策带来很大的困难甚至造成某些“混乱”。因此，研究目标威胁多因子综合评估的合理性和稳定性问题，提升目标威胁评估质量和可信度，已成为一个亟待解决的重要理论研究与实际应用问题。然而，从所收集到的公开文献资料看，尽管国内外对目标威胁评估问题研究比较多，但主要集中于运用新的理论、方法解决具体的目标威胁评估问题，而在目标威胁多因子综合评估模型的合理性、有效性、实用性以及目标威胁多因子综合评估结果的稳定（或灵敏）性等方面缺乏深入的数理分析和实证研究。本书正是在这种背景与考虑下进行相关基础理论问题提炼、形成并展开深入研究工作的。

1.2　目标威胁多因子综合评估国内外研究

如 1.1 节所述，目标威胁评估是指控系统的重要组成部分，直接影响到目标分配与火力运用，关系到部队作战效果与战斗力的发挥[2]。目标威胁评估有时也称为目标威胁估计或目标威胁判断，与战场态势评估密切相关[3]。目标威胁评估的主要任务是根据敌我双方的各种数据推断出敌方目标威胁程度或威胁等级，为合理、高效地使用兵力兵器提供基本依据。自有人类战争以来，目标威胁评估一直就是指挥员与军事专家特别关注的问题之一。过去的战争复杂程度、规模、变化速度、技术含量等比较低，依靠指挥员和军事专家的知识、经验就能做出目标威胁判断，进而指挥作战。但随着大量高新科技在现代战争中的广泛运用，特别是防空作战中，面临的现代空袭环境越来越复杂，全空域、多架次、多批次、多方向、多层次、连续饱和攻击方式等空袭模式的运用，对防空作战指挥决策的正确性和实时性提出了更高的要求，仅凭指挥员和军事专家的知识、经验很难甚至无法满足现代作战的要求。因此，近几年来，作为战斗活动（特别是防空作战）中基本决策之一的目标威胁评估问题成为军事领域的活跃研究内容。

目前，国内外对目标威胁评估都进行了很多探讨和研究，但由于涉及军事秘密，很难在公开的文献资料中看到真实的目标威胁评估问题案例分析，大多数还是集中在理论模型与方法的研究上。通过对所收集的文献资料进行归类分析与研究可见，目标威胁评估尚未形成合理、实用、完整的统一理论与方法体系[4]。

从众多的分析研究中可以看出，影响目标威胁程度的因素很多，包括目标类型、与被保卫对象的距离、高度、速度、航路捷径、干扰能力、数量等，且这些因素之间的影响往往都是相互冲突、不可公度的。因此，目标威胁评估本质上可以归纳为一类典型的多属性（或因素、因子、指标、目标、准则）决策（或综合评价）问题。依据目标威胁评估中所利用的主要理论方法与手段，可将所收集的公开研究成果按下面几类进行简单综述。

1. 基于贝叶斯理论的目标威胁评估方法

贝叶斯（Bayes）网络理论是人工智能学科中处理不确定性问题的非常有效的方法之一，在处理不确定性复杂问题方面具有无法比拟的优势，能够将参数信息输入进行定量推理，定量输出各目标威胁因子（或属性、指标）值，从而得出比较精确的目标威胁评估。文献[5]利用贝叶斯网络能够处理不确定信息和进行逻辑推理的能力，建立基于贝叶斯网络的目标威胁识别与威胁等级评估模型。文献[6]利用贝叶斯攻击图，提出动态安全风险定量评估方法。文献[7]利用贝叶斯攻击图，对恶意内幕交易风险在违约发生前的威胁进行估计分析。文献[8]通过引入有效的算法对贝叶斯攻击图的精确推理进行改进，提出静态和动态相结合的网络风险评估方法。文献[9]基于加权动态云贝叶斯网络，提出一种空战目标威胁评估方法。文献[10]针对航母编队对潜艇的威胁评估问题，提出目标威胁评估分层贝叶斯网络模型。文献[11]通过考虑目标不同时间的各目标威胁因素的相互影响，构建基于动态贝叶斯网络的防空作战威胁评估模型。文献[12]针对小样本数据缺失情形，提出舰艇编队防空目标威胁评估动态贝叶斯网络方法。文献[13]针对舰艇编队防空目标威胁评估问题，提出离散动态贝叶斯网络与云模型相结合的目标威胁评估方法。文献[14]采用动态贝叶斯网络，建立基于协同战术识别的双机编队目标威胁评估模型。

2. 基于模糊多属性决策的目标威胁评估方法

文献[15]将目标威胁识别看作目标威胁因子（或属性）的识别问题，利用模糊模式识别方法，建立目标威胁源识别模型与方法。文献[16]利用多属性决策中的线性加权综合模型，提出目标威胁评估方法。文献[17]利用多属性决策中的优序指标概念，建立目标威胁排序评估方法。文献[18]针对目标威胁因子的威胁等级，提出改进的定量化等级评估方法。文献[19]在利用灰色理论定量化各目标威胁因子的威胁程度的基础上，结合多属性决策中的TOPSIS，提出电子战干扰目标的多属性多层次威胁评估模型。文献[20]根据防空任务的特点与要求，结合多属性决策中的线性加权综合方法，建立空袭目标威胁排序评估模型。文献[21]针对地面作战目标威胁评估指标类型多样性与难以量化的问题，将定性指标与定量指标转化为统一的直觉模糊集的表示形式，提出目标威胁评估的一种多属性（或指标、因子）定量化方法。

在目标威胁评估中，存在很多模糊不确定性，如何描述、量化这些模糊性已成为解决目标威胁评估问题的关键之一。文献[22]和[23]在获取各目标威胁因子隶属度的基础上，利用模糊多属性决策理论，建立目标威胁评估综合模型。文献[24]和[25]利用模糊距离测度与多属性决策中的线性加权综合方法，建立辐射源威胁排序评估模型，并在事先设定威胁等级阈值的条件下，提出辐射源威胁等级评估方法。文献[26]～[28]通过选取不同形式的目标威胁因子隶属函数，利用线性加权综合模型，提出空中目标威胁评估方法。文献[29]利用三角模糊数刻画各目标威胁因子参数的模糊不确定性，按照模糊数的运算规则和大小排序方法，计算出目标威胁线性加权综合值，据此进行目标威胁排序。文献[30]通过对目标威胁因子参数的分级量化，依据最大隶属度原则，建立目标威胁排序评估综合方法。文献[31]利用区间数刻画目标威胁因子参数的模糊不确定性，借助区间数的运算规则，建立空中目标威胁排序评估方法。

目标威胁因子权重无法事先全部知道的目标威胁评估问题本质上属于一类不完全信息的多属性决策（或评价）问题[32-39]，可运用现有的多属性决策理论与方法[40-43]解决。文献[44]和[45]利用基于距离度量的最小偏差平方法，建立具有不完全偏好信息的目标威胁排序评估模糊多属性（或指标、因子）综合模型。文献[46]针对威胁指标信息不易获取的实际情况，建立定量和定性指标相结合的目标威胁排序评估模型。文献[47]和[48]利用最小偏差指标赋权法和熵（entropy）权法，构建数学优化模型，用于确定未知的目标威胁因子权重，据此建立目标威胁因子权重事先不确知的防空目标威胁排序评估模型。文献[49]针对不完全信息目标威胁评估问题，提出一种威胁处置效果评估方法。文献[50]针对目标威胁因子（或属性、指标）权重事先不确知的目标威胁评估问题，利用直觉模糊集概念与多属性决策方法，提出目标威胁排序评估直觉模糊多属性综合方法。

TOPSIS 尽管有其不合理之处[51]，但与线性加权综合方法一样，仍是多属性决策或多指标综合评价的常用方法之一。文献[52]和[53]考虑多模态或多时刻融合的特点，提出基于改进 TOPSIS 的空战目标威胁排序评估直觉模糊方法。文献[54]结合基于准则间相关性的准则重要性赋权（criteria importance though intercriteria correlation，CRITIC）与线性回归分析（linear regression analysis，LRA），提出具有关联性的目标威胁因子（或指标、属性）权重计算方法，并进一步建立基于灰色 TOPSIS 的空战目标威胁排序评估模型。文献[55]针对空战目标威胁因子（或指标）之间相互关联的特点，结合前景理论、灰色关联度分析（grey relation analysis，GRA）与 TOPSIS，提出一种空战目标威胁排序评估综合模型。文献[56]和[57]借助博弈论（game theory，亦称为对策论）和灰色系统理论的思想，提出基于 GRA 与 TOPSIS 的辐射源威胁排序评估方法。

VIKOR 是 Opricovic[58]在 1998 年首先提出的一种多属性决策方法，其特点是综合权衡最大化群体效益和最小化个体遗憾程度，使得产生的妥协解（或方案）能为决策者所接受。文献[59]和[60]通过与 TOPSIS 等多属性决策方法比较分析，进一步完善、拓展 VIKOR。文献[61]针对失效模式风险评价问题，提出基于熵权的拓展 VIKOR。文献[62]通过构建无人飞行器航迹方案优化评价指标体系，提出基于 VIKOR 的无人飞行器航迹方案排序方法。文献[63]通过选择三个目标威胁参照点，构建目标威胁程度的前景效用值，进而提出空战目标威胁评估 VIKOR。文献[64]和[65]利用直觉模糊集和 VIKOR，分别提出多目标威胁评估模型和舰艇编队防空目标威胁评估动态方法。文献[66]利用三角模糊数刻画合成营的作战能力指标参数，提出基于 VIKOR 的合成营动态作战能力模糊评估方法。

3. 基于层次分析法的目标威胁评估方法

层次分析法（analytic hierarchy process，AHP）是处理半结构或非结构化多属性决策（或多指标评价）问题的有效方法之一[67-69]。文献[70]通过构建分类（或类别）评价指标，利用模糊集理论，提出基于层次分析法的模糊分类优选模型，即模糊等级评估方法。文献[71]～[73]利用层次分析法确定目标威胁因子的权重，并结合多属性决策方法，提出空中目标威胁评估模型。文献[74]针对常权未能很好反映目标威胁程度与态势的关系，把目标威胁因子的两两比较判断值表示为差异程度的函数，利用层次分析法确定目标威胁因子权重，并提出目标威胁评估动态多因子加权方法。文献[75]针对防空任务的具体特点，利用层次分析法，确定目标威胁因子权重，并提出空袭目标威胁排序评估综合模型。文献[76]针对空战目标威胁评估问题，分别利用区间层次分析法与偏差最大化法，确定目标威胁因子的主观与客观权重，并综合为目标威胁因子主客观权重，进而建立基于 TOPSIS 的空战目标威胁排序评估模型。文献[77]通过构建协同作战模式下潜艇目标威胁评估指标体系，利用灰色相似关联度表征指标间的动态非线性相关度，按照层次分析法与时间序列对目标威胁因子进行赋权，提出基于动态灰色主成分分析的多时刻目标威胁评估模型。文献[78]综合运用群组层次分析法与交叉熵，确定目标威胁因子权重，在改进雷达图方法的基础上，建立可视化空袭目标突防航路威胁评估模型。文献[79]结合多属性决策方法、层次分析法与熵权法，提出目标威胁排序评估模型。

4. 基于证据理论的目标威胁评估方法

证据理论通常称为登普斯特-谢弗（Dempster-Shafer，D-S）证据理论[80]，是处理不确定性推理的有效方法之一。文献[81]利用 D-S 证据理论，构建潜艇目标威胁推理规则，进而提出潜艇目标威胁评估方法。文献[82]针对网络安全问题的特点，结合 D-S 证据理论与循环神经网络，提出网络安全态势评估预测方法。文献[83]在分析助推段弹道导弹目标威胁特点的基础上，利用 D-S 证据理论，构建助推段弹道导弹目标威胁排序评估模型。文献[84]在分析空中目标综合敌我识别问题的基础上，提出空中目标识别流程框架，并针对 D-S 证据理论中的分配函数转化为直觉模糊集时存在信息不确定性放大的问题，提出赋值直觉模糊隶属度与直觉模糊非隶属度的信度分配方法，据此结合 TOPSIS，提出空中目标敌我识别排序评估综合方法。文献[85]利用 D-S 证据理论，提出多传感器目标识别方法。文献[86]通过对多阶段 D-S 证据理论的改进，提出多传感器目标识别排序评估方法。文献[87]针对防空反导目标识别问题的特点，利用信任度和虚假度的概念，提出对累积的时域信息进行预处理的证据融合规则与方法，并结合 D-S 证据理论，利用冲突因子改进信息可靠性和证据合成规则，进一步提出防空反导目标识别排序评估模型。

5. 基于灰色理论的目标威胁评估方法

文献[88]把空袭目标的多个目标威胁因子参数值看作一个序列，进而建立各空袭目标序列与最大威胁目标序列、最小威胁目标序列的关联度，并根据综合关联度，提出空袭目标威胁排序评估方法。文献[89]利用灰靶理论，定量刻画各目标威胁因子的威胁程度，并建立空中目标威胁排序评估方法。文献[90]利用灰色主成分分析方法，遴选并构建空战目标威胁评估指标（即目标威胁因子）体系，进而建立空战目标威胁排序评估模型。文献[91]利用主客观赋权法，确定目标威胁评估指标权重，并结合灰色关联分析概念，提出目标威胁排序评估灰色理想关联分析方法。文献[92]针对空中目标威胁评估问题的特点，结合混沌海豚群算法，提出空中目标威胁排序评估灰色神经网络模型与方法。

6. 基于学习与推理的目标威胁评估方法

神经网络是一种具有自学习功能的处理非线性关系的有效方法[93, 94]。文献[95]通过反向传播（back-propagation，BP）神经网络的训练与学习，获得各目标威胁因子的权重，进而获得目标威胁程度，据此提出目标威胁排序评估方法。文献[96]和[97]利用径向基函数（radial basis function，RBF），构建神经网络，并通过训练与学习，确定辐射源威胁因子的权重，进而提出辐射源威胁排序评估方法。文献[98]针对目标威胁评估指标（即目标威胁因子）信息的不确定性和模糊性，利用广义回归神经网络，通过训练与学习获得目标威胁因子的权重，进而提出目标威胁排序评估模型。文献[99]和[100]主要利用支持向量机、推理技术和专家系统，具体确定来袭目标威胁因子的权重，并建立来袭目标威胁排序评估模型与方法。文献[101]根据雷达波束跟踪目标运动状态参数，建立目标威胁度评估模型。文献[102]基于主成分分析法和改进粒子群优化算法，提出一种极限学习机的目标威胁评估算法。文献[103]以多机协同作战安全转场任务为背景，提出基于深度强化学习算法的智能传感器管理方法。文献[104]结合神经网络，建立基于马尔可夫（Markov）链的敌人空中威胁评估模型。

7. 基于博弈论的目标威胁评估方法

博弈论是解决双方或多方对抗、冲突问题的最有效数学方法之一[105-107]，在军事领域已得到很好的应用。文献[108]利用二人零和矩阵博弈方法，建立基于态势结果的目标威胁评估模型。文献[109]针对网络安全问题，利用模糊二人零和矩阵博弈模型，建立网络安全威胁评估方法。文献[110]利用攻防博弈，建立物流系统网络安全威胁防御模型。文献[111]构建多阶段网络欺骗博弈模型，用于研究网络安全威胁问题。文献[112]和[113]分别利用马尔可夫时间博弈和信号博弈，对移动目标最优策略选择问题进行建模分析与研究。文献[114]和[115]利用随机博弈，对网络安全威胁防御策略进行建模分析与研究。

8. 基于直觉模糊集理论的目标威胁评估方法

直觉模糊集（intuitionistic fuzzy set）是 1983 年才发展起来的一种可以处理高阶模糊不确定性的新理论，已在决策、模式识别和推理等方面得到初步应用[116-119]。文献[120]和[121]利用直觉模糊集的双边推理技术，建立相应的战场态势与目标威胁评估方法，并用实例进行验证分析。文献[122]结合直觉模糊推理理论与认知图推理方法，提出一种态势评估方法。文献[123]利用区间直觉模糊群体决策方法，构建目标群威胁评估模型。文献[124]结合直觉模糊熵和动态 VIKOR，提出一种空中目标威胁排序评估方法。文献[125]在改进直觉模糊软集的基础上，提出一种动态目标威胁评估方法。文献[126]针对直觉模糊环境，利用三支决策方法，提出一种目标威胁评估方法。文献[127]利用群广义直觉模糊软集，提出一种考虑多个目标威胁因子的多属性威胁评估模型。文献[128]针对雷达波形域低截获性能评估的特点，利用改进的萤火虫算法求解指标权重，进而提出一种犹豫模糊集评估方法。文献[129]利用区间直觉模糊多属性决策方法，研究解决有人机/无人作战飞行器（unmanned combat aerial vehicle，UCAV）编队协同作战决策分配问题。文献[130]利用量子蜂群优化方法确定属性权重，并结合直觉模糊多属性决策方法，提出一种目标威胁评估方法。

9. 基于单个目标威胁因子的目标威胁评估方法

在早期的目标威胁评估中，威胁评估方法都比较简单，往往根据单一目标威胁因子情况进行目标威胁评估。比较常用的方法有到达时间判定法、相对距离判定法、相对方位判定法，以及根据上述三种方法确定的目标威胁程度，通过加权进行综合评定的线性加权求和法[131]。文献[132]把毁伤概率作为威胁评估指标，建立基于兰彻斯特（Lanchester）方程的目标威胁评估模型。文献[133]通过计算摩步师（团）反空袭作战能力，建立相应的空中威胁评估方法。文献[134]利用 $g\lambda$ 模糊测度对威胁因素和威胁因素集的重要程度进行建模，并通过肖凯（Choquet）模糊积分，提出可以定量化目标威胁程度的估计模型。文献[135]借鉴传染病动力学模型分析安全威胁的传播过程，利用定性微分博弈理论，构建网络攻防博弈模型，推演安全威胁动态变化趋势。

10. 基于变权理论的目标威胁评估方法

变权思想[136]是由我国学者汪培庄提出的。文献[137]和[138]对变权的概念、本质和原理进行系统的研究，并给出变权向量、状态变权向量和均衡函数等一系列定义，提出变权综合原理与一种变权向量构造方法。文献[139]和[140]系统研究折衷（中）型变权理论及其在多属性决策中的应用。文献[141]考虑到决策者的有限理性，提出相应的激励型变权决策方法。文献[142]针对需求为区间值的联合订货的实际特点，提出基于订货量的变权权重及联合订货成本分摊合作博弈的区间值变权夏普利（Shapley）值。由于决策者（或指挥员）在对空袭目标涉及的不确定因素和难以量化的定性因素的认识上存在主观不确定性即未确知性，文献[48]利用变权理论和不确定数学，提出一种要地防空目标威胁的测度变权评估排序模型。文献[143]结合变权原理，提出一种考虑目标攻击信号的威胁变权评估方法。文献[144]通过引入变权理论，提出基于威力势场理论的多机种威胁评估方法。文献[145]结合变权概念和最小二乘方法，提出一种基于区间数变权的最小二乘灰色关联威胁评估模型。

1.3　目标威胁多因子综合评估研究的关键问题

1.1 节提到，目标威胁排序评估实质上是一类多属性决策（或评价）问题。因此，本书把其称为目标威胁排序多因子综合评估。根据目标威胁排序多因子综合评估的要素与过程，可建立其逻辑关系与结构，如图 1.1 所示。

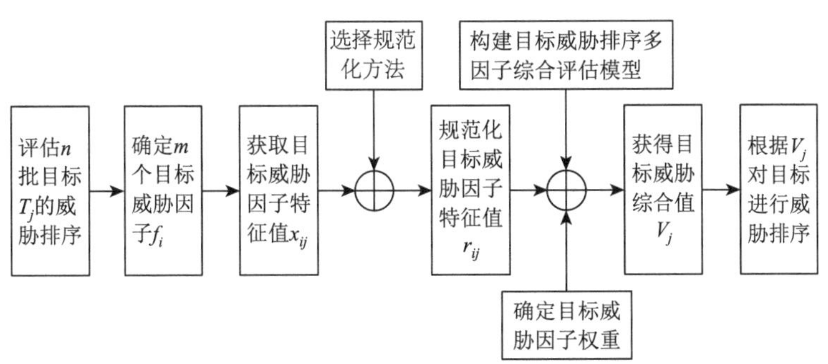

图 1.1　目标威胁排序多因子综合评估逻辑关系图

从图 1.1 中可以看出，评估每批目标 $T_j\ (j=1,2,\cdots,n)$ 的威胁程度时，需要考虑目标类型、与被保卫对象（或要地）的距离、目标高度、目标速度、目标航路捷径、目标干扰能力、目标数量等多个目标威胁因子 $f_i\ (i=1,2,\cdots,m)$，而 T_j 关于目标威胁因子 f_i 的特征值 $x_{ij}=f_i(T_j)\ (i=1,2,\cdots,m;\ j=1,2,\cdots,n)$ 是目标威胁排序多因子综合评估的重要基础数据。目标威胁综合值（或结果）V_j 不仅取决于目标威胁因子特征值 $x_{ij}\ (i=1,2,\cdots,m;\ j=1,2,\cdots,n)$，而且与目标威胁因子特征值的规范化（包括目标威胁因子类型一致化和目标威胁因子特征值无量纲化）方法、

目标威胁因子 $f_i(i=1,2,\cdots,m)$ 的权重和目标威胁排序多因子综合评估方法等密切相关。

与目标威胁排序评估紧密相关的一个内容就是目标威胁等级评估。目前，绝大多数文献资料把目标威胁等级评估与目标威胁排序评估当作同一类问题来解决[5, 18, 25, 48, 72, 121]，即在获得目标威胁综合值 V_j 后，根据规定的威胁等级阈值，判断 V_j 是否满足阈值条件来确定目标的威胁等级。然而，在实际作战指挥中，为达到快速决策和射击的要求，很多地空导弹武器，特别是像“响尾蛇”导弹等近程地空导弹武器，更关注的是目标威胁等级；从目标威胁等级评估的概念和方法论角度看，目标威胁等级评估问题也是显著不同于目标威胁排序评估问题的。

类似地，为了突出强调“多因子综合”的研究视角，本书把目标威胁等级评估称为目标威胁等级多因子综合评估。因此，根据目标威胁等级多因子综合评估的要素与过程，可类似地构造出其逻辑关系与结构，如图 1.2 所示。

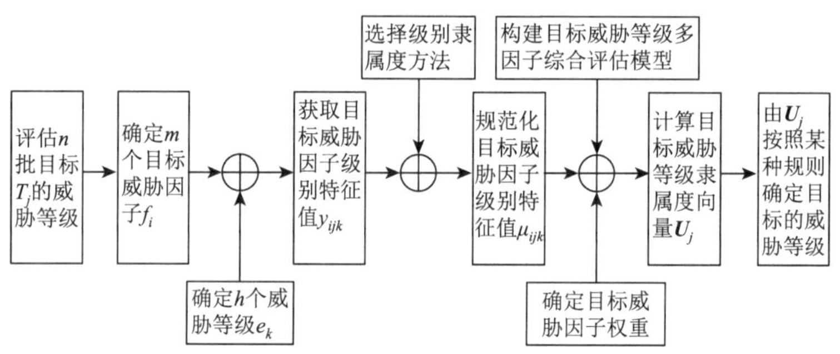

图 1.2　目标威胁等级多因子综合评估逻辑关系图

从图 1.2 中可以看出，评估每批目标 $T_j(j=1,2,\cdots,n)$ 的威胁等级时，也需要考虑目标类型、与被保卫对象（或要地）的距离、目标高度、目标速度、目标航路捷径、目标干扰能力、目标数量等多个目标威胁因子 $f_i(i=1,2,\cdots,m)$，而 T_j 关于威胁等级 $e_k(k=1,2,\cdots,h)$ 的目标威胁因子 f_i 的特征值 $y_{ijk}=f_{ik}(T_j)$ $(i=1,2,\cdots,m;$ $j=1,2,\cdots,n)$ 是目标威胁等级多因子综合评估的重要基础数据。目标威胁等级隶属度向量（或结果）$\boldsymbol{U}_j$ 不仅取决于目标威胁因子级别特征值 y_{ijk} $(i=1,2,\cdots,m;$ $j=1,2,\cdots,n;$ $k=1,2,\cdots,h)$，而且与威胁等级数（或划分标准）、目标威胁因子级别特征值的规范化方法、目标威胁因子 $f_i(i=1,2,\cdots,m)$ 的权重和目标威胁等级多因子综合评估方法等密切相关。

然而，从 1.2 节阐述的国内外目标威胁排序评估与目标威胁等级评估研究现状看，绝大多数成果是关于目标威胁评估模型与方法的研究、改进与具体应用的报道，尚未看到关于目标威胁评估结果的稳定性[146, 147]（或灵敏性[148-150]、敏感性[151, 152]、合理性[153]、可靠性[154]）的数理基础研究与实证分析等方面的研究报道，即对下面四个问题尚未有实质性的研究。

1. 目标威胁评估模型的稳定性

目标威胁排序评估模型与目标威胁等级评估模型的稳定（或灵敏）性是指不同的目标威胁（排序或等级）评估方法或模型是否会产生不同的目标威胁（排序或等级）评估结果，以及对于同一个目标威胁（排序或等级）评估方法或模型，目标威胁特征值发生变化是否会对目标威胁（排序或等级）评估结果产生影响。

2. 目标威胁评估结果关于目标威胁因子特征值规范化方法的稳定性

目标威胁（排序或等级）评估结果关于目标威胁因子特征值规范化方法的稳定（或灵敏）性是指不同的目标威胁因子特征值规范化（包括目标威胁因子类型一致化和目标威胁因子特征值无量纲化）方法是否会产生不同的目标威胁（排序或等级）评估结果。

3. 目标威胁评估结果关于目标威胁因子权重的稳定性

目标威胁（排序或等级）评估结果关于目标威胁因子权重的稳定（或灵敏）性是指不同的目标威胁因子权重是否会产生不同的目标威胁（排序或等级）评估结果。

4. 目标威胁等级评估结果关于威胁等级划分标准的稳定性

目标威胁等级评估结果关于威胁等级数（或划分标准）的稳定（或灵敏）性是指不同的威胁等级数（或划分标准）是否会产生不同的目标威胁等级评估结果。

上述四个问题是传统目标威胁排序评估与目标威胁等级评估中的重要研究内容，也正是本书着重研究的目标威胁排序多因子综合评估与目标威胁等级多因子综合评估逻辑关系中的重要环节，如图 1.1 和图 1.2 所示。这些问题的解决将有助于提高目标威胁（排序或等级）评估结果的稳定性、合理性、有效性和可靠性，并进一步有助于提高作战指挥效能和部队战斗力。同时，目标威胁因子权重在目标威胁排序多因子综合评估与目标威胁等级多因子综合评估中具有不可或缺的重要作用，其确定方法对目标威胁（排序或等级）多因子综合评估结果产生重要影响。1.4 节与 2.4.1 节将分别提出目标威胁排序多因子综合评估与目标威胁等级多因子综合评估中的目标威胁因子权重（即初始权重，亦即常权）确定方法、目标威胁因子变权原理及其变权综合评估方法。

1.4　目标威胁因子权重确定方法

从 1.3 节中可以看出，目标威胁因子权重在目标威胁（排序与等级）多因子综合评估中具有非常重要的作用。如前所述，目标威胁（排序与等级）多因子综合评估可看作一类典型的多属性决策问题。因此，理论上，目标威胁因子权重的概念及其确定方法类似于多属性（或目标、准则）决策中的权重。

“权重”一词最早出自数理统计学。按照诺亚 • 韦伯斯特（Noah Webster）编纂的权威《韦氏大学英语辞典》（俗称《韦氏大词典》，*Merriam-Webster Collegiate Dictionary*）的解释，权重就是“在所考虑的群体或系列中赋予某一项目的相对值”或“表示某一项目相对重要性所赋予的一个数值”，即权重就是描述某一项目（或事情）相对重要程度的数值。从权重的概念中不难看出，权重是一个模糊概念。重要性是一个模糊语言变量，缺乏精确的定义和明确的外延。在自然语言的描述中，很难确定其明显的界限。例如，重要性可以划分为如下等级：特别重要、非常重要、很重要、重要、比较重要、稍微重要、不太重要、不重要。这些划分从一个等级到另一个等级的过程中存在共维条件下差异之间的中介过渡性。因此，这些定性描述存在明显的模糊性。这些模糊性正是人的知识经验的积累与反映。由此可见，目标威胁因子权重的确定过程就像多属性决策中权重的确定过程，是属性（即目标威胁因子）重要程度的一种主观评价与客观反映的综合度量过程。目前，在多属性决策中，权重的确定方法可归纳为三大类：主观赋权法、客观赋权法和主客观综合赋权法。主观赋权法就是根据各属性的主观重视（或感知）程度进行赋权的一类方法，主要有专家调查法、二项系数法、有序二元链式比值法、层次分析法、环比评分法、比较矩阵法、模糊区间法等。由于现实问题中存在许多不确定性、随机性与模糊性，主观赋权法使得评价或决策结果具有较多的主观任意性，在应用中其真实性与可靠性都受到质疑，从而具有一定的局限性。客观赋权法就是对各属性依据一定的规律或规则进行自动赋权的一类方法，主要有主成分分析法、均方差方法、熵权法、模糊迭代法等。客观赋权法中的上述前三种方法只有在决策方案数量远远大于评价属性数量时，才可能得出合理的权重；在决策方案数量较少，尤其在决策方案数量少于评价属性数量时，往往会导致负的权重。显然，这与权重的概念相违背，从而给评价与决策带来困难。主客观综合赋权法就是对各属性根据主观赋权法与客观赋权法得到的权重进行综合赋权的一类方法，可以在一定程度上克服主观赋权法的主观任意性和客观赋权法的苛刻要求及不足，是目前一类比较具有发展前途的方法。

结合本书研究目标威胁（排序与等级）多因子综合评估问题的需要与实际情

况，本节将讨论主要的目标威胁因子权重确定方法，具体就是：1.4.1～1.4.4 节主要阐述目标威胁因子权重的四种主观赋权法，1.4.5 节阐述目标威胁因子权重的一种客观赋权法，1.4.6 节阐述目标威胁因子权重的主客观综合赋权法。

1.4.1　目标威胁因子权重的直接赋权法

目标威胁评估问题（包括本书研究的目标威胁排序多因子综合评估与目标威胁等级多因子综合评估两种类型）把影响目标威胁多因子综合评估的 m 个相互独立的目标威胁因子，如目标类型、目标航路捷径、目标高度、目标速度、与被保卫对象（或要地）的距离等，分别记作目标威胁因子 $f_i\,(i=1,2,\cdots,m)$，并把 m 个目标威胁因子组成的集合记作目标威胁因子集 $F=\{f_1,f_2,\cdots,f_m\}$。

在指挥员（或决策者、军事专家）对目标威胁因子集 $F=\{f_1,f_2,\cdots,f_m\}$ 中的各目标威胁因子 $f_i\,(i=1,2,\cdots,m)$的重要性很有把握时，让其直接给出目标威胁因子 $f_i\,(i=1,2,\cdots,m)$的权重 ω_i，而且要求给出的权重满足归一化条件：$\omega_i\in[0,1]\,(i=1,2,\cdots,m)$且$\sum_{i=1}^{m}\omega_i=1$。若给出的权重不满足归一化条件，则应该进行归一化处理。

利用上述直接赋权法确定目标威胁因子权重时，操作直接、简单、方便，但往往对指挥员（或决策者、军事专家）要求很高，存在一定的困难，特别是在目标威胁因子数量较多时，很难做到客观、可靠、合理，也不容易保证判断思维过程与结果的一致性。

1.4.2　目标威胁因子权重的集值统计法

为了集思广益，减少判断偏差与失误，邀请 q 个军事专家（或决策者、指挥员）$E_t\,(t=1,2,\cdots,q)$对目标威胁因子集 $F=\{f_1,f_2,\cdots,f_m\}$ 中的各目标威胁因子进行评价与判断。让各军事专家 $E_t\,(t=1,2,\cdots,q)$从目标威胁因子集 F 中选取其认为最重要的 $l\,(1\leqslant l\leqslant m)$个目标威胁因子。显然，军事专家 $E_t\,(t=1,2,\cdots,q)$做出这样选择的结果就是确定目标威胁因子集 F 中的一个子集 $F^t=\{f_{\sigma_t(1)},f_{\sigma_t(2)},\cdots,f_{\sigma_t(l)}\}$，其中，$\sigma_t(r)\in\{1,2,\cdots,m\}\,(r=1,2,\cdots,l)$是军事专家 E_t 从目标威胁因子集 F 中确定的 l 个最重要目标威胁因子。

对任意军事专家 $E_t\;(t=1,2,\cdots,q)$，记其集值函数为

$$z_t(f_i)=\begin{cases}1 & (f_i\in F^t)\\ 0 & (f_i\notin F^t)\end{cases}\quad(i=1,2,\cdots,m)$$

对 q 个军事专家的集值函数进行求和，可以得到关于目标威胁因子 f_i ($i=1,2,\cdots,m$)的集值函数为

$$z(f_i)=\sum_{t=1}^{q} z_t(f_i) \quad (i=1,2,\cdots,m)$$

做归一化计算，可以得到

$$\omega_i=\frac{z(f_i)}{\sum\limits_{i=1}^{m} z(f_i)} \quad (i=1,2,\cdots,m) \tag{1.1}$$

显然，$\omega_i \in [0,1]$ $(i=1,2,\cdots,m)$ 且 $\sum\limits_{i=1}^{m}\omega_i=1$。因此，由式（1.1）计算得到的 ω_i $(i=1,2,\cdots,m)$ 就是利用集值统计法确定的目标威胁因子 f_i 的权重。

在目标威胁多因子综合评估中，经常遇到目标高度、目标速度等一些可以定量化计算但难以精确计算、只能给出大致范围（即模糊区间）估计的目标威胁因子。因此，把经典的统计方法和模糊统计方法有机结合起来，设计形成模糊区间集值统计法，可以较好地体现军事专家（或决策者、指挥员）对目标威胁评估中存在的模糊不确定性和随机性的处理，在实际应用中有着很好的前景。详细过程这里不再赘述，有兴趣的读者可以自行完成。

1.4.3 目标威胁因子权重的一致性排序法

本节先简短地介绍目标威胁因子定性排序一致性原理，在此基础上讨论确定目标威胁因子权重的一致性排序法。

1. 目标威胁因子定性排序一致性原理

对目标威胁因子集 $F=\{f_1,f_2,\cdots,f_m\}$ 中的任意两个目标威胁因子 $f_i \in F$ 与 $f_k \in F$ 关于模糊概念重要性做两两比较，规定：

（1）若 f_i 比 f_k 重要，则 $\theta_{ik}=1$，$\theta_{ki}=0$；

（2）若 f_i 与 f_k 同样重要，则 $\theta_{ik}=\theta_{ki}=0.5$；

（3）若 f_k 比 f_i 重要，则 $\theta_{ik}=0$，$\theta_{ki}=1$。

其中，θ_{ik} 用于刻画两个目标威胁因子 $f_i \in F$ 与 $f_k \in F$ 关于重要性的定性排序，故称为定性排序标度。于是，可构成目标威胁因子集 $F=\{f_1,f_2,\cdots,f_m\}$ 的二元定性排序一致性标度矩阵：

$$\boldsymbol{\theta}=(\theta_{ik})_{m\times m}$$

其中，θ_{ik} 仅在三个数值 0、0.5 与 1 中取值，且满足条件：

$$\begin{cases}\theta_{ik}+\theta_{ki}=1 \quad (i\neq k; i=1,2,\cdots,m; k=1,2,\cdots,m)\\ \theta_{ii}=\theta_{kk}=0.5 \quad (i=k=1,2,\cdots,m)\end{cases}$$

显然，二元定性排序一致性标度矩阵 $\boldsymbol{\theta}$ 是一个对角线上元素总是 0.5、其他任意两个对称元素之和总是 1 的 m 阶矩阵。

于是，很容易可以得到定理 1.1。

定理 1.1　$\boldsymbol{\theta}$ 为二元定性排序一致性标度矩阵的充分必要条件如下：

$$\begin{cases}\text{若}\,\theta_{ki}>\theta_{kj}, & \text{则}\,\theta_{ji}>\theta_{ij}\\ \text{若}\,\theta_{ki}=\theta_{kj}=0.5, & \text{则}\,\theta_{ij}=\theta_{ji}=0.5\\ \text{若}\,\theta_{ki}<\theta_{kj}, & \text{则}\,\theta_{ji}<\theta_{ij}\end{cases}$$

证明：分别按照几种可能情况做简单验算即可证明（略）。

把二元定性排序一致性标度矩阵 $\boldsymbol{\theta}$ 的各行元素之和记为

$$\theta_i=\sum_{k=1}^{m}\theta_{ik} \quad (i=1,2,\cdots,m) \tag{1.2}$$

易于看出，按照二元定性排序一致性标度矩阵 $\boldsymbol{\theta}$ 的各行元素之和 θ_i 从大到小排列，可以确定目标威胁因子集 $F=\{f_1,f_2,\cdots,f_m\}$ 关于重要性的一致性排序。

2. 确定目标威胁因子权重的一致性排序法

邀请 q 个军事专家（或决策者、指挥员）E_t $(t=1,2,\cdots,q)$ 对目标威胁因子集 $F=\{f_1,f_2,\cdots,f_m\}$ 中的任意两个目标威胁因子进行两两评价，并按照上述目标威胁因子定性排序一致性原理，分别给出各自的二元定性排序一致性标度矩阵 $\boldsymbol{\theta}^t$ $(t=1,2,\cdots,q)$。按照式（1.2），计算矩阵 $\boldsymbol{\theta}^t$ $(t=1,2,\cdots,q)$ 的各行元素之和，从而可以确定各军事专家 E_t $(t=1,2,\cdots,q)$ 对目标威胁因子集 F 的一致性排序。用 $\varphi_t(f_i)$ 表示在军事专家 E_t $(t=1,2,\cdots,q)$ 对目标威胁因子集 F 的一致性排序中位于目标威胁因子 f_i 之后的目标威胁因子数量。记

$$\varphi(f_i)=\sum_{t=1}^{q}\varphi_t(f_i) \quad (i=1,2,\cdots,m)$$

则目标威胁因子 f_i $(i=1,2,\cdots,m)$ 的权重可以按照下面公式计算：

$$\omega_i=\frac{\varphi(f_i)}{\sum_{i=1}^{m}\varphi(f_i)} \quad (i=1,2,\cdots,m)$$

显然，由此计算得到的权重满足归一化条件。

上述目标威胁因子权重的一致性排序法较好地体现了军事专家（或决策者、指挥员）对各目标威胁因子的主观意见或判断，符合集体或群体决策（或评估）

的目的，而且保证了判断思维过程的一致性。此外，该方法还比较直观、简便、易于计算。

1.4.4 目标威胁因子权重的有序二元链式比值法

根据 1.4.3 节中的目标威胁因子定性排序一致性原理与式（1.2），可以确定目标威胁因子集 $F=\{f_1,f_2,\cdots,f_m\}$ 关于重要性的一致性排序。为叙述简便，不妨假定：

$$f_1 \succ f_2 \succ \cdots \succ f_m$$

假定军事专家（或决策者、指挥员）关于目标威胁因子 f_{i-1} 与 f_i 的重要性程度之比 ω_{i-1}/ω_i 的理性判断值为

$$\frac{\omega_{i-1}}{\omega_i}=\rho_{i-1,i} \quad (i=m,m-1,\cdots,3,2) \tag{1.3}$$

很自然，上述所有 $m-1$ 个值 $\rho_{i-1,i}>1\ (i=m,m-1,\cdots,3,2)$。如若不然，即若某个 $\rho_{i-1,i}=1$，则目标威胁因子 f_{i-1} 与 f_i 的重要性程度相同，这种情况也可以完全类似地进行处理（略）。

由式（1.3）可见，有 m 个待定的未知数 $\omega_i\ (i=1,2,\cdots,m)$，但只有 $m-1$ 个等式。因此，有一个 ω_i 是可以任意取值的。于是，不妨取 $\omega_1=c>0$，则由式（1.3），可以计算得到

$$\omega_i=\frac{c}{\prod_{l=1}^{i-1}\rho_{l,l+1}} \quad (i=2,3,\cdots,m) \tag{1.4}$$

按照权重的概念，一般地，目标威胁因子权重需要做归一化处理。为此，通过对式（1.4）进行简单运算，可以得到目标威胁因子集 $F=\{f_1,f_2,\cdots,f_m\}$ 的权重向量为

$$\boldsymbol{\omega}'=(\omega_1',\omega_2',\cdots,\omega_m')^{\mathrm{T}} \tag{1.5}$$

其中，

$$\omega_i'=\frac{1}{\prod_{l=1}^{i-1}\rho_{l,l+1}\left(\sum_{k=1}^{m}\frac{1}{\prod_{l=1}^{k-1}\rho_{l,l+1}}\right)} \quad (i=1,2,\cdots,m) \tag{1.6}$$

为统一书写方便，这里规定：

$$\frac{1}{\prod_{l=1}^{0}\rho_{l,l+1}}=1$$

利用式（1.6），可以直接计算目标威胁因子集 $F=\{f_1,f_2,\cdots,f_m\}$ 中各目标威胁因子 f_i 的权重 ω_i' $(i=1,2,\cdots,m)$。

下面给出另外一种运算量少一些的计算方法。根据式（1.3），可以得到

$$\prod_{k=i}^{m}\rho_{k-1,k}=\frac{\omega_{i-1}}{\omega_m}\quad(i=m,m-1,\cdots,3,2) \tag{1.7}$$

把式（1.7）中的 $m-1$ 个等式做累加求和，可以得到

$$\sum_{i=2}^{m}\prod_{k=i}^{m}\rho_{k-1,k}=\sum_{i=2}^{m}\frac{\omega_{i-1}}{\omega_m}$$

经过简单运算，可得

$$\sum_{i=2}^{m}\prod_{k=i}^{m}\rho_{k-1,k}=\frac{\sum_{i=2}^{m}\omega_{i-1}}{\omega_m} \tag{1.8}$$

目标威胁因子权重的归一化条件要求 $\sum_{i=1}^{m}\omega_i=1$，可以得到

$$\frac{\sum_{i=2}^{m}\omega_{i-1}}{\omega_m}=\frac{\sum_{k=1}^{m-1}\omega_k}{\omega_m}=\frac{1-\omega_m}{\omega_m}=\frac{1}{\omega_m}-1$$

结合式（1.8），可以得到

$$1+\sum_{i=2}^{m}\prod_{k=i}^{m}\rho_{k-1,k}=\frac{1}{\omega_m}$$

于是，有

$$\omega_m=\frac{1}{1+\sum_{i=2}^{m}\prod_{k=i}^{m}\rho_{k-1,k}} \tag{1.9}$$

利用式（1.7），可以得到

$$\omega_i=\omega_m\prod_{k=i}^{m-1}\rho_{k,k+1}\quad(i=m-1,m-2,\cdots,2,1) \tag{1.10}$$

或利用式（1.3），可以得到

$$\omega_i=\omega_{i+1}\rho_{i,i+1}\quad(i=m-1,m-2,\cdots,2,1) \tag{1.11}$$

因此，利用式（1.9）与式（1.10）或式（1.9）与式（1.11），可以直接计算得到目标威胁因子集 $F=\{f_1,f_2,\cdots,f_m\}$ 中各目标威胁因子 f_i 的权重 ω_i $(i=1,2,\cdots,m)$。

通过比较分析，本节提出的目标威胁因子权重有序二元链式比值法具有如下五个明显特点。

（1）不用构造目标威胁因子的两两判断矩阵，更不需要一致性检验。

（2）计算量比层次分析法要小得多（可参见例 1.1 与例 1.2）。

（3）原理简单，方法直观、简便、易于实现。

（4）对同一层次中的目标威胁因子数量可以不加限制。

（5）具有良好的保序性，不同于层次分析法可能会产生逆序问题。

例 1.1 考虑敌方采用大型空袭编队对某一区域进行空袭的目标威胁排序评估问题，其具体背景改编于文献[17]。根据大型空袭问题的特征，主要考虑 6 个目标威胁因子：空袭兵器类型 f_1、目标速度 f_2、目标航路捷径 f_3、目标干扰能力 f_4、目标空袭高度 f_5、与被保卫对象距离 f_6。试用有序二元链式比值法计算这些目标威胁因子的权重。

邀请指挥员、军事专家、参谋人员共同参与这个问题的讨论，经过他们的认真思考与分析，上述 6 个目标威胁因子的二元定性排序一致性标度矩阵 $\boldsymbol{\theta}$ 为

$$\boldsymbol{\theta}=\begin{array}{c} \\ f_1\\ f_2\\ f_3\\ f_4\\ f_5\\ f_6\end{array}\begin{array}{c}\begin{array}{cccccc} f_1 & f_2 & f_3 & f_4 & f_5 & f_6\end{array}\\ \begin{pmatrix} 0.5 & 0 & 1 & 1 & 1 & 1\\ 1 & 0.5 & 1 & 1 & 1 & 1\\ 0 & 0 & 0.5 & 1 & 1 & 1\\ 0 & 0 & 0 & 0.5 & 0 & 1\\ 0 & 0 & 0 & 1 & 0.5 & 1\\ 0 & 0 & 0 & 0 & 0 & 0.5\end{pmatrix}\end{array}$$

利用式（1.2），计算得到上述二元定性排序一致性标度矩阵 $\boldsymbol{\theta}$ 的各行元素之和分别为

$$\theta_1=0.5+0+1+1+1+1=4.5$$

$$\theta_2=1+0.5+1+1+1+1=5.5$$

$$\theta_3=0+0+0.5+1+1+1=3.5$$

$$\theta_4=0+0+0+0.5+0+1=1.5$$

$$\theta_5=0+0+0+1+0.5+1=2.5$$

$$\theta_6=0+0+0+0+0+0.5=0.5$$

因此，上述 6 个目标威胁因子关于重要性的一致性排序为

$$f_2\succ f_1\succ f_3\succ f_5\succ f_4\succ f_6$$

根据以往类似战例和指挥员（或军事专家、参谋人员）的知识经验，指挥员经过慎重判断，并按照上述一致性排序，给定了二元链式比较的重要性倍数：

$$\rho_{21}=1.25,\ \rho_{13}=1.11,\ \rho_{35}=1.25,\ \rho_{54}=1.11,\ \rho_{46}=1.18$$

利用式（1.9），并注意上述一致性排序中 6 个目标威胁因子的下标与式（1.9）的目标威胁因子的下标不同，可以计算得到

$$
\begin{aligned}
\omega_6 &= \frac{1}{1+\rho_{21}\rho_{13}\rho_{35}\rho_{54}\rho_{46}+\rho_{13}\rho_{35}\rho_{54}\rho_{46}+\rho_{35}\rho_{54}\rho_{46}+\rho_{54}\rho_{46}+\rho_{46}} \\
&= \frac{1}{1+1.25\times1.11\times1.25\times1.11\times1.18+1.11\times1.25\times1.11\times1.18+1.25\times1.11\times1.18+1.11\times1.18+1.18} \\
&= \frac{1}{1+2.28+1.82+1.64+1.31+1.18} \\
&= 0.11
\end{aligned}
$$

利用式（1.11），按照上述 6 个目标威胁因子的一致性排序，可以计算得到它们的权重分别为

$$\omega_4 = \omega_6\rho_{46} = 0.11\times1.18 = 0.13$$

$$\omega_5 = \omega_4\rho_{54} = 0.13\times1.11 = 0.14$$

$$\omega_3 = \omega_5\rho_{35} = 0.14\times1.25 = 0.17$$

$$\omega_1 = \omega_3\rho_{13} = 0.18\times1.11 = 0.20$$

$$\omega_2 = \omega_1\rho_{21} = 0.20\times1.25 = 0.25$$

于是，得到上述 6 个目标威胁因子的权重向量为

$$\boldsymbol{\omega} = (0.20, 0.25, 0.17, 0.13, 0.14, 0.11)^{\mathrm{T}}$$

例 1.2　假设某一区域防空系统的远程预警雷达发现有 3 批敌方空袭目标分别向我方保卫要地进行突袭。在这个防空群中的目标威胁排序评估问题中，主要考虑 4 个目标威胁因子：目标飞临时间 f_1、目标航路捷径 f_2、目标飞行高度 f_3、目标类型 f_4。试用有序二元链式比值法确定这 4 个目标威胁因子的权重。

邀请指挥员、军事专家、参谋人员共同参与这个防空群目标威胁排序评估问题的讨论，经过他们的认真思考与分析，上述 4 个目标威胁因子的二元定性排序一致性标度矩阵 $\boldsymbol{\theta}$ 为

$$
\boldsymbol{\theta} = \begin{array}{c} \\ f_1 \\ f_2 \\ f_3 \\ f_4 \end{array}
\begin{array}{c}
\begin{array}{cccc} f_1 & f_2 & f_3 & f_4 \end{array} \\
\begin{pmatrix}
0.5 & 1 & 1 & 1 \\
0 & 0.5 & 1 & 1 \\
0 & 0 & 0.5 & 0 \\
0 & 0 & 1 & 0.5
\end{pmatrix}
\end{array}
$$

利用式（1.2），可以计算得到上述二元定性排序一致性标度矩阵 $\boldsymbol{\theta}$ 的各行元素之和分别为

$$\theta_1 = 0.5+1+1+1 = 3.5$$

$$\theta_2 = 0+0.5+1+1 = 2.5$$

$$\theta_3 = 0 + 0 + 0.5 + 0 = 0.5$$

$$\theta_4 = 0 + 0 + 1 + 0.5 = 1.5$$

因此，上述 4 个目标威胁因子关于重要性的一致性排序为

$$f_1 \succ f_2 \succ f_4 \succ f_3$$

根据以往类似战例和指挥员（或军事专家、参谋人员）的知识经验，指挥员经过慎重判断，并按照上述一致性排序，给定了二元链式比较的重要性倍数：

$$\rho_{12} = 1.08 ,\quad \rho_{24} = 1.08 ,\quad \rho_{43} = 1.09$$

利用式（1.9），并注意上述一致性排序中 4 个目标威胁因子的下标与式（1.9）的目标威胁因子的下标不同，可以计算得到

$$\begin{aligned}\omega_3 &= \frac{1}{1+\rho_{12}\rho_{24}\rho_{43}+\rho_{24}\rho_{43}+\rho_{43}} \\ &= \frac{1}{1+1.08\times1.08\times1.09+1.08\times1.09+1.09} \\ &= \frac{1}{1+1.27+1.18+1.09} \\ &= 0.22\end{aligned}$$

利用式（1.11），并结合上述 4 个目标威胁因子的一致性排序，可以计算得到它们的权重分别为

$$\omega_4 = \omega_3\rho_{43} = 0.22\times1.09 = 0.24$$

$$\omega_2 = \omega_4\rho_{24} = 0.24\times1.08 = 0.26$$

$$\omega_1 = \omega_2\rho_{12} = 0.26\times1.08 = 0.28$$

于是，得到上述 4 个目标威胁因子的权重向量为

$$\boldsymbol{\omega} = (0.28, 0.26, 0.22, 0.24)^{\mathrm{T}}$$

1.4.5 目标威胁因子权重的熵权法

熵是热力学中的一个名词，是度量系统状态不确定性的一个物理量。在信息论中，又把熵称为平均信息量。1948 年，克劳德·艾尔伍德·香农（Claude Elwood Shannon）将热力学的熵引入信息论。后来，熵被用于确定多属性决策问题中的属性权重，常称为熵权法。熵权法是指根据各属性观测值所提供的信息量确定属性权重的一种方法。熵权法适用于目标威胁排序多因子综合评估问题，但不适用于目标威胁等级多因子综合评估问题。为此，针对目标威胁排序多因子综合评估问题，下面简单叙述确定目标威胁因子权重的熵权法的基本原理与过程。

目标威胁排序多因子综合评估问题用数学语言可以表述如下：n 批目标

$T_j\ (j=1,2,\cdots,n)$ 组成目标集 $T=\{T_1,T_2,\cdots,T_n\}$，m 个目标威胁因子 $f_i\ (i=1,2,\cdots,m)$ 组成目标威胁因子集 $F=\{f_1,f_2,\cdots,f_m\}$；目标 T_j 关于目标威胁因子 f_i 的特征值为 $x_{ij}=f_i(T_j)\ (i=1,2,\cdots,m; j=1,2,\cdots,n)$。通常把有 n 个目标与 m 个目标威胁因子的目标威胁排序多因子综合评估问题直观地表示为下面的目标威胁因子特征值矩阵：

$$\boldsymbol{X}=\begin{matrix} & T_1 & T_2 & \cdots & T_n \\ \begin{matrix} f_1 \\ f_2 \\ \vdots \\ f_m \end{matrix} & \multicolumn{4}{l}{\begin{pmatrix} x_{11} & x_{12} & \cdots & x_{1n} \\ x_{21} & x_{22} & \cdots & x_{2n} \\ \vdots & \vdots & & \vdots \\ x_{m1} & x_{m2} & \cdots & x_{mn} \end{pmatrix}} \end{matrix}$$

有时简记为 $\boldsymbol{X}=(x_{ij})_{m\times n}$。

利用目标威胁因子特征值规范化方法（包括目标威胁因子类型一致化和无量纲化方法，可参见 2.3 节），可以计算得到 $x_{ij}\ (i=1,2,\cdots,m; j=1,2,\cdots,n)$ 的规范化目标威胁因子特征值，用矩阵表示为

$$\boldsymbol{R}=\begin{matrix} & T_1 & T_2 & \cdots & T_n \\ \begin{matrix} f_1 \\ f_2 \\ \vdots \\ f_m \end{matrix} & \multicolumn{4}{l}{\begin{pmatrix} r_{11} & r_{12} & \cdots & r_{1n} \\ r_{21} & r_{22} & \cdots & r_{2n} \\ \vdots & \vdots & & \vdots \\ r_{m1} & r_{m2} & \cdots & r_{mn} \end{pmatrix}} \end{matrix} \tag{1.12}$$

常简记为 $\boldsymbol{R}=(r_{ij})_{m\times n}$。

对式（1.12）给定的规范化目标威胁因子特征值矩阵 $\boldsymbol{R}$ 和任意目标威胁因子 f_i，$\boldsymbol{R}$ 中元素值 $r_{ij}\ (j=1,2,\cdots,n)$ 的差异越大，则不同目标之间规范化目标威胁因子特征值的相对强度越大，目标威胁因子对目标的比较作用也越大，也就包含和传输越多的决策信息。信息的增加意味着熵的减少，熵可以用来度量这种信息量。记

$$p_{ij}=\frac{r_{ij}}{\sum_{j=1}^{n} r_{ij}} \quad (i=1,2,\cdots,m; j=1,2,\cdots,n) \tag{1.13}$$

则目标威胁因子 $f_i(i=1,2,\cdots,m)$ 的熵值为

$$E_i=-\kappa\sum_{j=1}^{n} p_{ij}\ln p_{ij} \qquad (i=1,2,\cdots,m) \tag{1.14}$$

其中，$\kappa = 1/\ln n$。显然，$E_i \in [0,1]$ $(i = 1,2,\cdots,m)$。

各目标对目标威胁因子 f_i $(i = 1,2,\cdots,m)$ 的贡献相差越大，目标威胁因子 f_i 对目标的影响或作用就越大，即目标威胁因子传递的目标重要性越大，从而其权重也就应该越大。于是，目标威胁因子 f_i $(i = 1,2,\cdots,m)$ 的权重定义为

$$\omega_i = \frac{1 - E_i}{\sum_{i=1}^{m}(1 - E_i)} \quad (i = 1,2,\cdots,m) \tag{1.15}$$

显然，ω_i $(i = 1,2,\cdots,m)$ 满足归一化条件，即满足权重的概念。

利用上述熵权法计算得到的目标威胁因子权重与规范化目标威胁因子特征值（或隶属度）有关，即目标威胁因子特征值相同，但由于采用不同的目标威胁因子规范化方法得到不一样的规范化目标威胁因子特征值（或隶属度），从而可能得到不同的目标威胁因子权重。这其实也是目标威胁（排序或等级）评估结果不稳定的一个主要原因。

例 1.3　考虑下面防空群中的目标威胁排序评估问题。假设某一区域防空系统的远程预警雷达发现有 3 批敌方空袭目标 T_1、T_2 和 T_3 分别向我方保卫要地进行突袭，已探测到敌方空袭目标的各目标威胁因子参数值，如表 1.1 所示。其中，目标类型是指根据敌方空袭目标的类型而赋予的不同威胁程度值，规定战术地对地导弹、巡航导弹、空地导弹、隐形飞机、轰炸机、歼击轰炸机、强击机和武装直升机的威胁程度值分别为 8、7、6、5、4、3、2、1。为与前面表述统一，将目标飞临时间、目标航路捷径、目标飞行高度和目标类型 4 个目标威胁因子分别记为 f_1、f_2、f_3、f_4。

表 1.1　敌方空袭目标的各目标威胁因子参数值

目标威胁因子	威胁目标		
	T_1	T_2	T_3
目标飞临时间 f_1/min	8	2	3
目标航路捷径 f_2/km	4	6	10
目标飞行高度 f_3/km	5	8	9
目标类型 f_4	7	4	3

目标类型是极大型（或效益型）目标威胁因子，即目标威胁因子特征值越大，其目标威胁程度越大。目标飞临时间、目标航路捷径、目标飞行高度是极小型（或成本型）目标威胁因子，即目标威胁因子特征值越小，其目标威胁程度越大。为了便于比较分析，需要对上述 4 个目标威胁因子进行目标威胁因子特征值规范化，

包括目标威胁因子类型一致化和目标威胁因子特征值无量纲化两种处理方式。

首先，为了减少计算，对上述 3 个极小型目标威胁因子（即目标飞临时间、目标航路捷径、目标飞行高度），利用式（1.16），统一转化为极大型目标威胁因子：

$$\hat{x}_{ij}=\begin{cases}\dfrac{1}{x_{ij}} & (x_{ij}\neq 0)\\ \dfrac{1}{x_{ij}+1} & (x_{ij}=0)\end{cases}\quad (i=1,2,3,4;\ j=1,2,3) \tag{1.16}$$

因为目标类型已是极大型目标威胁因子，所以不需要对其再做目标威胁因子类型一致化，即 $\hat{x}_{4j}=x_{4j}\,(j=1,2,3)$。

然后，利用式（1.17），对进行目标威胁因子类型一致化的上述 4 个目标威胁因子特征值做规范化（或无量纲化）计算：

$$r_{ij}=\frac{\hat{x}_{ij}}{\hat{M}_i}\quad (i=1,2,3,4;\ j=1,2,3) \tag{1.17}$$

其中，$\hat{M}_i$ 是目标威胁因子类型一致化的目标威胁因子特征值 $\hat{x}_{ij}$ ($i=1,2,3,4;$ $j=1,2,3$)的最大值，即 $\hat{M}_i=\max\limits_{1\leqslant j\leqslant 3}\{\hat{x}_{ij}\}$ ($i=1,2,3,4$)。于是，可以计算得到敌方空袭目标（即威胁目标）的各规范化目标威胁因子特征值，如表 1.2 所示。

表 1.2　敌方空袭目标的各规范化目标威胁因子特征值

目标威胁因子	威胁目标		
	T_1	T_2	T_3
目标飞临时间 f_1	0.25	1	0.666
目标航路捷径 f_2	1	0.667	0.4
目标飞行高度 f_3	1	0.625	0.556
目标类型 f_4	1	0.571	0.429

利用上述熵权法，即式（1.13）～式（1.15）与表 1.2，可以计算得到上述 4 个目标威胁因子的权重向量。具体地，利用式（1.13）与表 1.2，可以计算得到

$$p_{11}=\frac{r_{11}}{r_{11}+r_{12}+r_{13}}=\frac{0.25}{0.25+1+0.666}=0.130$$

$$p_{12}=\frac{r_{12}}{r_{11}+r_{12}+r_{13}}=\frac{1}{0.25+1+0.666}=0.522$$

$$p_{13}=\frac{r_{13}}{r_{11}+r_{12}+r_{13}}=\frac{0.666}{0.25+1+0.666}=0.348$$

同理可得 $p_{21}=0.484$、$p_{22}=0.323$、$p_{23}=0.193$、$p_{31}=0.458$、$p_{32}=0.287$、$p_{33}=0.255$、$p_{41}=0.500$、$p_{42}=0.285$、$p_{43}=0.215$。结合式（1.14），可得目标威胁因子 f_1 的熵值为

$$\begin{aligned}E_1&=-\frac{p_{11}\ln p_{11}+p_{12}\ln p_{12}+p_{13}\ln p_{13}}{\ln 3}\\&=-\frac{0.130\times\ln 0.130+0.522\times\ln 0.522+0.348\times\ln 0.348}{\ln 3}\\&=-\frac{0.130\times(-2.040)+0.522\times(-0.650)+0.348\times(-1.056)}{1.099}\\&=0.885\end{aligned}$$

类似地，可计算得到目标威胁因子 $f_i\ (i=2,3,4)$ 的熵值分别为 $E_2=0.941$、$E_3=0.969$、$E_4=0.942$。

于是，利用式（1.15），可得目标威胁因子 f_1 的权重为

$$\begin{aligned}\omega_1&=\frac{1-E_1}{(1-E_1)+(1-E_2)+(1-E_3)+(1-E_4)}\\&=\frac{1-0.885}{(1-0.885)+(1-0.941)+(1-0.969)+(1-0.942)}\\&=0.438\end{aligned}$$

类似地，可得目标威胁因子 $f_i\ (i=2,3,4)$ 的权重分别为 $\omega_2=0.224$、$\omega_3=0.118$、$\omega_4=0.220$。

因此，可得到上述 4 个目标威胁因子的权重向量为

$$\boldsymbol{\omega}=(0.438,0.224,0.118,0.220)^{\mathrm{T}}$$

熵权法能较好地利用目标威胁因子特征值的信息计算目标威胁因子的权重，但显然与目标威胁因子特征值规范化（包括目标威胁因子类型一致化、目标威胁因子特征值无量纲化）方法有关，即不同的目标威胁因子类型一致化方法或目标威胁因子特征值无量纲化方法可能会产生不一样的权重。此外，当目标威胁因子之间具有较高的相关性时，运用熵权法容易出现多项重复强化现象。

1.4.6　目标威胁因子权重的主客观综合赋权法

主观赋权法与客观赋权法各有所长，但又各有不足。主观与客观结合赋权法，即主客观综合赋权法，实质上就是对这两种方法进行综合[4]，例如，有序二元链

式比值法是一种主观赋权法，而熵权法是一种客观赋权法。

设利用某种主观赋权法与客观赋权法分别得到目标威胁因子 $f_i\ (i=1,2,\cdots,m)$ 的权重为 β_i 和 δ_i，则目标威胁因子 f_i 的主客观综合权重可以按照加法方式定义为

$$\omega_i=\frac{\alpha\beta_i+\lambda\delta_i}{\sum_{i=1}^{m}(\alpha\beta_i+\lambda\delta_i)}\quad (i=1,2,\cdots,m) \tag{1.18}$$

其中，$\alpha\in[0,1]$ 与 $\lambda\in[0,1]$ 分别为决策者对主观权重与客观权重的权衡系数，且 $\alpha+\lambda\leqslant 1$。

显然，若 $\alpha+\lambda=1$，则式（1.18）可以简化为

$$\omega_i=\alpha\beta_i+\lambda\delta_i\quad (i=1,2,\cdots,m)$$

进一步可写成

$$\omega_i=\alpha\beta_i+(1-\alpha)\delta_i\quad (i=1,2,\cdots,m)$$

或

$$\omega_i=(1-\lambda)\beta_i+\lambda\delta_i\quad (i=1,2,\cdots,m)$$

若 $\alpha=\lambda=1/2$，则式（1.18）可以进一步简化为

$$\omega_i=\frac{\beta_i+\delta_i}{2}\quad (i=1,2,\cdots,m)$$

即目标威胁因子的主客观综合权重就是其主观权重与客观权重的均值。

类似地，可以按照乘法方式，定义目标威胁因子 $f_i\ (i=1,2,\cdots,m)$ 的主客观综合权重为

$$\omega_i=\frac{\beta_i^{\alpha}\delta_i^{1-\alpha}}{\sum_{i=1}^{m}\beta_i^{\alpha}\delta_i^{1-\alpha}}\quad (i=1,2,\cdots,m)$$

显然，上述定义的主客观综合权重满足归一化条件，符合权重的概念。

1.5　本书主要研究问题与内容章节关联结构

本书的目的就是在深入分析目标威胁（排序或等级）多因子综合评估结果关于目标威胁多因子综合评估方法、目标威胁因子特征值规范化方法、目标威胁因子权重和威胁等级数（或划分标准）等的稳定性基础上，揭示在目标威胁评估中的一些“表面上看似科学，而实际上是不科学甚至是伪科学”的方法，避免出现指挥决策失误而又“不识庐山真面目”、降低目标威胁评估在指控系统中的作用和地位的现象，进而提出相应的措施与建议，提升目标威胁评估结果的合理性、有效性、准确性和可靠性，为作战指挥决策提供可靠的理论依据和智力支持。

全书包括 6 章，主要研究内容如下。

第 1 章通过对所收集的国内外公开发表的文献资料的分析研究，简述国内外对传统目标威胁评估的研究现状，指出其存在的主要问题，并在分析影响传统目标威胁（排序或等级）评估结果的关键环节基础上，提出“目标威胁多因子综合评估”稳定性问题研究内容，具体包括目标威胁排序多因子综合评估稳定性与目标威胁等级多因子综合评估稳定性。

第 2 章提出目标威胁排序多因子综合评估的一般性原理与过程，具体建立三种常用的目标威胁排序多因子综合评估模型，即目标威胁排序多因子线性加权综合评估模型、目标威胁排序多因子 TOPSIS 综合评估模型、目标威胁排序多因子 VIKOR 综合评估模型，并通过实例计算分析，研究不同的目标威胁排序多因子综合评估方法、目标威胁因子特征值规范化方法和目标威胁因子权重等对目标威胁排序评估结果的影响即稳定（或灵敏）性分析，由此提出并建立三种重要的目标威胁排序多因子变权综合评估方法，即目标威胁排序多因子线性变权加权综合评估方法、目标威胁排序多因子变权 TOPSIS 综合评估方法、目标威胁排序多因子变权 VIKOR 综合评估方法。

第 3 章提出目标威胁等级多因子综合评估的一般性原理与过程，具体提出三种重要的目标威胁等级多因子综合评估方法，即目标威胁等级多因子线性加权综合评估方法、目标威胁等级多因子 TOPSIS 综合评估方法、目标威胁等级多因子 VIKOR 综合评估方法，研究不同的目标威胁因子特征值级别隶属度、目标威胁因子权重对目标威胁等级评估结果的影响即稳定（或灵敏）性分析，并在分析按照最大隶属度原则确定目标威胁等级的局限性基础上，提出把级别特征值作为目标威胁等级的评定原则，进而创建目标威胁等级多因子综合评估级别特征值方法。通过引入具有目标威胁等级与符号偏移值双指标特征的二元语义概念，提出目标威胁等级多因子综合评估二元语义方法。结合变权概念，创建三种重要的目标威胁等级多因子变权综合评估模型，即目标威胁等级多因子线性变权加权综合评估模型、目标威胁等级多因子变权 TOPSIS 综合评估模型、目标威胁等级多因子变权 VIKOR 综合评估模型。

第 4 章针对目标威胁排序多因子线性加权综合评估模型，研究目标威胁因子特征值和目标威胁因子权重对目标威胁排序评估结果的影响即稳定（或灵敏）性分析。

第 5 章以级别特征值作为目标威胁等级的评定原则，针对目标威胁等级多因子线性加权综合评估模型，研究目标威胁因子级别特征值和目标威胁因子权重对目标威胁等级评估结果的影响即稳定（或灵敏）性分析。

第 6 章简单归纳全书的研究工作和取得的主要结论，并指出需要进一步完善和深入研究的一些主要问题及未来可能研究方向。

本书主要研究问题与内容章节关联结构如图 1.3 所示。

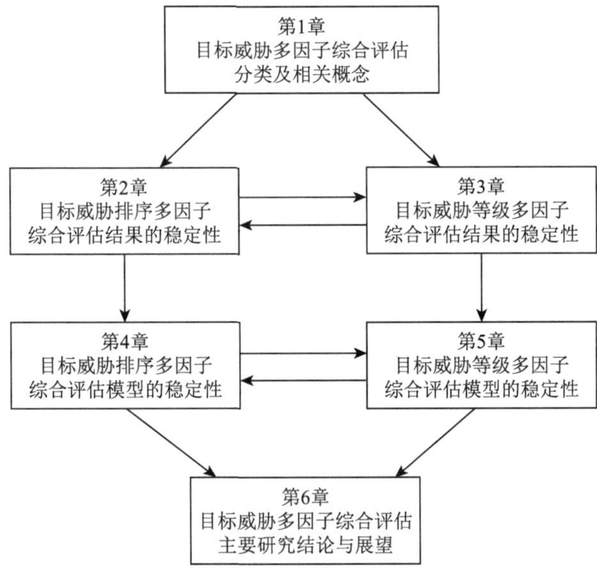

图 1.3　主要研究问题与内容章节关联结构

第 2 章　目标威胁排序多因子综合评估结果的稳定性

2.1　目标威胁排序多因子综合评估结果的稳定性问题

2.1.1　目标威胁排序评估的一个实际背景及其相关概念

目前，采用中大规模空袭编队对被保卫大型要地实施饱和攻击是空袭的主要样式之一；即使是非饱和空袭，为提高地空导弹武器的拦截效能，也必须对空袭目标分清主、次。为此，地空导弹武器（群）的指控系统，如美国的“爱国者”导弹等中远程地空导弹武器系统，必须逐一对探测设备获取的目标进行威胁程度判断，做出目标威胁排序，以便确定拦截次序，最大限度地提高地空导弹武器的作战效能[155]。

在目标威胁排序评估中，往往需要综合考虑目标类型、目标距离、目标速度、目标航路捷径、目标飞行高度等多个目标威胁因子以及这些目标威胁因子对目标威胁程度的不同影响（即目标威胁因子权重）。为明确起见，下面先对目标类型、目标距离、目标飞行高度、目标航路捷径、目标速度、目标飞临时间等目标威胁因子的含义进行必要的说明。上述这些目标威胁因子又与地空导弹的杀伤区概念紧密相关。因此，也需要对地空导弹的杀伤区概念做简单阐述。

地空导弹的杀伤区是指一个空间区域。在这个区域内，若地空导弹与目标遭遇，则地空导弹对目标的杀伤概率不低于给定值，即某个阈值。通常，地空导弹的杀伤区按其水平截面和垂直截面分别研究，常常分别称为水平杀伤区和垂直杀伤区，可由封闭的折线和圆弧等直观表示，如图 2.1 所示。在图 2.1 中，O 为地空导弹武器的部署点，G 为被保卫对象（或要地）所在位置，T 为目标点。

目标分为多种类型。目标类型不同，其速度和攻击能力通常会不一样，从而对被保卫对象（或要地）的威胁程度也不同。根据目标特性和行为特性，一般可将目标分为下面六种类型：战术弹道导弹（tactical ballistic missile，TBM）、小型目标（如巡航导弹、空地导弹、反辐射导弹）、隐身飞机、大型目标（如轰炸机、歼击轰炸机）、强击机、武装直升机。

一般地，目标距离是指目标对地空导弹武器部署点的斜距 OT，如图 2.1 所示。目标距离也可用目标 T 在水平面的投影 T' 与地空导弹武器部署点 O 的水平距离 OT' 来表示。当目标高度远小于水平距离时，可以认为斜距近似等于水平距离，

即 $OT \approx OT'$ 。显然，目标距离越小，则其对被保卫对象的威胁程度越大，这是因为目标飞临被保卫对象进行攻击的时间越短。

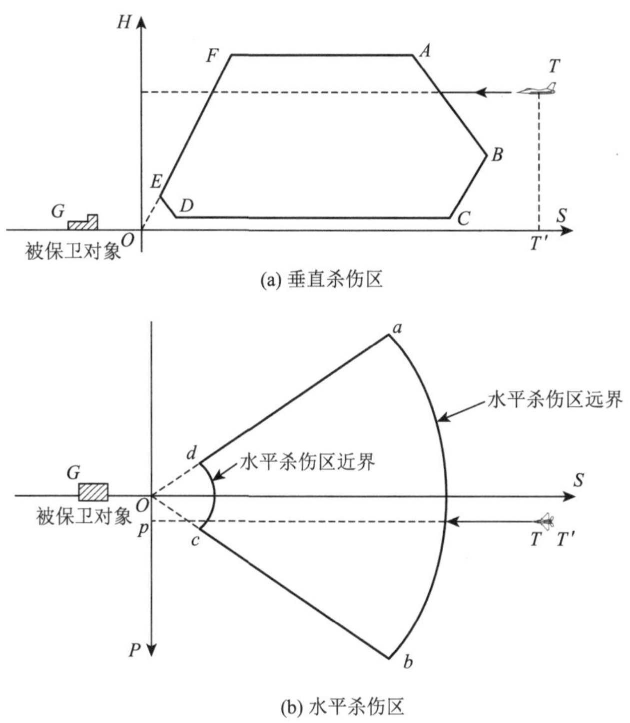

图 2.1　典型地空导弹的垂直杀伤区和水平杀伤区

目标飞行高度是指目标在观测时刻的海拔。我国目前尚未公布关于防空作战目标高度的划分标准，为此借用美国参谋首长联席会议（Joint Chiefs of Staff，JCS）发布的防空作战用标准高度，如表 2.1 所示。

表 2.1　美国参谋首长联席会议发布的防空作战用标准高度

高度名称	高度数据/m	高度名称	高度数据/m
超低空	0～150	高空	7500～15000
低空	150～600	超高空	15000 以上
中高空	600～7500		

目标航路捷径是指目标瞬时速度方向在水平面投影延长线与给定点（地空导弹武器部署点、被保卫对象（或要地）中心点等）的距离，如图 2.2 所示。

在图 2.2 中，T 为目标瞬时位置（所在点）在水平面的投影，V_s 为目标水平速度，O 为给定点。目标对给定点 O 的航路捷径即 $p = OT'$ 。

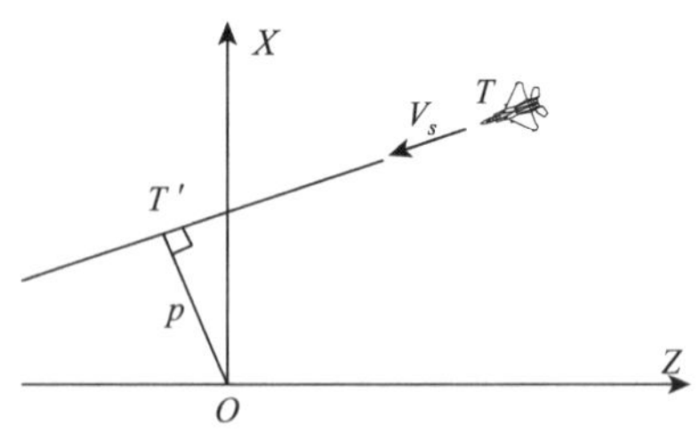

图 2.2　目标航路捷径 p

利用目标航路捷径 p 可预估目标是否将飞临给定点（地空导弹武器部署点、被保卫对象中心点等）。显然，目标航路捷径 p 越小，目标对给定被保卫对象的威胁也越大。

目标速度在本书中是指目标的水平速度，即目标速度矢量在水平面的投影值。显然，目标水平速度越大，飞至被保卫对象的时间也越短，从而目标的威胁程度越大。

通常，目标飞临时间是指目标飞至地空导弹杀伤区远界（或近界）所需的时间。显然，目标飞临时间越短，其抵达被保卫对象的可攻击范围也越短，从而越须尽快对其实施拦截，即目标的威胁程度越大。

2.1.2　目标威胁排序多因子综合评估的一般性原理与过程

1.4.5 节简单描述了目标威胁排序多因子综合评估问题：有 n 批目标 T_j $(j = 1,2,\cdots,n)$ 组成目标集 $T = \{T_1, T_2, \cdots, T_n\}$ ，m 个目标威胁因子 f_i $(i = 1,2,\cdots,m)$ 组成目标威胁因子集 $F = \{f_1, f_2, \cdots, f_m\}$ ；目标 T_j 关于目标威胁因子 f_i 的特征值记为 $x_{ij} = f_i(T_j)$ $(i = 1,2,\cdots,m; j = 1,2,\cdots,n)$ 。n 批目标所有 m 个威胁因子特征值可用矩阵直观地表示为

$$\boldsymbol{X} = \begin{array}{c} \\ f_1 \\ f_2 \\ \vdots \\ f_m \end{array} \begin{array}{c} \begin{array}{cccc} T_1 & T_2 & \cdots & T_n \end{array} \\ \begin{pmatrix} x_{11} & x_{12} & \cdots & x_{1n} \\ x_{21} & x_{22} & \cdots & x_{2n} \\ \vdots & \vdots & & \vdots \\ x_{m1} & x_{m2} & \cdots & x_{mn} \end{pmatrix} \end{array} \tag{2.1}$$

在目标威胁因子特征值矩阵 $\boldsymbol{X}$ 中，第 i 行表示所有 n 批目标的第 i 个目标威胁因子特征值，记为 $\boldsymbol{x}_i = (x_{i1}, x_{i2}, \cdots, x_{in})$ $(i = 1,2,\cdots,m)$ ，第 j 列表示目标 T_j 的所有 m

个目标威胁因子特征值，记为 $\boldsymbol{x}_j=(x_{1j},x_{2j},\cdots,x_{mj})^{\mathrm{T}}\ (j=1,2,\cdots,n)$。

在实际的目标威胁排序多因子综合评估中，目标威胁因子特征值 $x_{ij}\ (i=1,2,\cdots,m;j=1,2,\cdots,n)$ 的类型通常是不一样的。例如，目标速度越快，其对我方的威胁程度也越大，常把这类目标威胁因子称为极大型目标威胁因子（即越大越好型或 1.4.5 节提及的效益型）；目标飞行高度越低，其对我方的威胁程度越大，常把这类目标威胁因子称为极小型目标威胁因子（即越小越好型或 1.4.5 节提及的成本型）。此外，目标威胁因子特征值 $x_{ij}\ (i=1,2,\cdots,m;j=1,2,\cdots,n)$ 的物理量纲也是不一样的。例如，目标类型是无量纲的，而目标速度可能是 1600m/s、目标距离可能是 100km、目标航路捷径可能是 2km。具体例子可参见表 1.1。

为了使得各目标威胁因子特征值具有可比性，通常需要对目标威胁因子特征值做类型一致化和无量纲化处理，统称为规范化，如例 1.3 的处理，即式（1.16）与式（1.17）。目标威胁因子特征值规范化就是将 $x_{ij}\ (i=1,2,\cdots,m;j=1,2,\cdots,n)$ 统一变换为极大型或极小型（称为目标威胁因子类型一致化），并将其统一变换到某一取值范围（称为目标威胁因子特征值无量纲化），通常为单位闭区间 $[0,1]$。用数学语言可将 x_{ij} 的规范化目标威胁因子特征值描述为

$$r_{ij}=\phi_2(\phi_1(x_{ij}))\quad (i=1,2,\cdots,m;j=1,2,\cdots,n) \tag{2.2}$$

其中，ϕ_1 和 ϕ_2 分别是目标威胁因子类型一致化方法、目标威胁因子特征值无量纲化方法（即变换算子），可根据实际目标威胁排序多因子综合评估问题的具体特点选取。

记目标 $T_j\ (j=1,2,\cdots,n)$ 的规范化目标威胁因子特征值向量为 $\boldsymbol{r}_j=(r_{1j},r_{2j},\cdots,r_{mj})^{\mathrm{T}}$。由式（2.2）可得

$$\boldsymbol{r}_j=(\phi_2(\phi_1(x_{1j})),\phi_2(\phi_1(x_{2j})),\cdots,\phi_2(\phi_1(x_{mj})))^{\mathrm{T}}\quad (j=1,2,\cdots,n) \tag{2.3}$$

不同的目标威胁因子在目标威胁排序多因子综合评估中可能具有不同的重要性（即权重）。不妨假设目标威胁因子 f_i 的权重为 $\omega_i\ (i=1,2,\cdots,m)$，其中，$\omega_i\geqslant 0$ 且满足归一化要求：

$$\sum_{i=1}^{m}\omega_i=1 \tag{2.4}$$

通常简记目标威胁因子权重向量为 $\boldsymbol{\omega}=(\omega_1,\omega_2,\cdots,\omega_m)^{\mathrm{T}}$。

按照某种目标威胁排序多因子综合评估方法，可得目标 $T_j\ (j=1,2,\cdots,n)$ 的威胁综合值为

$$V_j=\phi(\boldsymbol{\omega},\boldsymbol{r}_j)\quad (j=1,2,\cdots,n) \tag{2.5}$$

其中，ϕ 是某种目标威胁排序多因子综合评估方法（即集结算子），可根据实际目标威胁排序多因子综合评估问题的具体要求选取。因此，根据威胁综合值 V_j 的单调不增排序，可对 n 批目标 $T_j\ (j=1,2,\cdots,n)$ 做出威胁大小排序。

2.1.3 目标威胁排序多因子综合评估涉及的稳定性问题

由式（2.5）和式（2.3）可见，n 批目标 $T_j\ (j=1,2,\cdots,n)$ 的威胁排序多因子综合评估结果完全取决于目标威胁因子特征值规范化方法（即变换算子 ϕ_1 和 ϕ_2）、目标威胁因子权重和目标威胁排序多因子综合评估方法（或集结算子 ϕ）。因此，下面三种情况都可能对目标威胁排序多因子综合评估结果产生影响，或者说，对目标威胁排序多因子综合评估结果的稳定性产生影响。

（1）在目标威胁因子权重向量 $\boldsymbol{\omega}$ 和目标威胁排序多因子综合评估方法 ϕ 给定的条件下，不同的目标威胁因子特征值规范化方法（即不同的目标威胁因子类型一致化方法 ϕ_1 或目标威胁因子特征值无量纲化方法 ϕ_2）会产生不同的目标威胁排序多因子综合评估结果。

（2）在规范化目标威胁因子特征值 $r_{ij}\ (i=1,2,\cdots,m; j=1,2,\cdots,n)$ 和目标威胁排序多因子综合评估方法 ϕ 给定的条件下，不同的目标威胁因子权重向量 $\boldsymbol{\omega}$ 会产生不同的目标威胁排序多因子综合评估结果。

（3）在规范化目标威胁因子特征值 $r_{ij}\ (i=1,2,\cdots,m; j=1,2,\cdots,n)$ 和目标威胁因子权重向量 $\boldsymbol{\omega}$ 给定的条件下，不同的目标威胁排序多因子综合评估方法 ϕ 会产生不同的目标威胁排序多因子综合评估结果。

情况（1）将在 2.2 节通过利用两种典型的目标威胁排序多因子综合评估方法，对常用的目标威胁因子类型一致化方法和目标威胁因子特征值无量纲化方法进行理论研究与实证分析，探讨目标威胁排序多因子综合评估结果关于目标威胁因子类型一致化方法和目标威胁因子特征值无量纲化方法的稳定（或灵敏）性。情况（2）将在 2.3 节通过利用两种典型的目标威胁多因子综合评估方法，结合实证分析，探讨目标威胁排序多因子综合评估结果关于目标威胁因子权重的稳定（或灵敏）性，说明在一些目标威胁排序多因子综合评估中，采用固定不变的目标威胁因子权重（即常权）会产生“状态失衡”的不合理现象，进而提出并建立目标威胁排序多因子变权综合评估方法。从目前关于传统目标威胁排序评估的文献资料中易于看出，不同的目标威胁排序评估方法可能产生不同的目标威胁排序结果，即目标威胁排序结果关于目标威胁排序评估方法是不稳定（或灵敏）的，这是因为不同的目标威胁排序评估方法的出发点和侧重点不同。自然，目标威胁排序结果关于目标威胁排序多因子综合评估方法也是不稳定的。2.2 节将用实证分析方法验证这个结论的正确性。显然，目标威胁排序多因子综合评估方法的优劣评价本身也是一类多属性决策问题或多指标（或因素）综合评价问题[156, 157]，本书将不对情况（3）做深入的理论分析研究。

2.2　目标威胁排序多因子综合评估结果关于目标威胁因子特征值规范化的稳定性

2.2.1　目标威胁排序多因子线性加权综合评估方法

把目标威胁评估问题归结为一类典型的多属性决策问题，据此可从多属性决策范畴与分析框架出发，对目标威胁评估问题展开研究。因此，目标威胁排序多因子综合评估方法是当前乃至今后的主要研究方法之一，可分为线性和非线性两种形式。

在线性形式的目标威胁排序多因子综合评估方法中，线性加权综合模型是常用的方法之一。该方法的主要思想是：在经过式（2.2）的变换获得规范化目标威胁因子特征值后，按照线性加权平均方式，可计算得到目标 T_j $(j=1,2,\cdots,n)$ 的威胁综合值

$$V_j^L = \boldsymbol{\omega}^{\mathrm{T}}\boldsymbol{r}_j = \sum_{i=1}^{m}\omega_i r_{ij} \quad (j=1,2,\cdots,n) \tag{2.6}$$

根据 V_j^L 的单调不增顺序，可对所有目标 T_j $(j=1,2,\cdots,n)$ 做出威胁大小排序。

2.2.2　目标威胁排序多因子 TOPSIS 综合评估方法

在非线性形式的目标威胁排序多因子综合评估方法中，多属性决策中的 TOPSIS 是常用的方法之一[158]。在对 n 个目标 T_j $(j=1,2,\cdots,n)$ 进行威胁排序时，仅需要考虑 n 个目标之间的相对威胁程度，与 T_j $(j=1,2,\cdots,n)$ 以外的其他目标无关，即目标威胁比较的相对性[159]。这就可利用各目标与相同的固定参考点的相对差异程度来衡量。TOPSIS 选定了两个参考点（或基准威胁目标），分别称为最大威胁目标 T^+ 与最小威胁目标 T^-，代表了 n 个目标 T_j $(j=1,2,\cdots,n)$ 中的各目标威胁因子特征值的极大值与极小值。在后续的讨论中，最大威胁目标 T^+ 与最小威胁目标 T^- 具有比较明确的含义，可根据实际情况，通过选择每个目标威胁因子特征值的最大值、最小值，分别构成一个“虚拟”的最大威胁目标与最小威胁目标，类似于 TOPSIS 的正理想解（或方案）、负理想解（或方案）[158]。目标威胁排序多因子 TOPSIS 综合评估方法的主要思想如下。

首先，确定最大威胁目标 T^+ 与最小威胁目标 T^-，其目标威胁因子特征值可以分别按照下面公式确定：

$$x_i^+ = \begin{cases} \max\limits_{1\leqslant j\leqslant n}\{x_{ij}\} & (f_i \in F^1) \\ \min\limits_{1\leqslant j\leqslant n}\{x_{ij}\} & (f_i \in F^2) \end{cases}$$

和

$$x_i^- = \begin{cases} \min\limits_{1\leqslant j\leqslant n}\{x_{ij}\} & (f_i \in F^1) \\ \max\limits_{1\leqslant j\leqslant n}\{x_{ij}\} & (f_i \in F^2) \end{cases}$$

其中，F^1 和 F^2 分别是由极大型目标威胁因子、极小型目标威胁因子组成的集合。

在对目标威胁因子特征值进行归一化处理后，即获得规范化目标威胁因子特征值后，最大威胁目标 T^+ 与最小威胁目标 T^- 的规范化目标威胁因子特征值向量可分别简记为 $\boldsymbol{r}^+ = (r_1^+, r_2^+, \cdots, r_m^+)^{\mathrm{T}}$ 、 $\boldsymbol{r}^- = (r_1^-, r_2^-, \cdots, r_m^-)^{\mathrm{T}}$ ，其中，目标威胁因子 $f_i\ (i=1,2,\cdots,m)$ 的规范化目标威胁因子特征值可分别按照式（2.7）和式（2.8）确定：

$$r_i^+ = \max_{1\leqslant j\leqslant n}\{r_{ij}\} \quad (i=1,2,\cdots,m) \tag{2.7}$$

和

$$r_i^- = \min_{1\leqslant j\leqslant n}\{r_{ij}\} \quad (i=1,2,\cdots,m) \tag{2.8}$$

然后，定义威胁目标 $T_j\ (j=1,2,\cdots,n)$ 与最大威胁目标 T^+ 的相对接近度为

$$V_j^N = \frac{D_j^-}{D_j^+ + D_j^-} \quad (j=1,2,\cdots,n) \tag{2.9}$$

其中，D_j^+ 和 D_j^- 分别是目标 $T_j\ (j=1,2,\cdots,n)$ 与最大威胁目标 T^+、最小威胁目标 T^- 的差异程度的 m 维欧氏距离：

$$D_j^+ = \sqrt{\sum_{i=1}^{m}[\omega_i(r_{ij} - r_i^+)]^2} \quad (j=1,2,\cdots,n)$$

和

$$D_j^- = \sqrt{\sum_{i=1}^{m}[\omega_i(r_{ij} - r_i^-)]^2} \quad (j=1,2,\cdots,n)$$

显然，$0 \leqslant V_j^N \leqslant 1\ (j=1,2,\cdots,n)$ 。根据 V_j^N 的单调不增顺序，可确定所有目标 $T_j\ (j=1,2,\cdots,n)$ 的威胁大小排序。

2.2.3 目标威胁排序多因子 VIKOR 综合评估方法

VIKOR 是 Opricovic[58]在 1998 年提出的一种多属性决策方法。VIKOR 具有一些多属性决策方法不具备的优点与特色，其迅速成为多属性决策中的一种很有前途的重要方法。受 VIKOR 思想的启发，本书发展一种非线性形式的目标威胁

排序多因子综合评估方法：目标威胁排序多因子 VIKOR 综合评估方法，其基本原理与过程叙述如下。

VIKOR 的特点是最大化群体效用和最小化个体遗憾。仍然假设有 n 个目标 $T_j\ (j=1,2,\cdots,n)$， m 个目标威胁因子 $f_i\ (i=1,2,\cdots,m)$，目标威胁因子权重向量为 $\boldsymbol{\omega}=(\omega_1,\omega_2,\cdots,\omega_m)^{\mathrm{T}}$。目标威胁排序多因子 VIKOR 综合评估方法的主要计算过程与步骤如下。

1. 确定最大威胁目标与最小威胁目标

类似于前面的目标威胁排序多因子 TOPSIS 综合评估方法，目标威胁排序多因子 VIKOR 综合评估方法也需要事先选定两个参考点，即最大威胁目标 T^+ 与最小威胁目标 T^-，分别代表 n 个目标 $T_j\ (j=1,2,\cdots,n)$ 中的各目标威胁因子特征值的极大值与极小值。目标威胁排序多因子 VIKOR 综合评估方法中最大威胁目标 T^+ 与最小威胁目标 T^- 的目标威胁因子特征值的确定类似于目标威胁排序多因子 TOPSIS 综合评估方法，即可分别按照下面公式确定：

$$x_i^+=\begin{cases}\max\limits_{1\leqslant j\leqslant n}\{x_{ij}\} & (f_i\in F^1)\\ \min\limits_{1\leqslant j\leqslant n}\{x_{ij}\} & (f_i\in F^2)\end{cases}$$

和

$$x_i^-=\begin{cases}\min\limits_{1\leqslant j\leqslant n}\{x_{ij}\} & (f_i\in F^1)\\ \max\limits_{1\leqslant j\leqslant n}\{x_{ij}\} & (f_i\in F^2)\end{cases}$$

在对目标威胁因子特征值进行归一化处理后，即获得规范化目标威胁因子特征值后，最大威胁目标 T^+ 与最小威胁目标 T^- 的规范化目标威胁因子特征值向量仍然分别简记为 $\boldsymbol{r}^+=(r_1^+,r_2^+,\cdots,r_m^+)^{\mathrm{T}}$ 与 $\boldsymbol{r}^-=(r_1^-,r_2^-,\cdots,r_m^-)^{\mathrm{T}}$，其中，目标威胁因子 $f_i\ (i=1,2,\cdots,m)$ 的规范化目标威胁因子特征值仍然可类似于式（2.7）与式（2.8）进行确定：

$$\begin{cases}r_i^+=\max\limits_{1\leqslant j\leqslant n}\{r_{ij}\}\\ r_i^-=\min\limits_{1\leqslant j\leqslant n}\{r_{ij}\}\end{cases}\quad (i=1,2,\cdots,m)$$

2. 计算目标威胁相对贴近度与折中贴近度

对每个目标 $T_j\ (j=1,2,\cdots,n)$，分别计算其对最大威胁目标 T^+、最小威胁目标 T^- 的威胁相对贴近度 S_j 和 R_j 为

$$S_j=\sum_{i=1}^{m}\left(\omega_i\frac{r_{ij}-r_i^-}{r_i^+-r_i^-}\right)^p\quad (j=1,2,\cdots,n)\tag{2.10}$$

和

$$R_j = \max_{1\leqslant i\leqslant m}\left\{\left(\omega_i \frac{r_i^- - r_{ij}}{r_i^+ - r_i^-}\right)^p\right\} \quad (j=1,2,\cdots,n) \tag{2.11}$$

其中，$p \geqslant 0$是距离参数，可以根据实际情况选取。

结合式（2.10）与式（2.11），对每个目标$T_j(j=1,2,\cdots,n)$，计算其对S_j和R_j的威胁折中贴近度Q_j为

$$Q_j = \lambda\frac{S_j - S^-}{S^+ - S^-} + (1-\lambda)\frac{R_j - R^-}{R^+ - R^-} \quad (j=1,2,\cdots,n) \tag{2.12}$$

其中，$S^+ = \max_{1\leqslant j\leqslant n}\{S_j\}$；$S^- = \min_{1\leqslant j\leqslant n}\{S_j\}$；$R^+ = \max_{1\leqslant j\leqslant n}\{R_j\}$；$R^- = \min_{1\leqslant j\leqslant n}\{R_j\}$；$\lambda \in [0,1]$是决策机制系数，其中，$\lambda > 0.5$表示根据最大化群体效用的决策机制进行决策，$\lambda < 0.5$表示根据最小化个体遗憾的决策机制进行决策，$\lambda = 0.5$表示从权衡群体效用与个体遗憾的角度进行决策。

3. 对目标威胁相对贴近度与折中贴近度排序

对所有目标$T_j(j=1,2,\cdots,n)$对应的威胁相对贴近度S_j、R_j和威胁折中贴近度Q_j，按照从大到小的顺序分别进行排序，得到三个序列。假定目标威胁折中贴近度Q_j $(j=1,2,\cdots,n)$的单调不增排序序列如下：

$$Q_{k_1} > Q_{k_2} > \cdots > Q_{k_n}$$

4. 确定目标威胁大小排序

首先，按照目标威胁折中贴近度Q_j对目标威胁大小进行评价与排序。目标威胁折中贴近度Q_j越大，目标威胁程度越大。若同时满足以下两个条件：

（1）$Q_{k_1} - Q_{k_2} \geqslant \bar{Q}_n$，其中，$\bar{Q}_n = 1/(n-1)$；

（2）在目标威胁相对贴近度S_j和R_j的单调不增排序序列中，S_{k_1}或R_{k_1}排在第一位，则威胁程度最大的目标是T_{k_1}，即目标T_{k_1}排在第一位。

如果条件（1）和（2）不能同时满足，则分为下面两种情况讨论。

（1）如果条件（2）不满足，即S_{k_1}与R_{k_1}都不排在第一位，则目标T_{k_1}和T_{k_2}都是威胁程度最大的目标，即目标T_{k_1}和T_{k_2}并列第一位。

（2）如果条件（1）不满足，即$Q_{k_1} - Q_{k_2} < \bar{Q}_n$，则若计算得到最大的正整数$r$ $(1 \leqslant r \leqslant n)$，使得$Q_{k_1} - Q_{k_{r+1}} \geqslant \bar{Q}_n$，由此可以判定目标$T_{k_1}$、$T_{k_2}$、……、$T_{k_r}$都是威胁程度最大的目标，即认为目标$T_{k_1}$、$T_{k_2}$、……、$T_{k_r}$威胁程度无法分辨，它们

并列第一位，而且其威胁程度都比目标$T_{k_{r+1}}$大，目标$T_{k_{r+1}}$排在第二位。

类似地，可以对所有其他目标进行威胁大小排序。

2.2.4　目标威胁因子类型一致化方法

由于目标威胁因子f_i可能是极大型目标威胁因子或极小型目标威胁因子，为使n批目标T_j $(j=1,2,\cdots,n)$的威胁综合值V_j具有明确的趋向性以便进行大小比较，如V_j都越大越好或越小越好，必须将所有目标威胁因子f_i $(i=1,2,\cdots,m)$进行类型一致化，即将所有目标威胁因子f_i全部变换为极大型目标威胁因子或极小型目标威胁因子，也称为趋同化。常用的目标威胁因子类型一致化方法有下面两种。

1. 线性变换方法

选取线性变换如下：

$$\hat{x}_{ij}=M_i-x_{ij}\quad(i=1,2,\cdots,m;j=1,2,\cdots,n)\tag{2.13}$$

其中，M_i是目标T_j $(j=1,2,\cdots,n)$关于目标威胁因子$f_i\in F$的威胁因子特征值x_{ij}的一个允许上界，即

$$M_i\geqslant\max_{1\leqslant j\leqslant n}\{x_{ij}\}\quad(i=1,2,\cdots,m)$$

2. 非线性变换方法

选取非线性变换如下：

$$\hat{x}_{ij}=\begin{cases}\dfrac{1}{x_{ij}} & (x_{ij}\neq 0)\\[2ex] \dfrac{1}{x_{ij}+1} & (x_{ij}=0)\end{cases}\quad(i=1,2,\cdots,m;j=1,2,\cdots,n)\tag{2.14}$$

利用式（2.13）或式（2.14），可以将极大型目标威胁因子变换为极小型目标威胁因子；反过来，亦可将极小型目标威胁因子变换为极大型目标威胁因子。注意，在将x_{ij} $(i=1,2,\cdots,m;\ j=1,2,\cdots,n)$统一变换为极大型（或极小型）目标威胁因子时，已经是极大型（或极小型）的目标威胁因子特征值不需要再做变换，但为记法的统一起见，仍将其也统一记为$\hat{x}_{ij}$，即$\hat{x}_{ij}=x_{ij}$。

采用式（2.13）的线性变换方法，只是对目标T_j $(j=1,2,\cdots,n)$的威胁因子特征值x_{ij}进行了平移和极性（极大或极小）的转换，没有改变原来x_{ij}的分散程度；采用式（2.14）的非线性变换方法却改变了原来x_{ij}的分散程度。由此可见，不同目标威胁因子类型一致化方法会对目标T_j $(j=1,2,\cdots,n)$的威胁综合值V_j产生影

响，从而影响目标 T_j $(j=1,2,\cdots,n)$ 威胁排序结果的稳定性。这个结论将在 2.2.6 节中采用实证分析方法进行验证与说明。

2.2.5 目标威胁因子特征值无量纲化方法

一方面，目标威胁因子特征值 x_{ij} $(i=1,2,\cdots,m; j=1,2,\cdots,n)$ 的产生背景、来源与观测（测量）方式不同，决定了 x_{ij} 具有不同的物理量纲。另一方面，即使一些目标威胁因子特征值 x_{ij} 是无量纲的，但如果它们的测度量级悬殊，那么这种悬殊也会对目标 T_j $(j=1,2,\cdots,n)$ 的威胁综合值 V_j 产生非常大的影响，进而对目标威胁排序结果的稳定性产生影响。因此，为使目标威胁综合值 V_j 客观、合理和具有可比性，就必须对经过目标威胁因子类型一致化后的目标威胁因子特征值 $\hat{x}_{ij}$ $(i=1,2,\cdots,m; j=1,2,\cdots,n)$ 进行无量纲化或测度量级无差别化的变换。常用的目标威胁因子特征值无量纲化方法有下面三种。

1. *极差化变换方法*

用 $\hat{x}_{ij}$ 表示目标 T_j $(j=1,2,\cdots,n)$ 关于 $f_i \in F$ 的经过目标威胁因子类型一致化后的威胁因子特征值。选取极差化变换（其实是单调增加的线性变换函数）如下：

$$r_{ij}=\frac{\hat{x}_{ij}-\hat{m}_i}{\hat{M}_i-\hat{m}_i}\quad (i=1,2,\cdots,m; j=1,2,\cdots,n) \tag{2.15}$$

其中，$\hat{M}_i$ 和 $\hat{m}_i$ 分别是 $f_i \in F$ 经过目标威胁因子类型一致化后的最大、最小目标威胁因子特征值，即 $\hat{M}_i=\max\limits_{1\leqslant j\leqslant n}\{\hat{x}_{ij}\}$ 和 $\hat{m}_i=\min\limits_{1\leqslant j\leqslant n}\{\hat{x}_{ij}\}$。$\hat{M}_i$ 和 $\hat{m}_i$ 的含义是很清楚的，分别表示所有 n 个目标 T_j $(j=1,2,\cdots,n)$ 经过目标威胁因子类型一致化后的威胁因子 $f_i \in F$ 特征值的最大值与最小值。

显然，$r_{ij}\in[0,1]$。若 $r_{ij}=1$，则相对其他 $n-1$ 个目标 T_l $(l=1,2,\cdots,n; l\neq j)$，目标 T_j 关于目标威胁因子 $f_i \in F$ 的威胁程度达到最大值 1；若 $r_{ij}=0$，则相对其他 $n-1$ 个目标 T_l $(l=1,2,\cdots,n; l\neq j)$，目标 T_j 关于目标威胁因子 $f_i \in F$ 的威胁程度达到最小值 0。这里的威胁程度具有相对性，即 $r_{ij}=0$ 并不表示目标 T_j 没有威胁，而是相对其他 $n-1$ 个目标 T_l $(l=1,2,\cdots,n; l\neq j)$，其威胁程度最小。在后续讨论中，若不做特别说明，则所有 r_{ij} 都可类似地进行解释。

由式（2.15）可见，对已类型一致化为极大型的目标威胁因子 f_i，具有最大目标威胁因子特征值 $\hat{M}_i$ 的目标 T_j 和最小目标威胁因子特征值 $\hat{m}_i$ 的目标 T_k，其规范化目标威胁因子特征值分别为 $r_{ij}=1$、$r_{ik}=0$，且规范化目标威胁因子特征值 r_{ij} 越大，相应的目标威胁程度也越大。对已类型一致化为极小型的目标威胁因子 f_i，具有最大目标威胁因子特征值 $\hat{M}_i$ 的目标 T_j 和最小目标威胁因子特征值 $\hat{m}_i$ 的目标

T_k，其规范化目标威胁因子特征值仍然分别为$r_{ij}=1$、$r_{ik}=0$，但规范化目标威胁因子特征值r_{ij}越小，相应的目标威胁程度越大。

类似地，可以选择极差化变换（其实是单调减少的线性变换函数）如下：

$$r_{ij}=\frac{\hat{M}_i-\hat{x}_{ij}}{\hat{M}_i-\hat{m}_i}\quad (i=1,2,\cdots,m; j=1,2,\cdots,n) \tag{2.16}$$

由式（2.16）可见，对已类型一致化为极大型的目标威胁因子 f_i，具有最大目标威胁因子特征值$\hat{M}_i$的目标T_j和最小目标威胁因子特征值$\hat{m}_i$的目标T_k，其规范化目标威胁因子特征值分别为$r_{ij}=0$、$r_{ik}=1$，且规范化目标威胁因子特征值r_{ij}越小，相应的目标威胁程度越大。对已类型一致化为极小型的目标威胁因子 f_i，具有最大目标威胁因子特征值$\hat{M}_i$的目标T_j和最小目标威胁因子特征值$\hat{m}_i$的目标T_k，其规范化目标威胁因子特征值仍分别为$r_{ij}=0$、$r_{ik}=1$，但规范化目标威胁因子特征值r_{ij}越大，相应的目标威胁程度越大。

经过式（2.15）或式（2.16）的变换后，在规范化目标威胁因子特征值向量$\boldsymbol{r}_j=(r_{1j},r_{2j},\cdots,r_{mj})^{\mathrm{T}}\ (j=1,2,\cdots,n)$中至少同时有一个 0 和 1。

2. 极值变换方法

选取极值变换（非线性变换）如下：

$$r_{ij}=\frac{\hat{x}_{ij}}{\hat{M}_i}\quad (i=1,2,\cdots,m; j=1,2,\cdots,n) \tag{2.17}$$

显然，$r_{ij}\in[0,1]\ (i=1,2,\cdots,m; j=1,2,\cdots,n)$。对已类型一致化为极大型的目标威胁因子 f_i，具有最大目标威胁因子特征值$\hat{M}_i$的目标T_j，其规范化目标威胁因子特征值为$r_{ij}=1$，且规范化目标威胁因子特征值r_{ij}越大，相应的目标威胁程度也越大；对已类型一致化为极小型的目标威胁因子 f_i，具有最大目标威胁因子特征值$\hat{M}_i$的目标T_j，其规范化目标威胁因子特征值仍为$r_{ij}=1$，但规范化目标威胁因子特征值r_{ij}越大，相应的目标威胁程度越小。

类似地，选取极值变换如下：

$$r_{ij}=\begin{cases}\dfrac{\hat{m}_i}{\hat{x}_{ij}} & (\hat{x}_{ij}\neq 0)\\[2ex] \dfrac{\hat{m}_i+1}{\hat{x}_{ij}+1} & (\hat{x}_{ij}=0)\end{cases}\quad (i=1,2,\cdots,m;\ j=1,2,\cdots,n) \tag{2.18}$$

则$r_{ij}\in[0,1]\ (i=1,2,\cdots,m; j=1,2,\cdots,n)$。易于看出，对已类型一致化为极大型的目标威胁因子 f_i，具有最小目标威胁因子特征值$\hat{m}_i$的目标T_j，其规范化目标威胁因子特征值为$r_{ij}=1$，且规范化目标威胁因子特征值r_{ij}越大，相应的目标威胁程度越小；对已类型一致化为极小型的目标威胁因子 f_i，具有最小目标威胁因子特征值 $\hat{m}_i$ 的目标 T_j，其规范化目标威胁因子特征值仍为 $r_{ij}=1$，但规范化目标威胁因子特征值 r_{ij} 越大，相应的目标威胁程度也越大。

若有某一个 $\hat{x}_{ij}=0$，则一定有 $\hat{m}_i=0$（因为所有 $\hat{x}_{ij}$ 都是非负的数值），从而导致相应目标威胁因子 f_i 的所有规范化目标威胁因子特征值为 0。这种情况下，可以通过对目标威胁因子特征值 $\hat{x}_{ij}$ 增加任意一个正数（如 1），使得变换之后的目标威胁因子特征值全部是正数，这就是构造式（2.18）的分段函数的原因。理论上，这样变换不会影响目标威胁大小排序，因为目标威胁大小排序只是 n 批目标 T_j $(j=1,2,\cdots,n)$ 之间的相对大小比较。

经过式（2.17）或式（2.18）的变换后，在规范化目标威胁因子特征值向量 $\boldsymbol{r}_j=(r_{1j},r_{2j},\cdots,r_{mj})^{\mathrm{T}}$ $(j=1,2,\cdots,n)$ 中至少有一个 1，但不一定有 0。

3. 单位向量化变换方法

选择单位向量化变换如下：

$$r_{ij}=\frac{\hat{x}_{ij}}{\sqrt{\sum_{j=1}^{n}\hat{x}_{ij}^2}}\quad (i=1,2,\cdots,m;j=1,2,\cdots,n) \tag{2.19}$$

显然，$r_{ij}\in[0,1]$ $(i=1,2,\cdots,m;j=1,2,\cdots,n)$，且 $\sum_{j=1}^{n}r_{ij}^2=1$ $(i=1,2,\cdots,m)$。规范化目标威胁因子特征值 r_{ij} $(i=1,2,\cdots,m；j=1,2,\cdots,n)$ 保持规范化前 $\hat{x}_{ij}$ 的类型，即 $\hat{x}_{ij}$ 是极大型（或极小型），r_{ij} 仍然是极大型（或极小型）。这样，在运用式（2.6)（或式（2.9)、式（2.10）～式（2.12)）进行目标威胁排序多因子综合评估时，要注意目标威胁综合值的大小排序问题。此外，经过式（2.19）的变换后，在规范化目标威胁因子特征值向量 $\boldsymbol{r}_j=(r_{1j},r_{2j},\cdots,r_{mj})^{\mathrm{T}}$ $(j=1,2,\cdots,n)$ 中可能既没有 1 也没有 0。

对于式（2.15）与式（2.16）极差化变换、式（2.17）与式（2.18）极值变换的两种变换方法，可统一表示为下面更加一般化的变换形式：

$$r_{ij}=a_i\hat{x}_{ij}+b_i\quad (i=1,2,\cdots,m;j=1,2,\cdots,n) \tag{2.20}$$

和

$$r_{ij}=\frac{a_i}{\hat{x}_{ij}}+b_i\quad (\hat{x}_{ij}\neq 0;\ i=1,2,\cdots,m;j=1,2,\cdots,n) \tag{2.21}$$

其中，a_i 和 b_i $(i=1,2,\cdots,m)$ 是常数，且 $a_i\neq 0$。

将式（2.20）与式（2.21）分别代入式（2.6），可得

$$V_j^L = \sum_{i=1}^{m} \omega_i a_i \hat{x}_{ij} + \sum_{i=1}^{m} \omega_i b_i \quad (j = 1, 2, \cdots, n) \tag{2.22}$$

和

$$V_j^L = \sum_{i=1}^{m} \frac{\omega_i a_i}{\hat{x}_{ij}} + \sum_{i=1}^{m} \omega_i b_i \quad (j = 1, 2, \cdots, n) \tag{2.23}$$

针对 2.2.2 节的目标威胁排序多因子 TOPSIS 综合评估方法和 2.2.3 节的目标威胁排序多因子 VIKOR 综合评估方法，利用式（2.20），结合式（2.7）与式（2.8），可得

$$r_i^+ = a_i \hat{x}_i^+ + b_i \quad (i = 1, 2, \cdots, m) \tag{2.24}$$

和

$$r_i^- = a_i \hat{x}_i^- + b_i \quad (i = 1, 2, \cdots, m) \tag{2.25}$$

其中，

$$\hat{x}_i^+ = \begin{cases} \max\limits_{1 \leqslant j \leqslant n} \{\hat{x}_{ij}\} & (a_i > 0) \\ \min\limits_{1 \leqslant j \leqslant n} \{\hat{x}_{ij}\} & (a_i < 0) \end{cases} \quad (i = 1, 2, \cdots, m)$$

和

$$\hat{x}_i^- = \begin{cases} \min\limits_{1 \leqslant j \leqslant n} \{\hat{x}_{ij}\} & (a_i > 0) \\ \max\limits_{1 \leqslant j \leqslant n} \{\hat{x}_{ij}\} & (a_i < 0) \end{cases} \quad (i = 1, 2, \cdots, m)$$

因此，将式（2.20）、式（2.24）和式（2.25）代入式（2.9），可得目标 $T_j\ (j = 1, 2, \cdots, n)$ 与最大威胁目标 T^+ 的相对接近度分别为

$$V_j^N = \frac{\sqrt{\sum_{i=1}^{m} [\omega_i a_i (\hat{x}_{ij} - \hat{x}_i^-)]^2}}{\sqrt{\sum_{i=1}^{m} [\omega_i a_i (\hat{x}_{ij} - \hat{x}_i^+)]^2} + \sqrt{\sum_{i=1}^{m} [\omega_i a_i (\hat{x}_{ij} - \hat{x}_i^-)]^2}} \quad (j = 1, 2, \cdots, n) \tag{2.26}$$

类似地，将式（2.20）、式（2.24）和式（2.25）代入式（2.10）和式（2.11），可得目标 $T_j\ (j = 1, 2, \cdots, n)$ 对最大威胁目标 T^+、最小威胁目标 T^- 的威胁相对贴近度 S_j 和 R_j 分别为

$$S_j = \sum_{i=1}^{m} \left(\omega_i \frac{\hat{x}_{ij} - \hat{x}_i^-}{\hat{x}_i^+ - \hat{x}_i^-} \right)^p \quad (j = 1, 2, \cdots, n) \tag{2.27}$$

和

$$R_j = \max_{1 \leqslant i \leqslant m} \left\{ \left(\omega_i \frac{\hat{x}_{ij} - \hat{x}_i^-}{\hat{x}_i^+ - \hat{x}_i^-} \right)^p \right\} \quad (j = 1, 2, \cdots, n) \tag{2.28}$$

因此，将式（2.27）和式（2.28）代入式（2.12），可得目标 $T_j\ (j = 1, 2, \cdots, n)$ 对 S_j 和

R_j 的威胁折中贴近度 Q_j 为

$$Q_j = \lambda \frac{S_j - S^-}{S^+ - S^-} + (1-\lambda)\frac{R_j - R^-}{R^+ - R^-} \quad (j=1,2,\cdots,n) \tag{2.29}$$

其中，

$$S^+ = \max_{1 \leqslant j \leqslant n}\left\{\sum_{i=1}^{m}\left(\omega_i \frac{\hat{x}_{ij} - \hat{x}_i^-}{\hat{x}_i^+ - \hat{x}_i^-}\right)^p\right\}$$

$$S^- = \min_{1 \leqslant j \leqslant n}\left\{\sum_{i=1}^{m}\left(\omega_i \frac{\hat{x}_{ij} - \hat{x}_i^-}{\hat{x}_i^+ - \hat{x}_i^-}\right)^p\right\}$$

$$R^+ = \max_{1 \leqslant j \leqslant n}\left\{\max_{1 \leqslant i \leqslant m}\left\{\left(\omega_i \frac{\hat{x}_{ij} - \hat{x}_i^-}{\hat{x}_i^+ - \hat{x}_i^-}\right)^p\right\}\right\}$$

$$R^- = \min_{1 \leqslant j \leqslant n}\left\{\max_{1 \leqslant i \leqslant m}\left\{\left(\omega_i \frac{\hat{x}_{ij} - \hat{x}_i^-}{\hat{x}_i^+ - \hat{x}_i^-}\right)^p\right\}\right\}$$

同样，针对 2.2.2 节的目标威胁排序多因子 TOPSIS 综合评估方法和 2.2.3 节的目标威胁排序多因子 VIKOR 综合评估方法，利用式（2.21），结合式（2.7）与式（2.8），可得

$$r_i^+ = \frac{a_i}{\hat{x}_i^-} + b_i \quad (\hat{x}_i^- \neq 0; i=1,2,\cdots,m) \tag{2.30}$$

和

$$r_i^- = \frac{a_i}{\hat{x}_i^+} + b_i \quad (\hat{x}_i^+ \neq 0; i=1,2,\cdots,m) \tag{2.31}$$

类似于式（2.18）的解释，若 $\hat{x}_i^- = 0$ 或 $\hat{x}_i^+ = 0$，则对应目标威胁因子 f_i 的 $\min\limits_{1 \leqslant j \leqslant n}\{\hat{x}_{ij}\} = 0$，从而至少有一个 $\hat{x}_{ij} = 0$。因此，可以通过类似于式（2.18）的变换方法，使得 $\hat{x}_i^-$ 与 $\hat{x}_i^+$ 都是正数。

将式（2.21）、式（2.30）、式（2.31）代入式（2.9），可得目标 T_j $(j=1,2,\cdots,n)$ 与最大威胁目标 T^+ 的相对接近度分别为

$$V_j^N = \frac{\sqrt{\sum_{i=1}^{m}[\omega_i a_i (1/\hat{x}_{ij} - 1/\hat{x}_i^+)]^2}}{\sqrt{\sum_{i=1}^{m}[\omega_i a_i (1/\hat{x}_{ij} - 1/\hat{x}_i^-)]^2} + \sqrt{\sum_{i=1}^{m}[\omega_i a_i (1/\hat{x}_{ij} - 1/\hat{x}_i^+)]^2}} \quad (j=1,2,\cdots,n) \tag{2.32}$$

与前面类似，将式（2.21）、式（2.30）、式（2.31）分别代入式（2.10）和式（2.11），可得目标 T_j $(j=1,2,\cdots,n)$ 对最大威胁目标 T^+、最小威胁目标 T^- 的

威胁相对贴近度 S_j 和 R_j 分别为

$$S_j = \sum_{i=1}^{m} \left(\omega_i \frac{1/\hat{x}_{ij} - 1/\hat{x}_i^+}{1/\hat{x}_i^- - 1/\hat{x}_i^+} \right)^p \quad (j=1,2,\cdots,n) \tag{2.33}$$

和

$$R_j = \max_{1\leqslant i\leqslant m} \left\{ \left(\omega_i \frac{1/\hat{x}_{ij} - 1/\hat{x}_i^+}{1/\hat{x}_i^- - 1/\hat{x}_i^+} \right)^p \right\} \quad (j=1,2,\cdots,n) \tag{2.34}$$

因此，将式（2.33）和式（2.34）代入式（2.12），可得目标 T_j $(j=1,2,\cdots,n)$ 对 S_j 和 R_j 的威胁折中贴近度 Q_j 为

$$Q_j = \lambda \frac{S_j - S^-}{S^+ - S^-} + (1-\lambda) \frac{R_j - R^-}{R^+ - R^-} \quad (j=1,2,\cdots,n) \tag{2.35}$$

其中，

$$S^+ = \max_{1\leqslant j\leqslant n} \left\{ \sum_{i=1}^{m} \left(\omega_i \frac{1/\hat{x}_{ij} - 1/\hat{x}_i^+}{1/\hat{x}_i^- - 1/\hat{x}_i^+} \right)^p \right\}$$

$$S^- = \min_{1\leqslant j\leqslant n} \left\{ \sum_{i=1}^{m} \left(\omega_i \frac{1/\hat{x}_{ij} - 1/\hat{x}_i^+}{1/\hat{x}_i^- - 1/\hat{x}_i^+} \right)^p \right\}$$

$$R^+ = \max_{1\leqslant j\leqslant n} \left\{ \max_{1\leqslant i\leqslant m} \left\{ \left(\omega_i \frac{1/\hat{x}_{ij} - 1/\hat{x}_i^+}{1/\hat{x}_i^- - 1/\hat{x}_i^+} \right)^p \right\} \right\}$$

$$R^- = \min_{1\leqslant j\leqslant n} \left\{ \max_{1\leqslant i\leqslant m} \left\{ \left(\omega_i \frac{1/\hat{x}_{ij} - 1/\hat{x}_i^+}{1/\hat{x}_i^- - 1/\hat{x}_i^+} \right)^p \right\} \right\}$$

式（2.35）只是在数学表达形式上与式（2.29）一样，但具体表达关系与结果是完全不同的，这是因为两个表达式中除了参数 $\lambda \in [0,1]$ 可能取值相同之外，其他都是不同的。

由式（2.22）、式（2.23）、式（2.26）～式（2.29）与式（2.32）～式（2.35）可知，目标威胁排序多因子综合评估的威胁综合值、目标威胁折中贴近度、目标威胁相对接近度不仅取决于目标威胁因子权重 ω_i $(i=1,2,\cdots,m)$，而且取决于目标威胁因子特征值无量纲化方法的选择。这就导致了在选定目标威胁排序多因子综合评估模型和目标威胁因子权重向量 $\boldsymbol{\omega}$ 即所有目标威胁因子权重 ω_i $(i=1,2,\cdots,m)$ 的情

况下，目标威胁排序多因子综合评估结果及其目标威胁排序的稳定（或灵敏）性问题。

2.2.6 目标威胁排序多因子综合评估结果的稳定性实证分析

例 2.1 考虑下面的目标威胁排序评估问题，具体数据改编来源于文献[17]。假定敌方采用大型空袭编队对某一区域进行空袭。该区域的警戒雷达已探测到的目标数为 16 批（实际中可能比 16 批目标多得多，但为了减少计算与节省篇幅，省略了一部分目标），且已知各批目标的威胁因子特征参数值，如表 2.2 所示。

表 2.2 敌方目标的威胁因子特征参数值

威胁目标	目标威胁因子					
	空袭兵器类型 f_1	目标速度 f_2 /(m/s)	目标航路捷径 f_3 /km	目标干扰能力 f_4	目标空袭高度 f_5	与被保卫对象的距离 f_6 /km
T_1	大型目标	400	5	强	中空	100
T_2	大型目标	720	8	强	中空	150
T_3	小型目标	1600	3	无	低空	300
T_4	小型目标	1200	5	无	低空	260
T_5	大型目标	280	10	弱	超低空	140
T_6	武装直升机	100	15	无	超低空	120
T_7	大型目标	500	18	中	中空	260
T_8	大型目标	370	20	强	低空	290
T_9	小型目标	400	12	中	低空	300
T_{10}	大型目标	230	22	无	中空	350
T_{11}	武装直升机	80	9	无	低空	100
T_{12}	小型目标	180	8	无	高空	180
T_{13}	大型目标	280	17	强	高空	210
T_{14}	大型目标	420	3	中	中空	290
T_{15}	小型目标	600	18	弱	低空	320
T_{16}	大型目标	180	2	无	超低空	250

由表 2.2 可见，除了 3 个定量描述的目标威胁因子（即目标速度 f_2、目标航路捷径 f_3、与被保卫对象的距离 f_6），还有 3 个定性描述的目标威胁因子（即空袭兵器类型 f_1、目标干扰能力 f_4、目标空袭高度 f_5），因此需要对这些定性描述

的目标威胁因子进行定量化处理。定量化打分规则如下。

（1）空袭兵器类型 f_1。按小型目标、大型目标、武装直升机分别量化打分为 8、5、3。

（2）目标干扰能力 f_4。按强威胁、中威胁、弱威胁、无威胁分别量化打分为 8、6、4、2。

（3）目标空袭高度 f_5。按高空、中空、低空、超低空分别量化打分为 2、4、6、8。

根据定量化打分规则，并结合表 2.2，可得各批敌方目标的威胁因子特征值，如表 2.3 所示。

表 2.3　敌方目标的威胁因子特征值

威胁目标	目标威胁因子					
	空袭兵器类型 f_1	目标速度 f_2 /(m/s)	目标航路捷径 f_3 /km	目标干扰能力 f_4	目标空袭高度 f_5	与被保卫对象的距离 f_6 /km
T_1	5	400	5	8	4	100
T_2	5	720	8	8	4	150
T_3	8	1600	3	2	6	300
T_4	8	1200	5	2	6	260
T_5	5	280	10	4	8	140
T_6	3	100	15	2	8	120
T_7	5	500	18	6	4	260
T_8	5	370	20	8	6	290
T_9	8	400	12	6	6	300
T_{10}	5	230	22	2	4	350
T_{11}	3	80	9	2	6	100
T_{12}	8	180	8	2	2	180
T_{13}	5	280	17	8	2	210
T_{14}	5	420	3	6	4	290
T_{15}	8	600	18	4	6	320
T_{16}	5	180	2	2	8	250

从上面的定量化打分规则可知，空袭兵器类型 f_1、目标干扰能力 f_4 和目标空

袭高度 f_5 是极大型目标威胁因子。显然，目标速度 f_2 越大，其对被保卫对象的威胁程度也越大，即 f_2 也是极大型目标威胁因子。但目标航路捷径 f_3 越小、与被保卫对象的距离 f_6 越近，则其对被保卫对象的威胁程度越大，即 f_3 和 f_6 是极小型目标威胁因子。

1. 目标威胁排序评估结果关于目标威胁因子类型趋同化方式的稳定性

例 2.2　目标威胁排序评估问题背景如例 2.1 所述。f_1、f_2、f_4 和 f_5 是极大型目标威胁因子，而 f_3 和 f_6 是极小型目标威胁因子。因此，可使这 6 个目标威胁因子类型趋同化为极大型或极小型。

首先，利用式（2.13）与式（2.14）将 f_3、f_6 统一变换为极大型目标威胁因子，即趋同化为极大型，且与其他 4 个目标威胁因子一样，分别按式（2.15）、式（2.17）和式（2.19）进行相同的目标威胁因子特征值无量纲化。分别利用式（2.6）与式（2.9），并结合例 1.1 计算得到的目标威胁因子权重向量 $\boldsymbol{\omega}=(0.20,0.25,0.17,0.13,0.14,0.11)^{\mathrm{T}}$，可以计算得到各批目标 T_j $(j=1,2,\cdots,16)$ 的威胁综合值 V_j^L、目标威胁相对接近度 V_j^N 及其威胁排序评估结果等，如表 2.4 所示。

表 2.4　目标威胁因子类型趋同化方式对目标威胁排序评估结果的影响

目标威胁排序多因子综合评估方法	无量纲化方法	趋同化方式	$(V_1^L,V_2^L,\cdots,V_{16}^L)$ 或 $(V_1^N,V_2^N,\cdots,V_{16}^N)$	目标威胁排序	Δ
目标威胁排序多因子线性加权综合评估方法/式(2.6)	极差化变换/式(2.15)	极大型/式(2.13)	（0.534，0.569，0.727，0.632，0.447，0.277，0.356，0.394，0.540，0.151，0.314，0.410，0.347，0.457，0.469，0.451）	$T_3\succ T_4\succ T_2\succ T_9\succ T_1\succ T_{15}\succ T_{14}\succ T_{16}\succ T_5\succ T_{12}\succ T_8\succ T_7\succ T_{13}\succ T_{11}\succ T_6\succ T_{10}$	0.576
		极小型/式(2.13)	（0.436，0.431，0.273，0.338，0.549，0.736，0.644，0.606，0.463，0.849，0.686，0.590，0.653，0.543，0.487，0.550）	$T_3\succ T_4\succ T_2\succ T_1\succ T_9\succ T_{15}\succ T_{14}\succ T_5\succ T_{16}\succ T_{12}\succ T_8\succ T_7\succ T_{13}\succ T_{11}\succ T_6\succ T_{10}$	0.576
		极大型/式(2.14)	（0.477，0.451，0.657，0.549，0.375，0.235，0.300，0.360，0.453，0.151，0.228，0.288，0.447，0.385，0.429，0.424）	$T_3\succ T_4\succ T_1\succ T_9\succ T_2\succ T_{13}\succ T_{15}\succ T_{16}\succ T_{14}\succ T_5\succ T_8\succ T_7\succ T_{12}\succ T_6\succ T_{11}\succ T_{10}$	0.506
		极小型/式(2.14)	（0.503，0.473，0.306，0.344，0.575，0.689，0.650，0.612，0.483，0.791，0.661，0.557，0.646，0.552，0.491，0.588）	$T_3\succ T_4\succ T_2\succ T_9\succ T_{15}\succ T_1\succ T_{14}\succ T_{12}\succ T_5\succ T_{16}\succ T_8\succ T_{13}\succ T_7\succ T_{11}\succ T_6\succ T_{10}$	0.485
	极值变换/式(2.17)	极大型/式(2.13)	（0.612，0.645，0.771，0.679，0.524，0.380，0.444，0.461，0.572，0.264，0.446，0.489，0.438，0.546，0.511，0.540）	$T_3\succ T_4\succ T_2\succ T_1\succ T_9\succ T_{14}\succ T_{16}\succ T_5\succ T_{15}\succ T_{12}\succ T_8\succ T_{11}\succ T_7\succ T_{13}\succ T_6\succ T_{10}$	0.507

续表

目标威胁排序多因子综合评估方法	无量纲化方法	趋同化方式	$(V_1^L, V_2^L, \cdots, V_{16}^L)$ 或 $(V_1^N, V_2^N, \cdots, V_{16}^N)$	目标威胁排序	Δ
目标威胁排序多因子线性加权综合评估方法/式（2.6）	极值变换/式（2.17）	极小型/式(2.13)	（0.481，0.467，0.294，0.363，0.545，0.730，0.658，0.615，0.474，0.849，0.728，0.622，0.675，0.565，0.538，0.578）	$T_3 \succ T_4 \succ T_2 \succ T_9 \succ T_1 \succ T_{15} \succ T_5 \succ T_{14} \succ T_{16} \succ T_8 \succ T_{12} \succ T_7 \succ T_{13} \succ T_{11} \succ T_6 \succ T_{10}$	0.555
		极大型/式(2.14)	（0.566，0.554，0.737，0.435，0.486，0.377，0.444，0.472，0.530，0.311，0.373，0.393，0.504，0.509，0.316，0.540）	$T_3 \succ T_1 \succ T_2 \succ T_{16} \succ T_9 \succ T_{14} \succ T_{13} \succ T_5 \succ T_8 \succ T_7 \succ T_4 \succ T_{12} \succ T_6 \succ T_{11} \succ T_{15} \succ T_{10}$	0.426
		极小型/式(2.14)	（0.524，0.485，0.294，0.339，0.569，0.682，0.646，0.603，0.474，0.784，0.691，0.567，0.650，0.559，0.495，0.599）	$T_3 \succ T_4 \succ T_9 \succ T_2 \succ T_{15} \succ T_1 \succ T_{14} \succ T_{12} \succ T_5 \succ T_{16} \succ T_8 \succ T_7 \succ T_{13} \succ T_6 \succ T_{11} \succ T_{10}$	0.490
	单位向量化变换/式（2.19）	极大型/式(2.13)	（0.266，0.278，0.351，0.313，0.208，0.148，0.187，0.186，0.227，0.103，0.203，0.192，0.179，0.223，0.209，0.210）	$T_3 \succ T_4 \succ T_2 \succ T_1 \succ T_9 \succ T_{14} \succ T_{16} \succ T_{15} \succ T_5 \succ T_{11} \succ T_{12} \succ T_7 \succ T_8 \succ T_{13} \succ T_6 \succ T_{10}$	0.248
		极小型/式(2.13)	（0.186，0.185，0.111，0.134，0.201，0.275，0.257，0.238，0.174，0.325，0.275，0.230，0.266，0.215，0.201，0.207）	$T_3 \succ T_4 \succ T_9 \succ T_2 \succ T_1 \succ T_{15} \sim T_5 \succ T_{16} \succ T_{14} \succ T_{12} \succ T_8 \succ T_7 \succ T_{13} \succ T_{11} \sim T_6 \succ T_{10}$	0.214
		极大型/式(2.14)	（0.249，0.249，0.365，0.299，0.201，0.152，0.185，0.194，0.217，0.126，0.179，0.164，0.169，0.237，0.203，0.249）	$T_3 \succ T_4 \succ T_2 \sim T_1 \sim T_{16} \succ T_{14} \succ T_9 \succ T_{15} \succ T_5 \succ T_8 \succ T_7 \succ T_{11} \succ T_{13} \succ T_{12} \succ T_6 \succ T_{10}$	0.239
		极小型/式(2.14)	（0.507，0.492，0.281，0.313，0.521，0.646，0.647，0.593，0.422，0.758，0.660，0.520，0.656，0.532，0.459，0.509）	$T_3 \succ T_4 \succ T_9 \succ T_{15} \succ T_2 \succ T_1 \succ T_{16} \succ T_{12} \succ T_5 \succ T_{14} \succ T_8 \succ T_6 \succ T_7 \succ T_{13} \succ T_{11} \succ T_{10}$	0.477
目标威胁排序多因子TOPSIS综合评估方法/式（2.9）	极差化变换/式（2.15）	极大型/式(2.13)	（0.292，0.527，0.694，0.655，0.423，0.308，0.351，0.388，0.303，0.208，0.339，0.443，0.354，0.448，0.489，0.511）	$T_3 \succ T_4 \succ T_2 \succ T_{16} \succ T_{15} \succ T_{14} \succ T_{12} \succ T_5 \succ T_8 \succ T_{13} \succ T_7 \succ T_{11} \succ T_6 \succ T_9 \succ T_1 \succ T_{10}$	0.486
		极小型/式(2.13)	（0.184，0.209，0.242，0.246，0.299，0.686，0.369，0.368，0.243，0.606，0.655，0.461，0.451，0.263，0.271，0.373）	$T_1 \succ T_2 \succ T_3 \succ T_9 \succ T_4 \succ T_{14} \succ T_{15} \succ T_5 \succ T_8 \succ T_7 \succ T_{16} \succ T_{13} \succ T_{12} \succ T_{10} \succ T_{11} \succ T_6$	0.502
		极大型/式(2.14)	（0.256，0.464，0.656，0.580，0.374，0.300，0.321，0.374，0.285，0.210，0.279，0.391，0.320，0.388，0.466，0.358）	$T_3 \succ T_4 \succ T_{15} \succ T_2 \succ T_{12} \succ T_{14} \succ T_8 \succ T_5 \succ T_7 \succ T_{16} \succ T_{13} \succ T_6 \succ T_9 \succ T_{11} \succ T_1 \succ T_{10}$	0.446

续表

目标威胁排序多因子综合评估方法	无量纲化方法	趋同化方式	$(V_1^L,V_2^L,\cdots,V_{16}^L)$ 或 $(V_1^N,V_2^N,\cdots,V_{16}^N)$	目标威胁排序	$\varDelta$
目标威胁排序多因子TOPSIS综合评估方法/式（2.9）	极差化变换/式（2.15）	极小型/式(2.14)	（0.221，0.232，0.294，0.289，0.308，0.659，0.373，0.390，0.273，0.533，0.638，0.444，0.445，0.276，0.310，0.395）	$T_1 \succ T_2 \succ T_9 \succ T_{14} \succ T_4 \succ T_3 \succ T_5 \succ T_{15} \succ T_7 \succ T_8 \succ T_{16} \succ T_{12} \succ T_{13} \succ T_{10} \succ T_{11} \succ T_6$	0.438
	极值变换/式（2.17）	极大型/式(2.13)	（0.506，0.353，0.703，0.491，0.406，0.302，0.172，0.342，0.449，0.166，0.498，0.410，0.329，0.458，0.417，0.446）	$T_3 \succ T_1 \succ T_{11} \succ T_4 \succ T_{14} \succ T_9 \succ T_{16} \succ T_{15} \succ T_{12} \succ T_5 \succ T_2 \succ T_8 \succ T_{13} \succ T_6 \succ T_7 \succ T_{10}$	0.537
		极小型/式(2.13)	（0.343，0.361，0.381，0.388，0.409，0.719，0.494，0.499，0.402，0.686，0.728，0.575，0.562，0.396，0.460，0.491）	$T_1 \succ T_2 \succ T_3 \succ T_4 \succ T_{14} \succ T_9 \succ T_5 \succ T_{15} \succ T_{16} \succ T_7 \succ T_8 \succ T_{13} \succ T_{12} \succ T_{10} \succ T_6 \succ T_{11}$	0.385
		极大型/式(2.14)	（0.398，0.326，0.807，0.562，0.388，0.274，0.325，0.395，0.397，0.197，0.294，0.364，0.332，0.433，0.479，0.514）	$T_3 \succ T_4 \succ T_{16} \succ T_{15} \succ T_{14} \succ T_1 \succ T_9 \succ T_8 \succ T_5 \succ T_{12} \succ T_{13} \succ T_2 \succ T_7 \succ T_{11} \succ T_6 \succ T_{10}$	0.610
		极小型/式(2.14)	（0.199，0.208，0.267，0.266，0.280，0.644，0.368，0.394，0.278，0.529，0.648，0.451，0.439，0.242，0.348，0.383）	$T_1 \succ T_2 \succ T_{14} \succ T_4 \succ T_3 \succ T_9 \succ T_5 \succ T_{15} \succ T_7 \succ T_{16} \succ T_8 \succ T_{13} \succ T_{12} \succ T_{10} \succ T_6 \succ T_{11}$	0.449
	单位向量化变换/式（2.19）	极大型/式(2.13)	（0.428，0.504，0.752，0.672，0.319，0.233，0.307，0.284，0.352，0.136，0.305，0.321，0.274，0.383，0.372，0.348）	$T_3 \succ T_4 \succ T_2 \succ T_1 \succ T_{14} \succ T_{15} \succ T_9 \succ T_{16} \succ T_{12} \succ T_5 \succ T_7 \succ T_{11} \succ T_8 \succ T_{13} \succ T_6 \succ T_{10}$	0.616
		极小型/式(2.13)	（0.155，0.157，0.152，0.156，0.182，0.335，0.214，0.218，0.175，0.297，0.349，0.263，0.256，0.172，0.195，0.218）	$T_3 \succ T_1 \succ T_4 \succ T_2 \succ T_{14} \succ T_9 \succ T_5 \succ T_{15} \succ T_7 \succ T_8 \sim T_{16} \succ T_{13} \succ T_{12} \succ T_{10} \succ T_6 \succ T_{11}$	0.198
		极大型/式(2.14)	（0.376，0.396，0.777，0.613，0.281，0.239，0.281，0.275，0.313，0.149，0.244，0.209，0.242，0.394，0.345，0.443）	$T_3 \succ T_4 \succ T_{16} \succ T_2 \succ T_{14} \succ T_1 \succ T_{15} \succ T_9 \succ T_5 \sim T_7 \succ T_8 \succ T_{11} \succ T_{13} \succ T_6 \succ T_{12} \succ T_{10}$	0.628
		极小型/式(2.14)	（0.192，0.176，0.191，0.191，0.262，0.667，0.309，0.340，0.240，0.459，0.701，0.447，0.406，0.210，0.287，0.376）	$T_2 \succ T_4 \sim T_3 \succ T_1 \succ T_{14} \succ T_9 \succ T_5 \succ T_{15} \succ T_7 \succ T_8 \succ T_{16} \succ T_{13} \succ T_{12} \succ T_{10} \succ T_6 \succ T_{11}$	0.525

目标威胁排序多因子综合评估就是从整体上综合地体现各被评估威胁目标之间的差异，以达到对被评估威胁目标进行排序的目的。当然，被评估威胁目标之间的差异体现得越彻底越好。因此，最大、最小威胁综合值（或最大、最小目标

威胁相对接近度）之差应尽可能地大，以便反映各被评估威胁目标的整体威胁差异。把由式（2.6）或式（2.9）的目标威胁排序多因子综合评估方法得到的 16 批目标 $T_j\ (j=1,2,\cdots,16)$ 的最大、最小威胁综合值（或最大、最小目标威胁相对接近度）之差记为 $\varDelta$，即

$$\max_{1\leqslant j\leqslant 16}\{V_j^L\}-\min_{1\leqslant j\leqslant 16}\{V_j^L\}$$

或

$$\max_{1\leqslant j\leqslant 16}\{V_j^N\}-\min_{1\leqslant j\leqslant 16}\{V_j^N\}$$

如表 2.4 所示。

例 2.3　目标威胁排序评估问题背景如例 2.1 所述。不同于例 2.2 的目标威胁因子类型趋同化方式，可将极大型目标威胁因子 f_1、f_2、f_4 和 f_5 分别利用式（2.13）与式（2.14）统一变换为极小型目标威胁因子，即趋同化为极小型，且与其他 2 个已经是极小型目标威胁因子 f_3 和 f_6 一样，分别按式（2.15）、式（2.17）和式（2.19）进行相同的目标威胁因子特征值无量纲化。分别运用式（2.6）与式（2.9），并结合例 1.1 计算得到的目标威胁因子权重向量 $\boldsymbol{\omega}=(0.20,0.25,0.17,0.13,0.14,0.11)^{\mathrm{T}}$，可以计算得到各批目标 $T_j\ (j=1,2,\cdots,16)$ 的威胁综合值 V_j^L、目标威胁相对接近度 V_j^N 及其威胁排序评估结果等，如表 2.4 所示。

在目标威胁因子已经趋同化为极小型后，$\hat{x}_{ij}\ (i=1,2,\cdots,m;\ j=1,2,\cdots,n)$ 的规范化目标威胁因子特征值 r_{ij} 越小，相应的目标威胁程度越大。因此，按照式（2.6）计算得到的威胁综合值 $V_j^L\ (j=1,2,\cdots,n)$ 越小，相应的目标威胁程度也越大，即应按照威胁综合值 V_j^L 的单调不减顺序确定目标威胁大小排序。

类似地，在目标威胁因子已经趋同化为极小型后，容易看到，在目标威胁排序多因子 TOPSIS 综合评估方法中，式（2.9）的最大威胁目标 T^+ 与最小威胁目标 T^- 的规范化目标威胁因子特征值向量 $\boldsymbol{r}^+=(r_1^+,r_2^+,\cdots,r_m^+)^{\mathrm{T}}$、$\boldsymbol{r}^-=(r_1^-,r_2^-,\cdots,r_m^-)^{\mathrm{T}}$ 可进一步分别简化为

$$r_i^+=\max_{1\leqslant j\leqslant n}\{r_{ij}\}\quad (j=1,2,\cdots,n)$$

$$r_i^-=\min_{1\leqslant j\leqslant n}\{r_{ij}\}\quad (j=1,2,\cdots,n)$$

但 T^+ 对应于规范化目标威胁因子特征值最小的威胁目标，而 T^- 对应于规范化目标威胁因子特征值最大的威胁目标。因此，目标 $T_j\ (j=1,2,\cdots,n)$ 越接近最小威胁目标 T^-，其威胁也越大，即目标威胁相对接近度 V_j^N 越小，相应的目标威胁程度越大，从而应按照式（2.9）计算得到的目标威胁相对接近度 V_j^N 的单调不减顺序确定目标 $T_j\ (j=1,2,\cdots,n)$ 威胁大小排序。

由表 2.4 可以看出，在相同的目标威胁因子特征值规范化方法（包括目标威胁因子类型一致化方法和目标威胁因子特征值无量纲化方法）、目标威胁因子权重和目标威胁排序多因子综合评估方法的条件下，不同的目标威胁因子类型趋同化方式（即趋同化为极大型或极小型）会产生不一样的目标威胁排序评估结果。例如，根据式（2.13）与式（2.15），并利用式（2.6）（即目标威胁排序多因子线性加权综合评估方法），在目标威胁因子类型趋同化为极大型时，得到目标 T_j $(j=1,2,\cdots,16)$ 的威胁排序：

$$T_3 \succ T_4 \succ T_2 \succ T_9 \succ T_1 \succ T_{15} \succ T_{14} \succ T_{16} \succ T_5 \succ T_{12} \succ T_8 \succ T_7 \succ T_{13} \succ T_{11} \succ T_6 \succ T_{10}$$

在目标威胁因子类型趋同化为极小型时，得到目标 T_j $(j=1,2,\cdots,16)$ 的威胁排序：

$$T_3 \succ T_4 \succ T_2 \succ T_1 \succ T_9 \succ T_{15} \succ T_{14} \succ T_5 \succ T_{16} \succ T_{12} \succ T_8 \succ T_7 \succ T_{13} \succ T_{11} \succ T_6 \succ T_{10}$$

又如，根据式（2.14）与式（2.17），并利用式（2.9）（即目标威胁排序多因子 TOPSIS 综合评估方法），在目标威胁因子类型趋同化为极大型时，得到目标 T_j $(j=1,2,\cdots,16)$ 的威胁排序：

$$T_3 \succ T_4 \succ T_{16} \succ T_{15} \succ T_{14} \succ T_1 \succ T_9 \succ T_8 \succ T_5 \succ T_{12} \succ T_{13} \succ T_2 \succ T_7 \succ T_{11} \succ T_6 \succ T_{10}$$

在目标威胁因子类型趋同化为极小型时，得到目标 T_j $(j=1,2,\cdots,16)$ 的威胁排序：

$$T_1 \succ T_2 \succ T_{14} \succ T_4 \succ T_3 \succ T_9 \succ T_5 \succ T_{15} \succ T_7 \succ T_{16} \succ T_8 \succ T_{13} \succ T_{12} \succ T_{10} \succ T_6 \succ T_{11}$$

因此，可归纳、得到结论 2.1。

结论 2.1　目标威胁排序评估结果关于目标威胁因子类型趋同化方式是不稳定（或灵敏）的。

习惯上，通常使目标威胁因子类型趋同化为极大型，即趋同化后的目标威胁因子特征值越大，目标威胁程度也越大。不过，为了减少计算量，当极小型目标威胁因子占多数时，也可以使目标威胁因子类型趋同化为极小型，但这种情况下需要注意目标威胁综合值或目标威胁相对接近度等的极大型或极小型性质。

2. 目标威胁排序评估结果关于目标威胁因子类型一致化方法的稳定性

例 2.4　目标威胁排序评估问题背景如例 2.1 所述。按照式（2.13）或式（2.14）使目标威胁因子类型趋同化为极大型后，结合式（2.15）、式（2.17）与式（2.19），并利用式（2.6）与式（2.9），同时结合例 1.1 计算得到的目标威胁因子权重向量 $\boldsymbol{\omega}=(0.20,0.25,0.17,0.13,0.14,0.11)^{\mathrm{T}}$，可以计算得到各批目标 T_j $(j=1,2,\cdots,16)$ 的威胁综合值 V_j^L、威胁相对接近度 V_j^N 及其威胁排序评估结果等，如表 2.5 所示。

表 2.5　目标威胁因子类型一致化方法（极大型）对目标威胁排序评估结果的影响

目标威胁排序多因子综合评估方法	无量纲化方法	极大化方法	$(V_1^L,V_2^L,\cdots,V_{16}^L)$ 或 $(V_1^N,V_2^N,\cdots,V_{16}^N)$	目标威胁排序	Δ
目标威胁排序多因子线性加权综合评估方法/式（2.6）	极差化变换/式（2.15）	式（2.13）	（0.534，0.569，0.727，0.632，0.447，0.277，0.356，0.394，0.540，0.151，0.314，0.410，0.347，0.457，0.469，0.451）	$T_3 \succ T_4 \succ T_2 \succ T_9 \succ T_1 \succ T_{15} \succ T_{14} \succ T_{16} \succ T_5 \succ T_{12} \succ T_8 \succ T_7 \succ T_{13} \succ T_{11} \succ T_6 \succ T_{10}$	0.576
		式（2.14）	（0.477，0.451，0.657，0.549，0.375，0.235，0.300，0.360，0.453，0.151，0.228，0.288，0.447，0.385，0.429，0.424）	$T_3 \succ T_4 \succ T_1 \succ T_9 \succ T_2 \succ T_{13} \succ T_{15} \succ T_{16} \succ T_{14} \succ T_5 \succ T_8 \succ T_7 \succ T_{12} \succ T_6 \succ T_{11} \succ T_{10}$	0.506
	极值变换/式（2.17）	式（2.13）	（0.612，0.645，0.771，0.679，0.524，0.380，0.444，0.461，0.572，0.264，0.446，0.489，0.438，0.546，0.511，0.540）	$T_3 \succ T_4 \succ T_2 \succ T_1 \succ T_9 \succ T_{14} \succ T_{16} \succ T_5 \succ T_{15} \succ T_{12} \succ T_8 \succ T_{11} \succ T_7 \succ T_{13} \succ T_6 \succ T_{10}$	0.507
		式（2.14）	（0.566，0.554，0.737，0.435，0.486，0.377，0.444，0.472，0.530，0.311，0.373，0.393，0.504，0.509，0.316，0.540）	$T_3 \succ T_1 \succ T_2 \succ T_{16} \succ T_9 \succ T_{14} \succ T_{13} \succ T_5 \succ T_8 \succ T_7 \succ T_4 \succ T_{12} \succ T_6 \succ T_{11} \succ T_{15} \succ T_{10}$	0.426
	单位向量化变换/式（2.19）	式（2.13）	（0.266，0.278，0.351，0.313，0.208，0.148，0.187，0.186，0.227，0.103，0.203，0.192，0.179，0.223，0.209，0.210）	$T_3 \succ T_4 \succ T_2 \succ T_1 \succ T_9 \succ T_{14} \succ T_{16} \succ T_{15} \succ T_5 \succ T_{11} \succ T_{12} \succ T_7 \succ T_8 \succ T_{13} \succ T_6 \succ T_{10}$	0.248
		式（2.14）	（0.249，0.249，0.365，0.299，0.201，0.152，0.185，0.194，0.217，0.126，0.179，0.164，0.169，0.237，0.203，0.249）	$T_3 \succ T_4 \succ T_2 \sim T_1 \sim T_{16} \succ T_{14} \succ T_9 \succ T_{15} \succ T_5 \succ T_8 \succ T_7 \succ T_{11} \succ T_{13} \succ T_{12} \succ T_6 \succ T_{10}$	0.239
目标威胁排序多因子 TOPSIS 综合评估方法/式（2.9）	极差化变换/式（2.15）	式（2.13）	（0.292，0.527，0.694，0.655，0.423，0.308，0.351，0.388，0.303，0.208，0.339，0.443，0.354，0.448，0.489，0.511）	$T_3 \succ T_4 \succ T_2 \succ T_{16} \succ T_{15} \succ T_{14} \succ T_{12} \succ T_5 \succ T_8 \succ T_{13} \succ T_7 \succ T_{11} \succ T_6 \succ T_9 \succ T_1 \succ T_{10}$	0.486
		式（2.14）	（0.256，0.464，0.656，0.580，0.374，0.300，0.321，0.374，0.285，0.210，0.279，0.391，0.320，0.388，0.466，0.358）	$T_3 \succ T_4 \succ T_{15} \succ T_2 \succ T_{12} \succ T_{14} \succ T_8 \succ T_5 \succ T_7 \succ T_{16} \succ T_{13} \succ T_6 \succ T_9 \succ T_{11} \succ T_1 \succ T_{10}$	0.446
	极值变换/式（2.17）	式（2.13）	（0.506，0.353，0.703，0.491，0.406，0.302，0.172，0.342，0.449，0.166，0.498，0.410，0.329，0.458，0.417，0.446）	$T_3 \succ T_1 \succ T_{11} \succ T_4 \succ T_{14} \succ T_9 \succ T_{16} \succ T_{15} \succ T_{12} \succ T_5 \succ T_2 \succ T_8 \succ T_{13} \succ T_6 \succ T_7 \succ T_{10}$	0.537
		式（2.14）	（0.398，0.326，0.807，0.562，0.388，0.274，0.325，0.395，0.397，0.197，0.294，0.364，0.332，0.433，0.479，0.514）	$T_3 \succ T_4 \succ T_{16} \succ T_{15} \succ T_{14} \succ T_1 \succ T_9 \succ T_8 \succ T_5 \succ T_{12} \succ T_{13} \succ T_2 \succ T_7 \succ T_{11} \succ T_6 \succ T_{10}$	0.610
	单位向量化变换/式（2.19）	式（2.13）	（0.428，0.504，0.752，0.672，0.319，0.233，0.307，0.284，0.352，0.136，0.305，0.321，0.274，0.383，0.372，0.348）	$T_3 \succ T_4 \succ T_2 \succ T_1 \succ T_{14} \succ T_{15} \succ T_9 \succ T_{16} \succ T_{12} \succ T_5 \succ T_7 \succ T_{11} \succ T_8 \succ T_{13} \succ T_6 \succ T_{10}$	0.616
		式（2.14）	（0.376，0.396，0.777，0.613，0.281，0.239，0.281，0.275，0.313，0.149，0.244，0.209，0.242，0.394，0.345，0.443）	$T_3 \succ T_4 \succ T_{16} \succ T_2 \succ T_{14} \succ T_1 \succ T_{15} \succ T_9 \succ T_5 \sim T_7 \succ T_8 \succ T_{11} \succ T_{13} \succ T_6 \succ T_{12} \succ T_{10}$	0.628

由表 2.5 可以看出，在相同的目标威胁因子特征值无量纲化方法、目标威胁因子权重和目标威胁排序多因子综合评估方法的条件下，不同的目标威胁因子类型一致化方法会产生不一样的目标威胁排序评估结果。例如，根据式（2.17）与式（2.6）（即目标威胁排序多因子线性加权综合评估方法），采用式（2.13）进行目标威胁因子类型一致化（即极大型）时，得到目标 T_j $(j=1,2,\cdots,16)$ 的威胁排序：

$$T_3 \succ T_4 \succ T_2 \succ T_1 \succ T_9 \succ T_{14} \succ T_{16} \succ T_5 \succ T_{15} \succ T_{12} \succ T_8 \succ T_{11} \succ T_7 \succ T_{13} \succ T_6 \succ T_{10}$$

采用式（2.14）进行目标威胁因子类型一致化（即极大型）时，得到目标 T_j $(j=1,2,\cdots,16)$ 的威胁排序：

$$T_3 \succ T_1 \succ T_2 \succ T_{16} \succ T_9 \succ T_{14} \succ T_{13} \succ T_5 \succ T_8 \succ T_7 \succ T_4 \succ T_{12} \succ T_6 \succ T_{11} \succ T_{15} \succ T_{10}$$

类似地，可分析其他情况（略）。

例 2.5 目标威胁排序评估问题背景仍如例 2.1 所述。不同于例 2.4 的目标威胁因子类型一致化方法（即极大型），按照式（2.13）与式（2.14）使目标威胁因子类型趋同化为极小型后，利用式（2.15）、式（2.17）、式（2.19）和式（2.6）、式（2.9），并结合例 1.1 计算得到的目标威胁因子权重向量 $\boldsymbol{\omega}=(0.20,0.25,0.17,0.13,0.14,0.11)^{\mathrm{T}}$，可以计算得到各批目标 T_j $(j=1,2,\cdots,16)$ 的威胁综合值 V_j^L、威胁相对接近度 V_j^N 及其威胁排序评估结果等，如表 2.6 所示。

表 2.6 目标威胁因子类型一致化方法（极小型）对目标威胁排序评估结果的影响

目标威胁排序多因子综合评估方法	无量纲化方法	极小化方法	$(V_1^L,V_2^L,\cdots,V_{16}^L)$ 或 $(V_1^N,V_2^N,\cdots,V_{16}^N)$	目标威胁排序	Δ
目标威胁排序多因子线性加权综合评估方法/式（2.6）	极差化变换/式（2.15）	式(2.13)	（0.436，0.431，0.273，0.338，0.549，0.736，0.644，0.606，0.463，0.849，0.686，0.590，0.653，0.543，0.487，0.550）	$T_3 \succ T_4 \succ T_2 \succ T_1 \succ T_9 \succ T_{15} \succ T_{14} \succ T_5 \succ T_{16} \succ T_{12} \succ T_8 \succ T_7 \succ T_{13} \succ T_{11} \succ T_6 \succ T_{10}$	0.576
		式(2.14)	（0.503，0.473，0.306，0.344，0.575，0.689，0.650，0.612，0.483，0.791，0.661，0.557，0.646，0.552，0.491，0.588）	$T_3 \succ T_4 \succ T_2 \succ T_9 \succ T_{15} \succ T_1 \succ T_{14} \succ T_{12} \succ T_5 \succ T_{16} \succ T_8 \succ T_{13} \succ T_7 \succ T_{11} \succ T_6 \succ T_{10}$	0.485
	极值变换/式（2.17）	式(2.13)	（0.481，0.467，0.294，0.363，0.545，0.730，0.658，0.615，0.474，0.849，0.728，0.622，0.675，0.565，0.538，0.578）	$T_3 \succ T_4 \succ T_2 \succ T_9 \succ T_1 \succ T_{15} \succ T_5 \succ T_{14} \succ T_{16} \succ T_8 \succ T_{12} \succ T_7 \succ T_{13} \succ T_{11} \succ T_6 \succ T_{10}$	0.555
		式(2.14)	（0.524，0.485，0.294，0.339，0.569，0.682，0.646，0.603，0.474，0.784，0.691，0.567，0.650，0.559，0.495，0.599）	$T_3 \succ T_4 \succ T_9 \succ T_2 \succ T_{15} \succ T_1 \succ T_{14} \succ T_{12} \succ T_5 \succ T_{16} \succ T_8 \succ T_7 \succ T_{13} \succ T_6 \succ T_{11} \succ T_{10}$	0.490

续表

目标威胁排序多因子综合评估方法	无量纲化方法	极小化方法	$(V_1^L,V_2^L,\cdots,V_{16}^L)$ 或 $(V_1^N,V_2^N,\cdots,V_{16}^N)$	目标威胁排序	Δ
目标威胁排序多因子线性加权综合评估方法/式（2.6）	单位向量化变换/式（2.19）	式(2.13)	(0.186，0.185，0.111，0.134，0.201，0.275，0.257，0.238，0.174，0.325，0.275，0.230，0.266，0.215，0.201，0.207)	$T_3 \succ T_4 \succ T_9 \succ T_2 \succ T_1 \succ T_{15} \sim T_5 \succ T_{16} \succ T_{14} \succ T_{12} \succ T_8 \succ T_7 \succ T_{13} \succ T_{11} \sim T_6 \succ T_{10}$	0.214
		式(2.14)	(0.507，0.492，0.281，0.313，0.521，0.646，0.647，0.593，0.422，0.758，0.660，0.520，0.656，0.532，0.459，0.509)	$T_3 \succ T_4 \succ T_9 \succ T_{15} \succ T_2 \succ T_1 \succ T_{16} \succ T_{12} \succ T_5 \succ T_{14} \succ T_8 \succ T_6 \succ T_7 \succ T_{13} \succ T_{11} \succ T_{10}$	0.477
目标威胁排序多因子 TOPSIS 综合评估方法/式（2.9）	极差化变换/式（2.15）	式(2.13)	(0.184，0.209，0.242，0.246，0.299，0.686，0.369，0.368，0.243，0.606，0.655，0.461，0.451，0.263，0.271，0.373)	$T_1 \succ T_2 \succ T_3 \succ T_9 \succ T_4 \succ T_{14} \succ T_{15} \succ T_5 \succ T_8 \succ T_7 \succ T_{16} \succ T_{13} \succ T_{12} \succ T_{10} \succ T_{11} \succ T_6$	0.502
		式(2.14)	(0.221，0.232，0.294，0.289，0.308，0.659，0.373，0.390，0.273，0.533，0.638，0.444，0.445，0.276，0.310，0.395)	$T_1 \succ T_2 \succ T_9 \succ T_{14} \succ T_4 \succ T_3 \succ T_5 \succ T_{15} \succ T_7 \succ T_8 \succ T_{16} \succ T_{12} \succ T_{13} \succ T_{10} \succ T_{11} \succ T_6$	0.438
	极值变换/式（2.17）	式(2.13)	(0.343，0.361，0.381，0.388，0.409，0.719，0.494，0.499，0.402，0.686，0.728，0.575，0.562，0.396，0.460，0.491)	$T_1 \succ T_2 \succ T_3 \succ T_4 \succ T_{14} \succ T_9 \succ T_5 \succ T_{15} \succ T_{16} \succ T_7 \succ T_8 \succ T_{13} \succ T_{12} \succ T_{10} \succ T_6 \succ T_{11}$	0.385
		式(2.14)	(0.199，0.208，0.267，0.266，0.280，0.644，0.368，0.394，0.278，0.529，0.648，0.451，0.439，0.242，0.348，0.383)	$T_1 \succ T_2 \succ T_{14} \succ T_4 \succ T_3 \succ T_9 \succ T_5 \succ T_{15} \succ T_7 \succ T_{16} \succ T_8 \succ T_{13} \succ T_{12} \succ T_{10} \succ T_6 \succ T_{11}$	0.449
	单位向量化变换/式（2.19）	式(2.13)	(0.155，0.157，0.152，0.156，0.182，0.335，0.214，0.218，0.175，0.297，0.349，0.263，0.256，0.172，0.195，0.218)	$T_3 \succ T_1 \succ T_4 \succ T_2 \succ T_{14} \succ T_9 \succ T_5 \succ T_{15} \succ T_7 \succ T_8 \sim T_{16} \succ T_{13} \succ T_{12} \succ T_{10} \succ T_6 \succ T_{11}$	0.198
		式(2.14)	(0.192，0.176，0.191，0.191，0.262，0.667，0.309，0.340，0.240，0.459，0.701，0.447，0.406，0.210，0.287，0.376)	$T_2 \succ T_4 \sim T_3 \succ T_1 \succ T_{14} \succ T_9 \succ T_5 \succ T_{15} \succ T_7 \succ T_8 \succ T_{16} \succ T_{13} \succ T_{12} \succ T_{10} \succ T_6 \succ T_{11}$	0.525

由表 2.6 可以看出，在相同的目标威胁因子特征值无量纲化方法、目标威胁因子权重和目标威胁排序多因子综合评估方法的条件下，不同的目标威胁因子类型一致化方法会产生不一样的目标威胁排序评估结果。例如，根据式（2.19）与式（2.9）（即目标威胁排序多因子 TOPSIS 综合评估方法），采用式（2.13）的目标威胁因子类型一致化（即极小型）时，得到目标 T_j $(j=1,2,\cdots,16)$ 的威胁排序：

$$T_3 \succ T_1 \succ T_4 \succ T_2 \succ T_{14} \succ T_9 \succ T_5 \succ T_{15} \succ T_7 \succ T_8 \sim T_{16} \succ T_{13} \succ T_{12} \succ T_{10} \succ T_6 \succ T_{11}$$

采用式（2.14）的目标威胁因子类型一致化（即极小型）时，得到目标

T_j $(j=1,2,\cdots,16)$ 的威胁排序：

$$T_2 \succ T_4 \sim T_3 \succ T_1 \succ T_{14} \succ T_9 \succ T_5 \succ T_{15} \succ T_7 \succ T_8 \succ T_{16} \succ T_{13} \succ T_{12} \succ T_{10} \succ T_6 \succ T_{11}$$

综合对表 2.5 和表 2.6 的分析，可归纳、得到结论 2.2。

结论 2.2 目标威胁排序评估结果关于目标威胁因子类型一致化方法是不稳定的。

在目标威胁因子类型一致化变换时，应尽可能选择数量少的类型不一致的目标威胁因子进行类型变换以减少计算量。式（2.13）的变换没有改变原来目标威胁因子特征值的分散程度，而式（2.14）的变换改变了原来目标威胁因子特征值的分散程度。

根据结论 2.2，例 2.1 中的 4 个目标威胁因子 f_1、f_2、f_4 和 f_5 已是极大型目标威胁因子，因此应使目标威胁因子 f_3 和 f_6 类型一致化为极大型。

3. 目标威胁排序评估结果关于目标威胁因子特征值无量纲化方法的稳定性

例 2.6 目标威胁排序评估问题背景如例 2.1 所述。对已趋同化为极大型的目标威胁因子特征值，利用式（2.15）、式（2.17）、式（2.19）和式（2.6）、式（2.9），并结合例 1.1 计算得到的目标威胁因子权重向量 $\boldsymbol{\omega}=(0.20,0.25,0.17,0.13,0.14,0.11)^{\mathrm{T}}$，可以计算得到各批目标 T_j $(j=1,2,\cdots,16)$ 的威胁综合值 V_j^L、威胁相对接近度 V_j^N 及其威胁排序评估结果等，如表 2.7 所示。

表 2.7 极大型目标威胁因子特征值无量纲化方法对目标威胁排序评估结果的影响

目标威胁排序多因子综合评估方法	无量纲化方法	极大化方法	$(V_1^L,V_2^L,\cdots,V_{16}^L)$ 或 $(V_1^N,V_2^N,\cdots,V_{16}^N)$	目标威胁排序	$\varDelta$
目标威胁排序多因子线性加权综合评估方法/式（2.6）	极差化变换/式（2.15）	式（2.13）	（0.534，0.569，0.727，0.632，0.447，0.277，0.356，0.394，0.540，0.151，0.314，0.410，0.347，0.457，0.469，0.451）	$T_3 \succ T_4 \succ T_2 \succ T_9 \succ T_1 \succ T_{15} \succ T_{14} \succ T_{16} \succ T_5 \succ T_{12} \succ T_8 \succ T_7 \succ T_{13} \succ T_{11} \succ T_6 \succ T_{10}$	0.576
	极值变换/式（2.17）		（0.612，0.645，0.771，0.679，0.524，0.380，0.444，0.461，0.572，0.264，0.446，0.489，0.438，0.546，0.511，0.540）	$T_3 \succ T_4 \succ T_2 \succ T_1 \succ T_9 \succ T_{14} \succ T_{16} \succ T_5 \succ T_{15} \succ T_{12} \succ T_8 \succ T_{11} \succ T_7 \succ T_{13} \succ T_6 \succ T_{10}$	0.507
	单位向量化变换/式（2.19）		（0.266，0.278，0.351，0.313，0.208，0.148，0.187，0.186，0.227，0.103，0.203，0.192，0.179，0.223，0.209，0.210）	$T_3 \succ T_4 \succ T_2 \succ T_1 \succ T_9 \succ T_{14} \succ T_{16} \succ T_{15} \succ T_5 \succ T_{11} \succ T_{12} \succ T_7 \succ T_8 \succ T_{13} \succ T_6 \succ T_{10}$	0.248
	极差化变换/式（2.15）	式（2.14）	（0.477，0.451，0.657，0.549，0.375，0.235，0.300，0.360，0.453，0.151，0.228，0.288，0.447，0.385，0.429，0.424）	$T_3 \succ T_4 \succ T_1 \succ T_9 \succ T_2 \succ T_{13} \succ T_{15} \succ T_{16} \succ T_{14} \succ T_5 \succ T_8 \succ T_7 \succ T_{12} \succ T_6 \succ T_{11} \succ T_{10}$	0.506

续表

目标威胁排序多因子综合评估方法	无量纲化方法	极大化方法	$(V_1^L,V_2^L,\cdots,V_{16}^L)$ 或 $(V_1^N,V_2^N,\cdots,V_{16}^N)$	目标威胁排序	Δ
目标威胁排序多因子线性加权综合评估方法/式（2.6）	极值变换/式（2.17）	式（2.14）	（0.566，0.554，0.737，0.435，0.486，0.377，0.444，0.472，0.530，0.311，0.373，0.393，0.504，0.509，0.316，0.540）	$T_3 \succ T_1 \succ T_2 \succ T_{16} \succ T_9 \succ T_{14} \succ T_{13} \succ T_5 \succ T_8 \succ T_7 \succ T_4 \succ T_{12} \succ T_6 \succ T_{11} \succ T_{15} \succ T_{10}$	0.426
	单位向量化变换/式（2.19）		（0.249，0.249，0.365，0.299，0.201，0.152，0.185，0.194，0.217，0.126，0.179，0.164，0.169，0.237，0.203，0.249）	$T_3 \succ T_4 \succ T_2 \sim T_1 \sim T_{16} \succ T_{14} \succ T_9 \succ T_{15} \succ T_5 \succ T_8 \succ T_7 \succ T_{11} \succ T_{13} \succ T_{12} \succ T_6 \succ T_{10}$	0.239
目标威胁排序多因子TOPSIS综合评估方法/式（2.9）	极差化变换/式（2.15）	式（2.13）	（0.292，0.527，0.694，0.655，0.423，0.308，0.351，0.388，0.303，0.208，0.339，0.443，0.354，0.448，0.489，0.511）	$T_3 \succ T_4 \succ T_2 \succ T_{16} \succ T_{15} \succ T_{14} \succ T_{12} \succ T_5 \succ T_8 \succ T_{13} \succ T_7 \succ T_{11} \succ T_6 \succ T_9 \succ T_1 \succ T_{10}$	0.486
	极值变换/式（2.17）		（0.506，0.353，0.703，0.491，0.406，0.302，0.172，0.342，0.449，0.166，0.498，0.410，0.329，0.458，0.417，0.446）	$T_3 \succ T_1 \succ T_{11} \succ T_4 \succ T_{14} \succ T_9 \succ T_{16} \succ T_{15} \succ T_{12} \succ T_5 \succ T_2 \succ T_8 \succ T_{13} \succ T_6 \succ T_7 \succ T_{10}$	0.537
	单位向量化变换/式（2.19）		（0.428，0.504，0.752，0.672，0.319，0.233，0.307，0.284，0.352，0.136，0.305，0.321，0.274，0.383，0.372，0.348）	$T_3 \succ T_4 \succ T_2 \succ T_1 \succ T_{14} \succ T_{15} \succ T_9 \succ T_{16} \succ T_{12} \succ T_5 \succ T_7 \succ T_{11} \succ T_8 \succ T_{13} \succ T_6 \succ T_{10}$	0.616
	极差化变换/式（2.15）	式（2.14）	（0.256，0.464，0.656，0.580，0.374，0.300，0.321，0.374，0.285，0.210，0.279，0.391，0.320，0.388，0.466，0.358）	$T_3 \succ T_4 \succ T_{15} \succ T_2 \succ T_{12} \succ T_{14} \succ T_8 \succ T_5 \succ T_7 \succ T_{16} \succ T_{13} \succ T_6 \succ T_9 \succ T_{11} \succ T_1 \succ T_{10}$	0.446
	极值变换/式（2.17）		（0.398，0.326，0.807，0.562，0.388，0.274，0.325，0.395，0.397，0.197，0.294，0.364，0.332，0.433，0.479，0.514）	$T_3 \succ T_4 \succ T_{16} \succ T_{15} \succ T_{14} \succ T_1 \succ T_9 \succ T_8 \succ T_5 \succ T_{12} \succ T_{13} \succ T_2 \succ T_7 \succ T_{11} \succ T_6 \succ T_{10}$	0.610
	单位向量化变换/式（2.19）		（0.376，0.396，0.777，0.613，0.281，0.239，0.281，0.275，0.313，0.149，0.244，0.209，0.242，0.394，0.345，0.443）	$T_3 \succ T_4 \succ T_{16} \succ T_2 \succ T_{14} \succ T_1 \succ T_{15} \succ T_9 \succ T_5 \sim T_7 \succ T_8 \succ T_{11} \succ T_{13} \succ T_6 \succ T_{12} \succ T_{10}$	0.628

由表 2.7 可以看出，在相同的目标威胁因子类型一致化方法、目标威胁因子权重和目标威胁排序多因子综合评估方法的条件下，不同的目标威胁因子特征值无量纲化方法会产生不一样的目标威胁排序评估结果。例如，根据式（2.14）与式（2.6），采用式（2.15）进行目标威胁因子特征值无量纲化时，得到目标 $T_j\ (j=1,2,\cdots,16)$ 的威胁排序：

$$T_3 \succ T_4 \succ T_1 \succ T_9 \succ T_2 \succ T_{13} \succ T_{15} \succ T_{16} \succ T_{14} \succ T_5 \succ T_8 \succ T_7 \succ T_{12} \succ T_6 \succ T_{11} \succ T_{10}$$

采用式（2.17）进行目标威胁因子特征值无量纲化时，得到目标T_j（$j=1,2,\cdots,16$）的威胁排序：

$$T_3 \succ T_1 \succ T_2 \succ T_{16} \succ T_9 \succ T_{14} \succ T_{13} \succ T_5 \succ T_8 \succ T_7 \succ T_4 \succ T_{12} \succ T_6 \succ T_{11} \succ T_{15} \succ T_{10}$$

采用式（2.19）进行目标威胁因子特征值无量纲化时，得到目标T_j（$j=1,2,\cdots,16$）的威胁排序：

$$T_3 \succ T_4 \succ T_2 \sim T_1 \sim T_{16} \succ T_{14} \succ T_9 \succ T_{15} \succ T_5 \succ T_8 \succ T_7 \succ T_{11} \succ T_{13} \succ T_{12} \succ T_6 \succ T_{10}$$

类似地，根据式（2.13）与式（2.6）（或式（2.9）），采用不同的目标威胁因子特征值无量纲化方法时，可得到不同的目标威胁排序评估结果。这里不再赘述，具体情况可分析表 2.7。

例 2.7 目标威胁排序评估问题背景如例 2.1 所述。类似于例 2.6，对已趋同化为极小型的目标威胁因子特征值，利用式（2.15）、式（2.17）、式（2.19）和式（2.6）、式（2.9），并结合例 1.1 计算得到的目标威胁因子权重向量$\boldsymbol{\omega}=(0.20,0.25,0.17,0.13,0.14,0.11)^{\mathrm{T}}$，可以计算得到各批目标$T_j$（$j=1,2,\cdots,16$）的威胁综合值$V_j^L$、威胁相对接近度$V_j^N$及其威胁排序评估结果等，如表 2.8 所示。

表 2.8 极小型目标威胁因子特征值无量纲化方法对目标威胁排序评估结果的影响

目标威胁排序多因子综合评估方法	无量纲化方法	极小化方法	$(V_1^L,V_2^L,\cdots,V_{16}^L)$ 或 $(V_1^N,V_2^N,\cdots,V_{16}^N)$	目标威胁排序	Δ
目标威胁排序多因子线性加权综合评估方法/式（2.6）	极差化变换/式（2.15）	式（2.13）	（0.436，0.431，0.273，0.338，0.549，0.736，0.644，0.606，0.463，0.849，0.686，0.590，0.653，0.543，0.487，0.550）	$T_3 \succ T_4 \succ T_2 \succ T_1 \succ T_9 \succ T_{15} \succ T_{14} \succ T_5 \succ T_{16} \succ T_{12} \succ T_8 \succ T_7 \succ T_{13} \succ T_{11} \succ T_6 \succ T_{10}$	0.576
	极值变换/式（2.17）		（0.481，0.467，0.294，0.363，0.545，0.730，0.658，0.615，0.474，0.849，0.728，0.622，0.675，0.565，0.538，0.578）	$T_3 \succ T_4 \succ T_2 \succ T_9 \succ T_1 \succ T_{15} \succ T_5 \succ T_{14} \succ T_{16} \succ T_8 \succ T_{12} \succ T_7 \succ T_{13} \succ T_{11} \succ T_6 \succ T_{10}$	0.555
	单位向量化变换/式（2.19）		（0.186，0.185，0.111，0.134，0.201，0.275，0.257，0.238，0.174，0.325，0.275，0.230，0.266，0.215，0.201，0.207）	$T_3 \succ T_4 \succ T_9 \succ T_2 \succ T_1 \succ T_{15} \sim T_5 \succ T_{16} \succ T_{14} \succ T_{12} \succ T_8 \succ T_7 \succ T_{13} \succ T_{11} \sim T_6 \succ T_{10}$	0.214
	极差化变换/式（2.15）	式（2.14）	（0.503，0.473，0.306，0.344，0.575，0.689，0.650，0.612，0.483，0.791，0.661，0.557，0.646，0.552，0.491，0.588）	$T_3 \succ T_4 \succ T_2 \succ T_9 \succ T_{15} \succ T_1 \succ T_{14} \succ T_{12} \succ T_5 \succ T_{16} \succ T_8 \succ T_{13} \succ T_7 \succ T_{11} \succ T_6 \succ T_{10}$	0.485
	极值变换/式（2.17）		（0.524，0.485，0.294，0.339，0.569，0.682，0.646，0.603，0.474，0.784，0.691，0.567，0.650，0.559，0.495，0.599）	$T_3 \succ T_4 \succ T_9 \succ T_2 \succ T_{15} \succ T_1 \succ T_{14} \succ T_{12} \succ T_5 \succ T_{16} \succ T_8 \succ T_7 \succ T_{13} \succ T_6 \succ T_{11} \succ T_{10}$	0.490
	单位向量化变换/式（2.19）		（0.507，0.492，0.281，0.313，0.521，0.646，0.647，0.593，0.422，0.758，0.660，0.520，0.656，0.532，0.459，0.509）	$T_3 \succ T_4 \succ T_9 \succ T_{15} \succ T_2 \succ T_1 \succ T_{16} \succ T_{12} \succ T_5 \succ T_{14} \succ T_8 \succ T_6 \succ T_7 \succ T_{13} \succ T_{11} \succ T_{10}$	0.477

续表

目标威胁排序多因子综合评估方法	无量纲化方法	极小化方法	$(V_1^L,V_2^L,\cdots,V_{16}^L)$ 或 $(V_1^N,V_2^N,\cdots,V_{16}^N)$	目标威胁排序	Δ
目标威胁排序多因子TOPSIS综合评估方法/式（2.9）	极差化变换/式（2.15）	式（2.13）	（0.184，0.209，0.242，0.246，0.299，0.686，0.369，0.368，0.243，0.606，0.655，0.461，0.451，0.263，0.271，0.373）	$T_1 \succ T_2 \succ T_3 \succ T_9 \succ T_4 \succ T_{14} \succ T_{15} \succ T_5 \succ T_8 \succ T_7 \succ T_{16} \succ T_{13} \succ T_{12} \succ T_{10} \succ T_{11} \succ T_6$	0.502
	极值变换/式（2.17）		（0.343，0.361，0.381，0.388，0.409，0.719，0.494，0.499，0.402，0.686，0.728，0.575，0.562，0.396，0.460，0.491）	$T_1 \succ T_2 \succ T_3 \succ T_4 \succ T_{14} \succ T_9 \succ T_5 \succ T_{15} \succ T_{16} \succ T_7 \succ T_8 \succ T_{13} \succ T_{12} \succ T_{10} \succ T_6 \succ T_{11}$	0.385
	单位向量化变换/式（2.19）		（0.155，0.157，0.152，0.156，0.182，0.335，0.214，0.218，0.175，0.297，0.349，0.263，0.256，0.172，0.195，0.218）	$T_3 \succ T_1 \succ T_4 \succ T_2 \succ T_{14} \succ T_9 \succ T_5 \succ T_{15} \succ T_7 \succ T_8 \sim T_{16} \succ T_{13} \succ T_{12} \succ T_{10} \succ T_6 \succ T_{11}$	0.198
	极差化变换/式（2.15）	式（2.14）	（0.221，0.232，0.294，0.289，0.308，0.659，0.373，0.390，0.273，0.533，0.638，0.444，0.445，0.276，0.310，0.395）	$T_1 \succ T_2 \succ T_9 \succ T_{14} \succ T_4 \succ T_3 \succ T_5 \succ T_{15} \succ T_7 \succ T_8 \succ T_{16} \succ T_{12} \succ T_{13} \succ T_{10} \succ T_{11} \succ T_6$	0.438
	极值变换/式（2.17）		（0.199，0.208，0.267，0.266，0.280，0.644，0.368，0.394，0.278，0.529，0.648，0.451，0.439，0.242，0.348，0.383）	$T_1 \succ T_2 \succ T_{14} \succ T_4 \succ T_3 \succ T_9 \succ T_5 \succ T_{15} \succ T_7 \succ T_{16} \succ T_8 \succ T_{13} \succ T_{12} \succ T_{10} \succ T_6 \succ T_{11}$	0.449
	单位向量化变换/式（2.19）		（0.192，0.176，0.191，0.191，0.262，0.667，0.309，0.340，0.240，0.459，0.701，0.447，0.406，0.210，0.287，0.376）	$T_2 \succ T_4 \sim T_3 \succ T_1 \succ T_{14} \succ T_9 \succ T_5 \succ T_{15} \succ T_7 \succ T_8 \succ T_{16} \succ T_{13} \succ T_{12} \succ T_{10} \succ T_6 \succ T_{11}$	0.525

类似于对表 2.7 的分析，从表 2.8 中可知，根据式（2.14）与式（2.6），采用式（2.15）进行目标威胁因子特征值无量纲化时，得到目标 T_j $(j=1,2,\cdots,16)$ 的威胁排序：

$$T_3 \succ T_4 \succ T_2 \succ T_9 \succ T_{15} \succ T_1 \succ T_{14} \succ T_{12} \succ T_5 \succ T_{16} \succ T_8 \succ T_{13} \succ T_7 \succ T_{11} \succ T_6 \succ T_{10}$$

采用式（2.17）进行目标威胁因子特征值无量纲化时，得到目标 T_j $(j=1,2,\cdots,16)$ 的威胁排序：

$$T_3 \succ T_4 \succ T_9 \succ T_2 \succ T_{15} \succ T_1 \succ T_{14} \succ T_{12} \succ T_5 \succ T_{16} \succ T_8 \succ T_7 \succ T_{13} \succ T_6 \succ T_{11} \succ T_{10}$$

采用式（2.19）进行目标威胁因子特征值无量纲化时，得到目标 T_j $(j=1,2,\cdots,16)$ 的威胁排序：

$$T_3 \succ T_4 \succ T_9 \succ T_{15} \succ T_2 \succ T_1 \succ T_{16} \succ T_{12} \succ T_5 \succ T_{14} \succ T_8 \succ T_6 \succ T_7 \succ T_{13} \succ T_{11} \succ T_{10}$$

其他情况可类似分析（略）。

综合表 2.7 和表 2.8，可归纳、得到结论 2.3。

结论 2.3　目标威胁排序评估结果关于目标威胁因子特征值无量纲化方法是不稳定（或灵敏）的。

容易看到，式（2.17）使得规范化目标威胁因子特征值的分散程度比式（2.15）和式（2.19）的大。

前面讨论了目标威胁因子特征值规范化方法（包括目标威胁因子类型一致化方法和目标威胁因子特征值无量纲化方法）即规范化目标威胁因子特征值对目标威胁排序评估结果的影响。例 2.2～例 2.7 说明，在相同的目标威胁因子权重条件下，相同的目标威胁排序多因子综合评估方法对不同的规范化目标威胁因子特征值会产生不一样的目标威胁排序评估结果（即目标威胁排序）；例 2.8 和例 2.9 说明，相同的目标威胁排序多因子综合评估方法对不同的规范化目标威胁因子特征值也可能产生一样的目标威胁排序评估结果（即目标威胁排序）。换句话说，在相同的目标威胁因子权重条件下，相同的目标威胁排序多因子综合评估方法是否产生一样的目标威胁排序评估结果取决于规范化目标威胁因子特征值的差异程度，即取决于目标威胁因子特征值。

例 2.8 防空群中的目标威胁排序评估问题背景如例 1.3 所述。例 1.3 已给定规范化目标威胁因子特征值，如表 1.2 所示。目标威胁因子权重由例 1.2 给定，即 4 个目标威胁因子 $f_i\ (i=1,2,3,4)$ 的权重向量为 $\boldsymbol{\omega}=(0.28,0.26,0.22,0.24)^{\mathrm{T}}$ 。利用 2.2.3 节的目标威胁排序多因子 VIKOR 综合评估方法确定 3 个目标威胁大小排序。

（1）确定最大威胁目标和最小威胁目标。

根据目标威胁排序多因子 VIKOR 综合评估方法，结合表 1.2，可以得到最大威胁目标 T^+ 和最小威胁目标 T^- 的规范化目标威胁因子 f_1 特征值分别为

$$r_1^+=\max\{r_{11},r_{12},r_{13}\}=\max\{0.25,1,0.666\}=1$$

$$r_1^-=\min\{r_{11},r_{12},r_{13}\}=\min\{0.25,1,0.666\}=0.25$$

类似地，可计算得到其他 3 个规范化目标威胁因子特征值分别为 $r_2^+=1$ 、 $r_2^-=0.4$ 、 $r_3^+=1$ 、 $r_3^-=0.556$ 、 $r_4^+=1$ 、 $r_4^-=0.429$ 。

（2）计算目标威胁相对贴近度与折中贴近度。

利用式（2.10）与式（2.11），并结合表 1.2 和例 1.2 的目标威胁因子权重向量 $\boldsymbol{\omega}=(0.28,0.26,0.22,0.24)^{\mathrm{T}}$ ，这里选取距离参数 $p=2$ ，可以计算得到目标 T_1 的威胁相对贴近度 S_1 和 R_1 分别为

$$\begin{aligned}S_1&=\left(0.28\times\frac{0.25-0.25}{1-0.25}\right)^2+\left(0.26\times\frac{1-0.4}{1-0.4}\right)^2+\left(0.22\times\frac{1-0.556}{1-0.556}\right)^2+\left(0.24\times\frac{1-0.429}{1-0.429}\right)^2\\&=0+0.068+0.048+0.058\\&=0.174\end{aligned}$$

$$\begin{aligned}R_1&=\max\left\{\left(0.28\times\frac{0.25-0.25}{1-0.25}\right)^2,\left(0.26\times\frac{1-0.4}{1-0.4}\right)^2,\left(0.22\times\frac{1-0.556}{1-0.556}\right)^2,\left(0.24\times\frac{1-0.429}{1-0.429}\right)^2\right\}\\&=\max\{0,0.068,0.048,0.058\}\\&=0.068\end{aligned}$$

类似地，可计算得到目标 T_j $(j=2,3)$ 的威胁相对贴近度 S_j 和 R_j 分别为 $S_2=0.097$、$R_2=0.078$、$S_3=0.024$、$R_3=0.024$。

容易得到

$$S^+=\max\{S_1,S_2,S_3\}=\max\{0.174,0.097,0.024\}=0.174$$

$$S^-=\min\{S_1,S_2,S_3\}=\min\{0.174,0.097,0.024\}=0.024$$

$$R^+=\max\{R_1,R_2,R_3\}=\max\{0.068,0.078,0.024\}=0.078$$

$$R^-=\min\{R_1,R_2,R_3\}=\min\{0.068,0.078,0.024\}=0.024$$

选取决策机制系数 $\lambda=0.5$，利用式（2.12），可计算得到目标 T_1 的威胁折中贴近度 Q_1 为

$$\begin{aligned}Q_1&=0.5\times\frac{0.174-0.024}{0.174-0.024}+0.5\times\frac{0.068-0.024}{0.078-0.024}\\&=0.907\end{aligned}$$

类似地，可计算得到目标 T_j $(j=2,3)$ 的威胁折中贴近度分别为 $Q_2=0.743$、$Q_3=0$。

（3）对目标威胁相对贴近度与折中贴近度排序。

对所有 3 个目标 T_j $(j=1,2,3)$ 对应的威胁相对贴近度 S_j、R_j 和威胁折中贴近度 Q_j 按照从大到小的顺序分别进行排序，可以得到 3 个单调不增排序序列分别如下：

$$S_1>S_2>S_3$$

$$R_2>R_1>R_3$$

$$Q_1>Q_2>Q_3$$

（4）确定所有目标威胁大小排序。

因为例 2.8（即例 1.3）只评估 3 个目标，即 $n=3$，所以可得

$$\bar{Q}_3=\frac{1}{3-1}=0.5$$

显然，可知

$$Q_1-Q_2=0.907-0.743=0.164<\bar{Q}_3=0.5$$

因此，目标威胁折中贴近度 Q_j $(j=1,2,3)$ 的单调不增排序序列不满足目标威胁排序多因子 VIKOR 综合评估方法的条件（1）。

进一步地，在目标威胁折中贴近度 Q_j $(j=1,2,3)$ 的单调不增排序序列中，可以得到最大正整数 $r=2$，使得

$$Q_1-Q_3=0.907-0=0.907\geqslant\bar{Q}_3=0.5$$

因此，目标 T_1 和 T_2 都是威胁程度最大的目标，即目标 T_1 和 T_2 并列第一，从而可得到 3 个目标威胁大小排序：

$$T_1 \sim T_2 \succ T_3$$

例 2.9 防空群中的目标威胁排序评估问题背景如例 1.3 所述。3 个目标的威胁因子特征值由表 1.1 给出，目标威胁因子权重由例 1.2 给定，即 4 个目标威胁因子 $f_i\ (i=1,2,3,4)$ 的权重向量为 $\boldsymbol{\omega}=(0.28,0.26,0.22,0.24)^{\mathrm{T}}$。利用 2.2.3 节的目标威胁排序多因子 VIKOR 综合评估方法确定 3 个目标威胁大小排序。

不同于例 2.8（即例 1.3 中的式（1.16）和式（1.17）或 2.2 节中的式（2.14）与式（2.17））的目标威胁因子特征值规范化方法，本例选择式（2.13）与式（2.15）的目标威胁因子特征值规范化方法。

首先，利用式（2.13）将极小型目标威胁因子 f_1、f_2 与 f_3 统一转化为极大型目标威胁因子：

$$\hat{x}_{ij}=M_i-x_{ij} \quad (i=1,2,3;\ j=1,2,3)$$

其中，$M_i=\max\limits_{1\leqslant j\leqslant 3}\{x_{ij}\}\ (i=1,2,3)$。

然后，对已经转化为极大型的目标威胁因子 f_1、f_2、f_3 和已是极大型的目标威胁因子 f_4（尽管 f_4 没有做极大型转化，但为了统一表述方便，仍然记为 $\hat{x}_{4j}=x_{4j}\ (j=1,2,3)$），统一使用式（2.15）进行目标威胁因子特征值无量纲化计算：

$$r_{ij}=\frac{\hat{x}_{ij}-\hat{m}_i}{\hat{M}_i-\hat{m}_i} \quad (i=1,2,3,4;\ j=1,2,3)$$

结合表 1.1，可以计算得到敌方空袭目标的各规范化目标威胁因子特征值，如表 2.9 所示。

表 2.9 敌方空袭目标的各规范化目标威胁因子特征值

威胁因子	威胁目标		
	T_1	T_2	T_3
目标飞临时间 f_1	0	1	0.833
目标航路捷径 f_2	1	0.667	0
目标飞行高度 f_3	1	0.25	0
目标类型 f_4	1	0.25	0

（1）确定最大威胁目标和最小威胁目标。

根据目标威胁排序多因子 VIKOR 综合评估方法，结合表 2.9，可以得到最大威胁目标 T^+ 和最小威胁目标 T^- 的规范化目标威胁因子 f_1 特征值分别为

$$r_1^+=\max\{r_{11},r_{12},r_{13}\}=\max\{0,1,0.833\}=1$$

$$r_1^-=\min\{r_{11},r_{12},r_{13}\}=\min\{0,1,0.833\}=0$$

类似地，可计算得到最大威胁目标 T^+ 和最小威胁目标 T^- 的其他 3 个规范化目标威胁因子特征值分别为 $r_2^+=1$、$r_2^-=0$、$r_3^+=1$、$r_3^-=0$、$r_4^+=1$、$r_4^-=0$。

（2）计算目标威胁相对贴近度与折中贴近度。

利用式（2.10）与式（2.11），并结合表 2.9 和例 1.2 的目标威胁因子权重向量 $\boldsymbol{\omega}=(0.28,0.26,0.22,0.24)^{\mathrm{T}}$，这里仍然选取距离参数 $p=2$，可以计算得到目标 T_1 的威胁相对贴近度 S_1 和 R_1 分别为

$$
\begin{aligned}
S_1&=\left(0.28\times\frac{0-0}{1-0}\right)^2+\left(0.26\times\frac{1-0}{1-0}\right)^2+\left(0.22\times\frac{1-0}{1-0}\right)^2+\left(0.24\times\frac{1-0}{1-0}\right)^2\\
&=0+0.068+0.048+0.058\\
&=0.174
\end{aligned}
$$

$$
\begin{aligned}
R_1&=\max\left\{\left(0.28\times\frac{0-0}{1-0}\right)^2,\left(0.26\times\frac{1-0}{1-0}\right)^2,\left(0.22\times\frac{1-0}{1-0}\right)^2,\left(0.24\times\frac{1-0}{1-0}\right)^2\right\}\\
&=\max\{0,0.068,0.048,0.058\}\\
&=0.068
\end{aligned}
$$

类似地，可计算得到目标 T_j $(j=2,3)$ 的威胁相对贴近度 S_j 和 R_j 分别为 $S_2=0.115$、$R_2=0.078$、$S_3=0.054$、$R_3=0.054$。

容易得到

$$S^+=\max\{S_1,S_2,S_3\}=\max\{0.174,0.115,0.054\}=0.174$$

$$S^-=\min\{S_1,S_2,S_3\}=\min\{0.174,0.115,0.054\}=0.054$$

$$R^+=\max\{R_1,R_2,R_3\}=\max\{0.068,0.078,0.054\}=0.078$$

$$R^-=\min\{R_1,R_2,R_3\}=\min\{0.068,0.078,0.054\}=0.054$$

仍然选取决策机制系数 $\lambda=0.5$，利用式（2.12），可计算得到目标 T_1 的威胁折中贴近度 Q_1 为

$$
\begin{aligned}
Q_1&=0.5\times\frac{0.174-0.054}{0.174-0.054}+0.5\times\frac{0.068-0.054}{0.078-0.054}\\
&=0.792
\end{aligned}
$$

同样地，可计算得到目标 T_j $(j=2,3)$ 的威胁折中贴近度分别为 $Q_2=0.754$、$Q_3=0$。

（3）对目标威胁相对贴近度与折中贴近度排序。

对所有 3 个目标 T_j $(j=1,2,3)$ 对应的威胁相对贴近度 S_j、R_j 和威胁折中贴近度 Q_j 按照从大到小的顺序分别进行排序，可以得到 3 个单调不增排序序列分别如下：

$$S_1>S_2>S_3$$

$$R_2>R_1>R_3$$

$$Q_1 > Q_2 > Q_3$$

（4）确定所有目标威胁大小排序。

例 2.9（即例 1.3）中只评估 3 个目标，即 $n=3$，可得

$$Q_1 - Q_2 = 0.792 - 0.743 = 0.049 < \bar{Q}_3 = 0.5$$

因此，目标威胁折中贴近度 $Q_j\ (j=1,2,3)$ 的单调不增排序序列不满足目标威胁排序多因子 VIKOR 综合评估方法的条件（1）。

进一步地，在目标威胁折中贴近度 $Q_j\ (j=1,2,3)$ 的单调不增排序序列中，可以得到最大正整数 $r=2$，使得

$$Q_1 - Q_3 = 0.792 - 0 = 0.792 \geqslant \bar{Q}_3 = 0.5$$

因此，目标 T_1 和 T_2 都是威胁程度最大的目标，即目标 T_1 和 T_2 并列第一，从而可得到 3 个目标威胁大小排序：

$$T_1 \sim T_2 \succ T_3$$

从例 2.8 与例 2.9 中可以看出，目标威胁因子特征值（即表 1.1）和目标威胁因子权重是相同的，尽管规范化目标威胁因子特征值（即表 1.2 和表 2.9）不同，但目标威胁排序多因子 VIKOR 综合评估方法给出了相同的目标威胁排序评估结果。

4. 目标威胁排序评估结果关于目标威胁排序多因子综合评估方法的稳定性

例 2.10　目标威胁排序评估问题背景如例 2.1 所述。对已趋同化为极大型或极小型的目标威胁因子特征值，利用式（2.6）和式（2.9），并结合例 1.1 计算得到的目标威胁因子权重向量 $\boldsymbol{\omega}=(0.20,0.25,0.17,0.13,0.14,0.11)^{\mathrm{T}}$，可以计算得到各批目标 $T_j\ (j=1,2,\cdots,16)$ 的威胁综合值 V_j^L、威胁相对接近度 V_j^N 及其威胁排序评估结果等，分别如表 2.10 和表 2.11 所示。

表 2.10　目标威胁排序多因子综合评估方法（极大型）对目标威胁排序评估结果的影响

目标威胁排序多因子综合评估方法	无量纲化方法	极大化方法	$(V_1^L,V_2^L,\cdots,V_{16}^L)$ 或 $(V_1^N,V_2^N,\cdots,V_{16}^N)$	目标威胁排序	$\varDelta$
式（2.6）	式（2.15）	式（2.13）	（0.534，0.569，0.727，0.632，0.447，0.277，0.356，0.394，0.540，0.151，0.314，0.410，0.347，0.457，0.469，0.451）	$T_3 \succ T_4 \succ T_2 \succ T_9 \succ T_1 \succ T_{15} \succ T_{14} \succ T_{16} \succ T_5 \succ T_{12} \succ T_8 \succ T_7 \succ T_{13} \succ T_{11} \succ T_6 \succ T_{10}$	0.576
式（2.9）			（0.292，0.527，0.694，0.655，0.423，0.308，0.351，0.388，0.303，0.208，0.339，0.443，0.354，0.448，0.489，0.511）	$T_3 \succ T_4 \succ T_2 \succ T_{16} \succ T_{15} \succ T_{14} \succ T_{12} \succ T_5 \succ T_8 \succ T_{13} \succ T_7 \succ T_{11} \succ T_6 \succ T_9 \succ T_1 \succ T_{10}$	0.486

续表

目标威胁排序多因子综合评估方法	无量纲化方法	极大化方法	$(V_1^L,V_2^L,\cdots,V_{16}^L)$ 或 $(V_1^N,V_2^N,\cdots,V_{16}^N)$	目标威胁排序	Δ
式（2.6）	式（2.17）	式（2.13）	（0.612，0.645，0.771，0.679，0.524，0.380，0.444，0.461，0.572，0.264，0.446，0.489，0.438，0.546，0.511，0.540）	$T_3 \succ T_4 \succ T_2 \succ T_1 \succ T_9 \succ T_{14} \succ T_{16} \succ T_5 \succ T_{15} \succ T_{12} \succ T_8 \succ T_{11} \succ T_7 \succ T_{13} \succ T_6 \succ T_{10}$	0.507
式（2.9）			（0.506，0.353，0.703，0.491，0.406，0.302，0.172，0.342，0.449，0.166，0.498，0.410，0.329，0.458，0.417，0.446）	$T_3 \succ T_1 \succ T_{11} \succ T_4 \succ T_{14} \succ T_9 \succ T_{16} \succ T_{15} \succ T_{12} \succ T_5 \succ T_2 \succ T_8 \succ T_{13} \succ T_6 \succ T_7 \succ T_{10}$	0.537
式（2.6）	式（2.19）		（0.266，0.278，0.351，0.313，0.208，0.148，0.187，0.186，0.227，0.103，0.203，0.192，0.179，0.223，0.209，0.210）	$T_3 \succ T_4 \succ T_2 \succ T_1 \succ T_9 \succ T_{14} \succ T_{16} \succ T_{15} \succ T_5 \succ T_{11} \succ T_{12} \succ T_7 \succ T_8 \succ T_{13} \succ T_6 \succ T_{10}$	0.248
式（2.9）			（0.428，0.504，0.752，0.672，0.319，0.233，0.307，0.284，0.352，0.136，0.305，0.321，0.274，0.383，0.372，0.348）	$T_3 \succ T_4 \succ T_2 \succ T_1 \succ T_{14} \succ T_{15} \succ T_9 \succ T_{16} \succ T_{12} \succ T_5 \succ T_7 \succ T_{11} \succ T_8 \succ T_{13} \succ T_6 \succ T_{10}$	0.616
式（2.6）	式（2.15）	式（2.14）	（0.477，0.451，0.657，0.549，0.375，0.235，0.300，0.360，0.453，0.151，0.228，0.288，0.447，0.385，0.429，0.424）	$T_3 \succ T_4 \succ T_1 \succ T_9 \succ T_2 \succ T_{13} \succ T_{15} \succ T_{16} \succ T_{14} \succ T_5 \succ T_8 \succ T_7 \succ T_{12} \succ T_6 \succ T_{11} \succ T_{10}$	0.506
式（2.9）			（0.256，0.464，0.656，0.580，0.374，0.300，0.321，0.374，0.285，0.210，0.279，0.391，0.320，0.388，0.466，0.358）	$T_3 \succ T_4 \succ T_{15} \succ T_2 \succ T_{12} \succ T_{14} \succ T_8 \succ T_5 \succ T_7 \succ T_{16} \succ T_{13} \succ T_6 \succ T_9 \succ T_{11} \succ T_1 \succ T_{10}$	0.446
式（2.6）	式（2.17）		（0.566，0.554，0.737，0.435，0.486，0.377，0.444，0.472，0.530，0.311，0.373，0.393，0.504，0.509，0.316，0.540）	$T_3 \succ T_1 \succ T_2 \succ T_{16} \succ T_9 \succ T_{14} \succ T_{13} \succ T_5 \succ T_8 \succ T_7 \succ T_4 \succ T_{12} \succ T_6 \succ T_{11} \succ T_{15} \succ T_{10}$	0.426
式（2.9）			（0.398，0.326，0.807，0.562，0.388，0.274，0.325，0.395，0.397，0.197，0.294，0.364，0.332，0.433，0.479，0.514）	$T_3 \succ T_4 \succ T_{16} \succ T_{15} \succ T_{14} \succ T_1 \succ T_9 \succ T_8 \succ T_5 \succ T_{12} \succ T_{13} \succ T_2 \succ T_7 \succ T_{11} \succ T_6 \succ T_{10}$	0.610
式（2.6）	式（2.19）		（0.249，0.249，0.365，0.299，0.201，0.152，0.185，0.194，0.217，0.126，0.179，0.164，0.169，0.237，0.203，0.249）	$T_3 \succ T_4 \succ T_2 \sim T_1 \sim T_{16} \succ T_{14} \succ T_9 \succ T_{15} \succ T_5 \succ T_8 \succ T_7 \succ T_{11} \succ T_{13} \succ T_{12} \succ T_6 \succ T_{10}$	0.239
式（2.9）			（0.376，0.396，0.777，0.613，0.281，0.239，0.281，0.275，0.313，0.149，0.244，0.209，0.242，0.394，0.345，0.443）	$T_3 \succ T_4 \succ T_{16} \succ T_2 \succ T_{14} \succ T_1 \succ T_{15} \succ T_9 \succ T_5 \sim T_7 \succ T_8 \succ T_{11} \succ T_{13} \succ T_6 \succ T_{12} \succ T_{10}$	0.628

表 2.11　目标威胁排序多因子综合评估方法（极小型）对目标威胁排序评估结果的影响

目标威胁排序多因子综合评估方法	无量纲化方法	极小化方法	$(V_1^L,V_2^L,\cdots,V_{16}^L)$ 或 $(V_1^N,V_2^N,\cdots,V_{16}^N)$	目标威胁排序	$\varDelta$
式（2.6）	式(2.15)	式(2.13)	（0.436，0.431，0.273，0.338，0.549，0.736，0.644，0.606，0.463，0.849，0.686，0.590，0.653，0.543，0.487，0.550）	$T_3 \succ T_4 \succ T_2 \succ T_1 \succ T_9 \succ T_{15} \succ T_{14} \succ T_5 \succ T_{16} \succ T_{12} \succ T_8 \succ T_7 \succ T_{13} \succ T_{11} \succ T_6 \succ T_{10}$	0.576
式（2.9）			（0.184，0.209，0.242，0.246，0.299，0.686，0.369，0.368，0.243，0.606，0.655，0.461，0.451，0.263，0.271，0.373）	$T_1 \succ T_2 \succ T_3 \succ T_9 \succ T_4 \succ T_{14} \succ T_{15} \succ T_5 \succ T_8 \succ T_7 \succ T_{16} \succ T_{13} \succ T_{12} \succ T_{10} \succ T_{11} \succ T_6$	0.502
式（2.6）	式(2.17)	式(2.13)	（0.481，0.467，0.294，0.363，0.545，0.730，0.658，0.615，0.474，0.849，0.728，0.622，0.675，0.565，0.538，0.578）	$T_3 \succ T_4 \succ T_2 \succ T_9 \succ T_1 \succ T_{15} \succ T_5 \succ T_{14} \succ T_{16} \succ T_8 \succ T_{12} \succ T_7 \succ T_{13} \succ T_{11} \succ T_6 \succ T_{10}$	0.555
式（2.9）			（0.343，0.361，0.381，0.388，0.409，0.719，0.494，0.499，0.402，0.686，0.728，0.575，0.562，0.396，0.460，0.491）	$T_1 \succ T_2 \succ T_3 \succ T_4 \succ T_{14} \succ T_9 \succ T_5 \succ T_{15} \succ T_{16} \succ T_7 \succ T_8 \succ T_{13} \succ T_{12} \succ T_{10} \succ T_6 \succ T_{11}$	0.385
式（2.6）	式(2.19)		（0.186，0.185，0.111，0.134，0.201，0.275，0.257，0.238，0.174，0.325，0.275，0.230，0.266，0.215，0.201，0.207）	$T_3 \succ T_4 \succ T_9 \succ T_2 \succ T_1 \succ T_{15} \sim T_5 \succ T_{16} \succ T_{14} \succ T_{12} \succ T_8 \succ T_7 \succ T_{13} \succ T_{11} \sim T_6 \succ T_{10}$	0.214
式（2.9）			（0.155，0.157，0.152，0.156，0.182，0.335，0.214，0.218，0.175，0.297，0.349，0.263，0.256，0.172，0.195，0.218）	$T_3 \succ T_1 \succ T_4 \succ T_2 \succ T_{14} \succ T_9 \succ T_5 \succ T_{15} \succ T_7 \succ T_8 \sim T_{16} \succ T_{13} \succ T_{12} \succ T_{10} \succ T_6 \succ T_{11}$	0.198
式（2.6）	式(2.15)	式(2.14)	（0.503，0.473，0.306，0.344，0.575，0.689，0.650，0.612，0.483，0.791，0.661，0.557，0.646，0.552，0.491，0.588）	$T_3 \succ T_4 \succ T_2 \succ T_9 \succ T_{15} \succ T_1 \succ T_{14} \succ T_{12} \succ T_5 \succ T_{16} \succ T_8 \succ T_{13} \succ T_7 \succ T_{11} \succ T_6 \succ T_{10}$	0.485
式（2.9）			（0.221，0.232，0.294，0.289，0.308，0.659，0.373，0.390，0.273，0.533，0.638，0.444，0.445，0.276，0.310，0.395）	$T_1 \succ T_2 \succ T_9 \succ T_{14} \succ T_4 \succ T_3 \succ T_5 \succ T_{15} \succ T_7 \succ T_8 \succ T_{16} \succ T_{12} \succ T_{13} \succ T_{10} \succ T_{11} \succ T_6$	0.438
式（2.6）	式(2.17)		（0.524，0.485，0.294，0.339，0.569，0.682，0.646，0.603，0.474，0.784，0.691，0.567，0.650，0.559，0.495，0.599）	$T_3 \succ T_4 \succ T_9 \succ T_2 \succ T_{15} \succ T_1 \succ T_{14} \succ T_{12} \succ T_5 \succ T_{16} \succ T_8 \succ T_7 \succ T_{13} \succ T_6 \succ T_{11} \succ T_{10}$	0.490
式（2.9）			（0.199，0.208，0.267，0.266，0.280，0.644，0.368，0.394，0.278，0.529，0.648，0.451，0.439，0.242，0.348，0.383）	$T_1 \succ T_2 \succ T_{14} \succ T_4 \succ T_3 \succ T_9 \succ T_5 \succ T_{15} \succ T_7 \succ T_{16} \succ T_8 \succ T_{13} \succ T_{12} \succ T_{10} \succ T_6 \succ T_{11}$	0.449
式（2.6）	式(2.19)		（0.507，0.492，0.281，0.313，0.521，0.646，0.647，0.593，0.422，0.758，0.660，0.520，0.656，0.532，0.459，0.509）	$T_3 \succ T_4 \succ T_9 \succ T_{15} \succ T_2 \succ T_1 \succ T_{16} \succ T_{12} \succ T_5 \succ T_{14} \succ T_8 \succ T_6 \succ T_7 \succ T_{13} \succ T_{11} \succ T_{10}$	0.477
式（2.9）			（0.192，0.176，0.191，0.191，0.262，0.667，0.309，0.340，0.240，0.459，0.701，0.447，0.406，0.210，0.287，0.376）	$T_2 \succ T_4 \sim T_3 \succ T_1 \succ T_{14} \succ T_9 \succ T_5 \succ T_{15} \succ T_7 \succ T_8 \succ T_{16} \succ T_{13} \succ T_{12} \succ T_{10} \succ T_6 \succ T_{11}$	0.525

由表 2.10 可以看出，在相同的目标威胁因子特征值规范化方法和目标威胁因子权重的条件下，不同的目标威胁排序多因子综合评估方法会产生不一样的目标威胁排序评估结果。例如，根据式（2.14）与式（2.19），采用式（2.6）的目标威胁排序多因子综合评估方法时，得到目标 T_j $(j=1,2,\cdots,16)$ 的威胁排序：

$$T_3 \succ T_4 \succ T_2 \sim T_1 \sim T_{16} \succ T_{14} \succ T_9 \succ T_{15} \succ T_5 \succ T_8 \succ T_7 \succ T_{11} \succ T_{13} \succ T_{12} \succ T_6 \succ T_{10}$$

采用式（2.9）的目标威胁排序多因子综合评估方法时，得到目标 T_j $(j=1,2,\cdots,16)$ 的威胁排序：

$$T_3 \succ T_4 \succ T_{16} \succ T_2 \succ T_{14} \succ T_1 \succ T_{15} \succ T_9 \succ T_5 \sim T_7 \succ T_8 \succ T_{11} \succ T_{13} \succ T_6 \succ T_{12} \succ T_{10}$$

类似地，由表 2.11 可知，根据式（2.13）与式（2.17），采用式（2.6）的目标威胁排序多因子综合评估方法时，得到目标 T_j $(j=1,2,\cdots,16)$ 的威胁排序：

$$T_3 \succ T_4 \succ T_2 \succ T_9 \succ T_1 \succ T_{15} \succ T_5 \succ T_{14} \succ T_{16} \succ T_8 \succ T_{12} \succ T_7 \succ T_{13} \succ T_{11} \succ T_6 \succ T_{10}$$

采用式（2.9）的目标威胁排序多因子综合评估方法时，得到目标 T_j $(j=1,2,\cdots,16)$ 的威胁排序：

$$T_1 \succ T_2 \succ T_3 \succ T_4 \succ T_{14} \succ T_9 \succ T_5 \succ T_{15} \succ T_{16} \succ T_7 \succ T_8 \succ T_{13} \succ T_{12} \succ T_{10} \succ T_6 \succ T_{11}$$

综合表 2.10 和表 2.11，可归纳、得到结论 2.4。

结论 2.4　目标威胁排序评估结果关于目标威胁排序多因子综合评估方法是不稳定（或灵敏）的。

从结论 2.4 中可以获得这样的启示，目标威胁排序多因子综合评估方法的选取既应使得各被评估目标的整体威胁差异 $\varDelta$ 尽可能地大，又应考虑目标威胁评估的目的。若要强调被评估目标的整体威胁效应，突出目标威胁因子之间的协调、均衡作用，则可采用式（2.9）的非线性形式的目标威胁排序多因子综合评估模型；若要强调被评估目标的局部威胁效应，突出目标威胁因子之间的互补性（即由某个目标威胁因子特征值或权重 ω_i 较小而造成的“损失”可由某个或几个取值较大的目标威胁因子特征值或权重 ω_k 给予“补偿”），则可采用式（2.6）的线性形式的目标威胁排序多因子综合评估模型。

由结论 2.1～结论 2.4 可知，对于 2.2.6 节的目标威胁排序评估问题，若采用式（2.6）的目标威胁排序多因子综合评估模型，即目标威胁排序多因子线性加权综合评估方法，则比较合理的目标威胁排序多因子综合评估结果是

$$T_3 \succ T_4 \succ T_2 \succ T_9 \succ T_1 \succ T_{15} \succ T_{14} \succ T_{16} \succ T_5 \succ T_{12} \succ T_8 \succ T_7 \succ T_{13} \succ T_{11} \succ T_6 \succ T_{10}$$

其整体威胁差异 $\varDelta = 0.576$；若采用式（2.9）的目标威胁排序多因子综合评估模型，即目标威胁排序多因子 TOPSIS 综合评估方法，则比较合理的目标威胁排序多因子综合评估结果是

$$T_3 \succ T_4 \succ T_{16} \succ T_2 \succ T_{14} \succ T_1 \succ T_{15} \succ T_9 \succ T_5 \sim T_7 \succ T_8 \succ T_{11} \succ T_{13} \succ T_6 \succ T_{12} \succ T_{10}$$

其整体威胁差异 $\varDelta = 0.628$。

2.3 目标威胁排序多因子综合评估结果关于目标威胁因子权重的稳定性

2.3.1 目标威胁排序多因子综合评估结果关于目标威胁因子权重的稳定性理论分析

由式（2.6）即目标威胁排序多因子线性加权综合评估方法，可计算得到目标威胁综合值 $V_j^L\ (j=1,2,\cdots,n)$ 关于目标威胁因子权重 $\omega_i\ (i=1,2,\cdots,m)$ 的偏导数为

$$\frac{\partial V_j^L}{\partial \omega_i}=r_{ij}\quad (i=1,2,\cdots,m;j=1,2,\cdots,n)$$

显然，若 $r_{ij}\in[0,1]\ (i=1,2,\cdots,m;j=1,2,\cdots,n)$，则 V_j^L 是 ω_i 的单调不减函数。换句话说，目标威胁因子 f_i 越重要即权重 $\omega_i\ (i=1,2,\cdots,m)$ 越大，其对目标 $T_j\ (j=1,2,\cdots,n)$ 的威胁综合值 V_j^L 的贡献也越大，且按线性关系增加。

类似地，由式（2.9）即目标威胁排序多因子 TOPSIS 综合评估方法，可计算得到目标威胁相对接近度 $V_j^N\ (j=1,2,\cdots,n)$ 关于目标威胁因子权重 $\omega_i\ (i=1,2,\cdots,m)$ 的偏导数为

$$\frac{\partial V_j^N}{\partial \omega_i}=\frac{\omega_i[(r_{ij}-r_i^-)^2(D_j^+)^2-(r_{ij}-r_i^+)^2(D_j^-)^2]}{(D_j^++D_j^-)^2D_j^+D_j^-}\quad (i=1,2,\cdots,m;j=1,2,\cdots,n)$$

当 $(r_{ij}-r_i^-)^2(D_j^+)^2>(r_{ij}-r_i^+)^2(D_j^-)^2$，即

$$\frac{(r_{ij}-r_i^-)^2}{\sum_{i=1}^m[\omega_i(r_{ij}-r_i^-)]^2}>\frac{(r_{ij}-r_i^+)^2}{\sum_{i=1}^m[\omega_i(r_{ij}-r_i^+)]^2}$$

时，有

$$\frac{\partial V_j^N}{\partial \omega_i}>0$$

则 V_j^N 是 ω_i 的单调增加函数。这表示目标威胁因子 $f_i\ (i=1,2,\cdots,m)$ 越重要即权重 ω_i 越大，其对目标 $T_j\ (j=1,2,\cdots,n)$ 的威胁相对接近度 V_j^N 的贡献也越大。

当 $(r_{ij}-r_i^-)^2(D_j^+)^2<(r_{ij}-r_i^+)^2(D_j^-)^2$，即

$$\frac{(r_{ij}-r_i^-)^2}{\sum_{i=1}^m[\omega_i(r_{ij}-r_i^-)]^2}<\frac{(r_{ij}-r_i^+)^2}{\sum_{i=1}^m[\omega_i(r_{ij}-r_i^+)]^2}$$

时，有

$$\frac{\partial V_j^N}{\partial \omega_i} < 0$$

则 V_j^N 是 ω_i 的单调减少函数。这表示目标威胁因子 f_i $(i=1,2,\cdots,m)$ 越重要即权重 ω_i 越大，其对目标 T_j $(j=1,2,\cdots,n)$ 的威胁相对接近度 V_j^N 的贡献则越小。

当 $(r_{ij}-r_i^-)^2(D_j^+)^2=(r_{ij}-r_i^+)^2(D_j^-)^2$，即

$$\frac{[\omega_i(r_{ij}-r_i^-)]^2}{\sum_{i=1}^{m}[\omega_i(r_{ij}-r_i^-)]^2}=\frac{[\omega_i(r_{ij}-r_i^+)]^2}{\sum_{i=1}^{m}[\omega_i(r_{ij}-r_i^+)]^2}$$

时，上式左边表示目标 T_j $(j=1,2,\cdots,n)$ 与最小威胁目标 T^- 关于目标威胁因子 f_i 的差异程度（用欧氏距离平方度量）与关于所有目标威胁因子 f_i $(i=1,2,\cdots,m)$ 的差异程度之和的比，上式右边表示目标 T_j 与最大威胁目标 T^+ 关于目标威胁因子 f_i 的差异程度与关于所有目标威胁因子 f_i $(i=1,2,\cdots,m)$ 的差异程度之和的比。因此，上式表示 V_j^N 是 ω_i 的单调增加与单调减少函数的分界面。

2.3.2　目标威胁排序多因子综合评估结果关于目标威胁因子权重的稳定性实证分析

例 2.11　考虑例 1.3 给定的一个防空群中的目标威胁排序评估问题。已探测到的敌方空袭目标各目标威胁因子参数值如表 1.1 所示。利用式（1.16）和式（1.17），可得到敌方空袭目标的各规范化目标威胁因子特征值，如表 1.2 所示。

结合例 1.2 确定的 4 个目标威胁因子 f_i $(i=1,2,3,4)$ 的权重向量 $\boldsymbol{\omega}=(0.28,0.26,0.22,0.24)^{\mathrm{T}}$，利用式（2.6）与表 1.2，可以计算得到目标 T_1、T_2 和 T_3 的威胁综合值分别为

$$\begin{aligned}V_1^L&=0.28\times0.25+0.26\times1+0.22\times1+0.24\times1\\&=0.790\end{aligned}$$

$$\begin{aligned}V_2^L&=0.28\times1+0.26\times0.667+0.22\times0.625+0.24\times0.571\\&=0.728\end{aligned}$$

$$\begin{aligned}V_3^L&=0.28\times0.666+0.26\times0.4+0.22\times0.556+0.24\times0.429\\&=0.516\end{aligned}$$

因此，3 个敌方空袭目标 T_1、T_2 和 T_3 的威胁排序为 $T_1\succ T_2\succ T_3$。

类似地，利用式（2.6）与表 1.2，并结合例 1.3 计算得到的 4 个目标威胁因子的权重向量 $\boldsymbol{\omega}=(0.438,0.224,0.118,0.220)^{\mathrm{T}}$，可以计算得到目标 T_1、T_2 和 T_3 的威胁综合值分别为

$$V_1^L = 0.438\times 0.25 + 0.224\times 1 + 0.118\times 1 + 0.220\times 1 = 0.672$$

$$V_2^L = 0.438\times 1 + 0.224\times 0.667 + 0.118\times 0.625 + 0.220\times 0.571 = 0.787$$

$$V_3^L = 0.438\times 0.666 + 0.224\times 0.4 + 0.118\times 0.556 + 0.220\times 0.429 = 0.541$$

因此，3 个敌方空袭目标 T_1 、T_2 和 T_3 的威胁排序变化成 $T_2 \succ T_1 \succ T_3$ 。

从上面两种目标威胁因子权重向量的计算结果可以看出，3 个敌方空袭目标 T_1 、T_2 和 T_3 的威胁排序评估结果也发生变化。

例 2.12　用目标威胁排序多因子 TOPSIS 综合评估方法即式(2.9)计算例 2.11 的目标威胁大小排序，其中规范化目标威胁因子特征值、目标威胁因子权重向量分别由例 2.11 给定。

结合例 1.2 确定的 4 个目标威胁因子 f_i $(i=1,2,3,4)$ 的权重向量 $\boldsymbol{\omega}=(0.28,0.26,0.22,0.24)^{\mathrm{T}}$，利用式(2.9)与表 1.2，可以计算得到目标 T_1 与最大威胁目标 T^+、最小威胁目标 T^- 的欧氏距离分别为

$$D_1^+ = \sqrt{[0.28\times(0.25-1)]^2 + [0.26\times(1-1)]^2 + [0.22\times(1-1)]^2 + [0.24\times(1-1)]^2} = 0.210$$

$$D_1^- = \sqrt{[0.28\times(0.25-0.25)]^2 + [0.26\times(1-0.4)]^2 + [0.22\times(1-0.556)]^2 + [0.24\times(1-0.429)]^2} = 0.229$$

因此，目标 T_1 与最大威胁目标 T^+ 的相对接近度为

$$V_1^N = \frac{0.229}{0.210+0.229} = 0.522$$

类似地，可以计算得到目标 T_2 、T_3 与最大威胁目标 T^+ 的相对接近度分别为 $V_2^N = 0.587$ 、$V_3^N = 0.320$ 。

因此，3 个敌方空袭目标 T_1 、T_2 和 T_3 的威胁排序为 $T_2 \succ T_1 \succ T_3$ 。

同样，利用式（2.9）与表 1.2，并结合例 1.3 计算得到的目标威胁因子权重向量 $\boldsymbol{\omega}=(0.438,0.224,0.118,0.220)^{\mathrm{T}}$ ，可以计算得到目标 T_1 与最大威胁目标 T^+ 、最小威胁目标 T^- 的欧氏距离分别为

$$D_1^+ = \sqrt{[0.438\times(0.25-1)]^2 + [0.224\times(1-1)]^2 + [0.118\times(1-1)]^2 + [0.220\times(1-1)]^2} = 0.329$$

$$D_1^- = \sqrt{[0.438\times(0.25-0.25)]^2 + [0.224\times(1-0.4)]^2 + [0.118\times(1-0.556)]^2 + [0.220\times(1-0.429)]^2} = 0.191$$

因此，目标 T_1 与最大威胁目标 T^+ 的相对接近度为

$$V_1^N = \frac{0.191}{0.329+0.191} = 0.368$$

类似地，可以计算得到目标 T_2 、 T_3 与最大威胁目标 T^+ 的相对接近度分别为 $V_2^N = 0.724$ 、 $V_3^N = 0.431$ 。

因此，可得 3 个敌方空袭目标 T_1 、 T_2 和 T_3 的威胁排序为 $T_2 \succ T_3 \succ T_1$ 。

例 2.13　用目标威胁排序多因子 VIKOR 综合评估方法(即式(2.10)～式(2.12))计算例 1.3 的 3 个目标威胁大小排序，其中规范化目标威胁因子特征值由表 2.9 给定，目标威胁因子权重向量由例 1.3 给定，即 $\boldsymbol{\omega} = (0.438, 0.224, 0.118, 0.220)^{\mathrm{T}}$ 。

(1) 确定最大威胁目标和最小威胁目标。

根据目标威胁排序多因子 VIKOR 综合评估方法，结合表 2.9，可以得到最大威胁目标 T^+ 和最小威胁目标 T^- 的规范化目标威胁因子 f_1 特征值分别为

$$r_1^+ = \max\{r_{11}, r_{12}, r_{13}\} = \max\{0, 1, 0.833\} = 1$$

$$r_1^- = \min\{r_{11}, r_{12}, r_{13}\} = \min\{0, 1, 0.833\} = 0$$

类似地，可计算得到最大威胁目标 T^+ 和最小威胁目标 T^- 的其他 3 个规范化目标威胁因子特征值分别为 $r_2^+ = 1$ 、 $r_2^- = 0$ 、 $r_3^+ = 1$ 、 $r_3^- = 0$ 、 $r_4^+ = 1$ 、 $r_4^- = 0$ 。

(2) 计算目标威胁相对贴近度与折中贴近度。

利用式 (2.10) 与式 (2.11)，并结合表 2.9 和例 1.3 的目标威胁因子权重向量 $\boldsymbol{\omega} = (0.438, 0.224, 0.118, 0.220)^{\mathrm{T}}$ ，这里选取距离参数 p=2 ，可以计算得到目标 $T_j\ (j = 1, 2, 3)$ 的威胁相对贴近度 S_j 和 R_j 分别为

$$\begin{aligned} S_1 &= \left(0.438 \times \frac{0-0}{1-0}\right)^2 + \left(0.224 \times \frac{1-0}{1-0}\right)^2 + \left(0.118 \times \frac{1-0}{1-0}\right)^2 + \left(0.220 \times \frac{1-0}{1-0}\right)^2 \\ &= 0 + 0.050 + 0.014 + 0.048 \\ &= 0.112 \end{aligned}$$

$$\begin{aligned} R_1 &= \max\left\{\left(0.438 \times \frac{0-0}{1-0}\right)^2, \left(0.224 \times \frac{1-0}{1-0}\right)^2, \left(0.118 \times \frac{1-0}{1-0}\right)^2, \left(0.220 \times \frac{1-0}{1-0}\right)^2\right\} \\ &= \max\{0, 0.050, 0.014, 0.048\} \\ &= 0.050 \end{aligned}$$

$$\begin{aligned} S_2 &= \left(0.438 \times \frac{1-0}{1-0}\right)^2 + \left(0.224 \times \frac{0.667-0}{1-0}\right)^2 + \left(0.118 \times \frac{0.25-0}{1-0}\right)^2 + \left(0.220 \times \frac{0.25-0}{1-0}\right)^2 \\ &= 0.192 + 0.022 + 0.001 + 0.003 \\ &= 0.218 \end{aligned}$$

$$\begin{aligned} R_2 &= \max\left\{\left(0.438 \times \frac{1-0}{1-0}\right)^2, \left(0.224 \times \frac{0.667-0}{1-0}\right)^2, \left(0.118 \times \frac{0.25-0}{1-0}\right)^2, \left(0.220 \times \frac{0.25-0}{1-0}\right)^2\right\} \\ &= \max\{0.192, 0.022, 0.001, 0.003\} \\ &= 0.192 \end{aligned}$$

$$S_3=\left(0.438\times\frac{0.833-0}{1-0}\right)^2+\left(0.224\times\frac{0-0}{1-0}\right)^2+\left(0.118\times\frac{0-0}{1-0}\right)^2+\left(0.220\times\frac{0-0}{1-0}\right)^2$$
$$=0.133+0+0+0$$
$$=0.133$$

$$R_3=\max\left\{\left(0.438\times\frac{0.833-0}{1-0}\right)^2,\left(0.224\times\frac{0-0}{1-0}\right)^2,\left(0.118\times\frac{0-0}{1-0}\right)^2,\left(0.220\times\frac{0-0}{1-0}\right)^2\right\}$$
$$=\max\{0.133,0,0,0\}$$
$$=0.133$$

容易得到

$$S^+=\max\{S_1,S_2,S_3\}=\max\{0.112,0.218,0.133\}=0.218$$
$$S^-=\min\{S_1,S_2,S_3\}=\min\{0.112,0.218,0.133\}=0.112$$
$$R^+=\max\{R_1,R_2,R_3\}=\max\{0.050,0.192,0.133\}=0.192$$
$$R^-=\min\{R_1,R_2,R_3\}=\min\{0.050,0.192,0.133\}=0.050$$

选取决策机制系数 $\lambda=0.5$，利用式（2.12），可计算得到目标 T_j $(j=1,2,3)$ 的威胁折中贴近度 Q_j 分别为

$$Q_1=0.5\times\frac{0.112-0.112}{0.218-0.112}+0.5\times\frac{0.050-0.050}{0.192-0.050}$$
$$=0$$
$$Q_2=0.5\times\frac{0.218-0.112}{0.218-0.112}+0.5\times\frac{0.192-0.050}{0.192-0.050}$$
$$=1.0$$
$$Q_3=0.5\times\frac{0.133-0.112}{0.218-0.112}+0.5\times\frac{0.133-0.050}{0.192-0.050}$$
$$=0.783$$

（3）对目标威胁相对贴近度与折中贴近度排序。

对所有 3 个目标 T_j $(j=1,2,3)$ 对应的威胁相对贴近度 S_j、R_j 和目标威胁折中贴近度 Q_j 按照从大到小的顺序分别进行排序，可以得到 3 个单调不增排序序列分别如下：

$$S_2>S_3>S_1$$
$$R_2>R_3>R_1$$
$$Q_2>Q_3>Q_1$$

（4）确定所有目标威胁大小排序。

由于只评估 3 个目标（即例 1.3 或例 2.9），即 $n=3$，可得

$$Q_2-Q_3=1.0-0.783=0.217<\bar{Q}_3=0.5$$

因此，目标威胁折中贴近度 Q_j $(j=1,2,3)$ 的单调不增排序序列不满足目标威胁排

序多因子 VIKOR 综合评估方法的条件（1）。

容易看到，在目标威胁折中贴近度 $Q_j\ (j=1,2,3)$ 的单调不增排序序列中，有

$$Q_2 - Q_1 = 1.0 - 0 = 1.0 \geqslant \bar{Q}_3 = 0.5$$

因此，目标 T_2 和 T_3 都是威胁程度最大的目标，即目标 T_2 和 T_3 并列第一。此外，可以得到

$$Q_3 - Q_1 = 0.783 - 0 = 0.783 \geqslant \bar{Q}_3 = 0.5$$

因此，按照目标威胁排序多因子 VIKOR 综合评估方法，可得到 3 个目标威胁大小排序是

$$T_2 \sim T_3 \succ T_1$$

显然，从例 2.13 与例 2.9 的目标威胁排序评估结果可以看到，在例 1.3 给定的目标威胁因子权重向量 $\boldsymbol{\omega}=(0.438,0.224,0.118,0.220)^{\mathrm{T}}$ 条件下，利用目标威胁排序多因子 VIKOR 综合评估方法计算得到的 3 个目标威胁排序不同于例 2.9 给定的目标威胁因子权重向量 $\boldsymbol{\omega}=(0.28,0.26,0.22,0.24)^{\mathrm{T}}$ 条件下得到的 3 个目标威胁排序。换句话说，目标威胁因子权重对目标威胁排序多因子综合评估方法产生的目标威胁排序评估结果是有影响的。

进一步地，从例 2.11 的目标威胁排序评估结果中可以看到，在例 1.2 给定的目标威胁因子权重向量 $\boldsymbol{\omega}=(0.28,0.26,0.22,0.24)^{\mathrm{T}}$ 条件下，利用式（2.6）即目标威胁排序多因子线性加权综合评估方法计算得到目标 T_1 的威胁综合值 $V_1^L=0.790$ 比目标 T_2 、T_3 的威胁综合值 $V_2^L=0.728$ 、$V_3^L=0.516$ 都大，尤其目标 T_1 的威胁综合值比目标 T_3 的威胁综合值大得多。目标 T_1 虽然是巡航导弹，但其到达被保卫要地的时间为 8min，而 T_2（轰炸机）、T_3（歼击轰炸机）到达被保卫要地的时间分别为 2min、3min，已近在眼前。在实际作战指挥中，通常会优先抗击已临近被保卫要地的目标；对于多通道武器系统，若弹药数量足够，则可以转移火力对其他目标实施拦截。因此，按常理说，目标 T_2 和 T_3 的威胁比 T_1 大。另外，若在例 1.3 给定的目标威胁因子权重向量 $\boldsymbol{\omega}=(0.438,0.224,0.118,0.220)^{\mathrm{T}}$ 条件下，仍然利用式（2.6），可计算得到目标 T_1 的威胁综合值 $V_1^L=0.672$ 比目标 T_2 的威胁综合值 $V_2^L=0.787$ 小（目标 T_1 的威胁综合值仍然比目标 T_3 的威胁综合值大，但差距变小）。对例 2.12 和例 2.13 做同样分析，可以看到，在目标威胁因子权重向量 $\boldsymbol{\omega}=(0.438,0.224,0.118,0.220)^{\mathrm{T}}$ 条件下，利用目标威胁排序多因子 TOPSIS 综合评估方法（即式（2.9））和目标威胁排序多因子 VIKOR 综合评估方法（即式（2.10）～式（2.12）），计算得到目标 T_1 的威胁程度比目标 T_2 、T_3 的威胁程度都小，而且目标 T_1 是 3 个目标威胁排序中最后一位。造成上述不合理结果的原因在于：利用式（2.6）、式（2.9）、式（2.10）～式（2.12）等进行加权集结计算目标的威胁综合值时，始终把各目标威胁因子的权重看作固定不变的，即常权。不过，一

般地，无论目标威胁因子参数或特征值（或规范化目标威胁因子特征值）如何变化，通过评估确定的目标威胁排序应该在直觉上是合理的。为此，有必要研究目标威胁排序多因子变权综合评估方法以改善由常权综合评估造成在实际的目标威胁排序评估问题中出现不合理结果的现象，即“状态失衡”问题。

2.4 目标威胁排序多因子变权综合评估模型与方法

2.4.1 目标威胁因子变权原理

汪培庄于 1985 提出了变权思想和一组变权经验公式，并与李洪兴等进一步探讨了变权综合评价的有关性质[137, 138]。下面结合目标威胁排序多因子综合评估问题，探讨目标威胁排序多因子变权综合评估的一些概念、性质和模型。

定义 2.1 如果映射向量

$$\boldsymbol{\xi}:[0,1]^m \to [0,1]^m$$

$$\boldsymbol{r}_j = (r_{1j}, r_{2j}, \cdots, r_{mj})^{\mathrm{T}} \mapsto \boldsymbol{\xi}(\boldsymbol{r}_j) = (\xi_1(\boldsymbol{r}_j), \xi_2(\boldsymbol{r}_j), \cdots, \xi_m(\boldsymbol{r}_j))^{\mathrm{T}}$$

满足下面三个条件：

（1）归一化，对任意的规范化目标威胁因子特征向量值 $\boldsymbol{r}_j$ $(j=1,2,\cdots,n)$，向量 $\boldsymbol{\xi}(\boldsymbol{r}_j)$ 满足 $\sum_{i=1}^{m}\xi_i(\boldsymbol{r}_j)=1$；

（2）连续性，$\boldsymbol{\xi}(\boldsymbol{r}_j)$ 是关于 $\boldsymbol{r}_j$ 中每个分量 r_{ij} $(i=1,2,\cdots,m)$ 的连续向量函数；

（3）惩罚性，$\boldsymbol{\xi}(\boldsymbol{r}_j)$ 是关于 $\boldsymbol{r}_j$ 中每个分量 r_{ij} $(i=1,2,\cdots,m)$ 的单调不增向量函数，则称 $\boldsymbol{\xi}(\boldsymbol{r}_j)$ 为惩罚型目标威胁因子变权向量。

从定义 2.1 中可以看到，条件（2）要求始终满足一种单调不增性质，使得目标威胁因子变权向量具有一种惩罚作用。这就是把这样的目标威胁因子变权向量称为惩罚型目标威胁因子变权向量的原因。

类似地，我们也可以定义如下激励型目标威胁因子变权向量。

定义 2.2 如果映射向量

$$\boldsymbol{\xi}:[0,1]^m \to [0,1]^m$$

$$\boldsymbol{r}_j = (r_{1j}, r_{2j}, \cdots, r_{mj})^{\mathrm{T}} \mapsto \boldsymbol{\xi}(\boldsymbol{r}_j) = (\xi_1(\boldsymbol{r}_j), \xi_2(\boldsymbol{r}_j), \cdots, \xi_m(\boldsymbol{r}_j))^{\mathrm{T}}$$

满足下面三个条件：

（1）归一化，对任意的规范化目标威胁因子特征向量值 $\boldsymbol{r}_j$ $(j=1,2,\cdots,n)$，向量 $\boldsymbol{\xi}(\boldsymbol{r}_j)$ 且满足 $\sum_{i=1}^{m}\xi_i(\boldsymbol{r}_j)=1$；

（2）连续性，$\boldsymbol{\xi}(\boldsymbol{r}_j)$ 是关于 $\boldsymbol{r}_j$ 中每个分量 r_{ij} $(i=1,2,\cdots,m)$ 的连续向量函数；

（3）激励性，$\boldsymbol{\xi}(\boldsymbol{r}_j)$ 是关于 $\boldsymbol{r}_j$ 中每个分量 r_{ij} $(i=1,2,\cdots,m)$ 的单调不减向量函数，则称 $\boldsymbol{\xi}(\boldsymbol{r}_j)$ 为激励型目标威胁因子变权向量。

从定义 2.1 与定义 2.2 中可以看出，上述两种目标威胁因子变权向量的要求都比较严格：要么满足单调不减性质，要么满足单调不增性质。因此，我们放宽这种要求，可以定义如下混合型目标威胁因子变权向量。

定义 2.3　如果映射向量

$$\xi:[0,1]^m \to [0,1]^m$$

$$\boldsymbol{r}_j=(r_{1j},r_{2j},\cdots,r_{mj})^{\mathrm{T}} \mapsto \boldsymbol{\xi}(\boldsymbol{r}_j)=(\xi_1(\boldsymbol{r}_j),\xi_2(\boldsymbol{r}_j),\cdots,\xi_m(\boldsymbol{r}_j))^{\mathrm{T}}$$

满足下面三个条件：

（1）归一化，对任意的规范化目标威胁因子特征向量值 $\boldsymbol{r}_j$ $(j=1,2,\cdots,n)$，向量 $\boldsymbol{\xi}(\boldsymbol{r}_j)$ 满足 $\sum\limits_{i=1}^{m}\xi_i(\boldsymbol{r}_j)=1$；

（2）连续性，$\boldsymbol{\xi}(\boldsymbol{r}_j)$ 是关于 $\boldsymbol{r}_j$ 中每个分量 r_{ij} $(i=1,2,\cdots,m)$ 的连续向量函数；

（3）混合型，$\boldsymbol{\xi}(\boldsymbol{r}_j)$ 是关于 $\boldsymbol{r}_j$ 中 p 个分量 r_{ij} 的单调不增（或减）向量函数，而关于其余 $m-p$ 个分量的单调不减（或增）向量函数，其中，$0 \leqslant p \leqslant m$，则称 $\boldsymbol{\xi}(\boldsymbol{r}_j)$ 为混合型目标威胁因子变权向量。

在目标威胁排序多因子（常权）综合评估模型即式（2.5）的具体表达式如式（2.6）、式（2.9）、式（2.10）～式（2.12）基本上仅考虑各目标威胁因子在目标威胁排序多因子综合评估中的相对重要性，忽略了各目标威胁因子特征值（或规范化目标威胁因子特征值）的具体状态，即目标威胁因子的权重是与各目标威胁因子特征值的具体状态无关的常数。这种假定在很多目标威胁排序多因子综合评估问题中是合理的，并得到较广泛的应用。然而，正如 2.3.2 节提出的一样，这种假定在一些目标威胁排序多因子综合评估问题中不是很合理。为此，需要考虑目标威胁排序多因子变权综合评估问题。

记

$$\boldsymbol{\rho}(\boldsymbol{r}_j)=(\rho_1(\boldsymbol{r}_j),\rho_2(\boldsymbol{r}_j),\cdots,\rho_m(\boldsymbol{r}_j))^{\mathrm{T}}$$

并将目标威胁因子常权向量 $\boldsymbol{\omega}=(\omega_1,\omega_2,\cdots,\omega_m)^{\mathrm{T}}$ 与向量 $\boldsymbol{\rho}(\boldsymbol{r}_j)$ 的哈达玛（Hadamard）乘积（归一化）定义为向量 $\boldsymbol{\eta}(\boldsymbol{r}_j)=(\eta_1(\boldsymbol{r}_j),\eta_2(\boldsymbol{r}_j),\cdots,\eta_m(\boldsymbol{r}_j))^{\mathrm{T}}$，即

$$\boldsymbol{\eta}(\boldsymbol{r}_j)=\frac{\boldsymbol{\omega}\otimes\boldsymbol{\rho}(\boldsymbol{r}_j)}{\sum\limits_{i=1}^{m}\omega_i\rho_i(\boldsymbol{r}_j)}=\left(\frac{\omega_1\rho_1(\boldsymbol{r}_j)}{\sum\limits_{i=1}^{m}\omega_i\rho_i(\boldsymbol{r}_j)},\frac{\omega_2\rho_2(\boldsymbol{r}_j)}{\sum\limits_{i=1}^{m}\omega_i\rho_i(\boldsymbol{r}_j)},\cdots,\frac{\omega_m\rho_m(\boldsymbol{r}_j)}{\sum\limits_{i=1}^{m}\omega_i\rho_i(\boldsymbol{r}_j)}\right)^{\mathrm{T}} \tag{2.36}$$

其中，符号“⊗”表示 2 个向量的 Hadamard 乘法。

定义 2.4　如果映射向量

$$\boldsymbol{\rho}:[0,1]^m \to [0,1]^m$$

$$\boldsymbol{r}_j=(r_{1j},r_{2j},\cdots,r_{mj})^{\mathrm{T}}\in[0,1]^m \mapsto \boldsymbol{\rho}(\boldsymbol{r}_j)=(\rho_1(\boldsymbol{r}_j),\rho_2(\boldsymbol{r}_j),\cdots,\rho_m(\boldsymbol{r}_j))^{\mathrm{T}}\in[0,1]^m$$

满足下面两个条件：

（1）$\boldsymbol{\rho}(\boldsymbol{r}_j)$ 是关于规范化目标威胁因子特征值向量 $\boldsymbol{r}_j$ 中每个分量 r_{ij} $(i=1,2,\cdots,m)$ 的连续向量函数；

（2）对任意目标威胁因子常权向量 $\boldsymbol{\omega}=(\omega_1,\omega_2,\cdots,\omega_m)^{\mathrm{T}}$，向量 $\boldsymbol{\rho}(\boldsymbol{r}_j)$ 满足定义 2.1（或定义 2.2、定义 2.3）的条件，则称 $\boldsymbol{\rho}(\boldsymbol{r}_j)$ 为目标威胁因子状态变权向量。

显然，目标威胁因子状态变权向量 $\boldsymbol{\rho}(\boldsymbol{r}_j)$ 会随着规范化目标威胁因子特征值向量 $\boldsymbol{r}_j$（即状态）的不同而变化。

由式（2.36）易知，$\boldsymbol{\eta}(\boldsymbol{r}_j)$ 满足定义 2.1（或定义 2.2、定义 2.3），因此 $\boldsymbol{\eta}(\boldsymbol{r}_j)$ 是目标威胁因子变权向量。

若令

$$\boldsymbol{\rho}(\boldsymbol{r}_j)=(1,1,\cdots,1)^{\mathrm{T}}$$

即 $\rho_i(\boldsymbol{r}_j)=1\,(i=1,2,\cdots,m)$，则 $\boldsymbol{\rho}(\boldsymbol{r}_j)$ 显然满足定义 2.4，从而 $\boldsymbol{\rho}(\boldsymbol{r}_j)$ 是目标威胁因子状态变权向量，并且由式（2.36）可得

$$\boldsymbol{\eta}(\boldsymbol{r}_j)=\boldsymbol{\omega}$$

即 $\eta_i(\boldsymbol{r}_j)=\omega_i$ $(i=1,2,\cdots,m)$。因此，目标威胁因子常权可看作目标威胁因子变权的特殊情况。

根据汪培庄[136]的相关研究结果，我们可以推得，目标威胁因子状态变权向量 $\boldsymbol{\rho}(\boldsymbol{r}_j)$ $(j=1,2,\cdots,n)$ 是某个 m 元均衡函数 $H(\boldsymbol{r}_j)$ 的梯度向量，即

$$\boldsymbol{\rho}(\boldsymbol{r}_j)=\nabla_{\boldsymbol{r}_j}H(\boldsymbol{r}_j)=\left(\frac{\partial H(\boldsymbol{r}_j)}{\partial r_{1j}},\frac{\partial H(\boldsymbol{r}_j)}{\partial r_{2j}},\cdots,\frac{\partial H(\boldsymbol{r}_j)}{\partial r_{mj}}\right)^{\mathrm{T}} \tag{2.37}$$

由式（2.36）和式（2.37）可见，确定目标威胁因子变权向量 $\boldsymbol{\eta}(\boldsymbol{r}_j)$ $(j=1,2,\cdots,n)$ 转化为选取某个合适的均衡函数 $H(\boldsymbol{r}_j)$。一般地，无法给出均衡函数的通用表达式，需要根据实际问题的特点进行构造，将在 2.4.3 节中结合实例进行阐述。

2.4.2　目标威胁排序多因子变权综合评估模型

本节结合 2.2.1～2.2.3 节和 2.4.1 节，着重提出三种重要的目标威胁排序多因子变权综合评估模型与方法。

针对前面叙述的目标威胁排序评估问题，在确定目标威胁因子变权向量

$\boldsymbol{\eta}(\boldsymbol{r}_j)$ $(j=1,2,\cdots,n)$ 之后，类似于式（2.5），可以计算得到目标 T_j $(j=1,2,\cdots,n)$ 的威胁变权综合值：

$$V_j=\phi(\boldsymbol{\eta}(\boldsymbol{r}_j),\boldsymbol{r}_j)\quad (j=1,2,\cdots,n) \tag{2.38}$$

1. 目标威胁排序多因子线性变权加权综合评估方法

类似于 2.2.1 节的目标威胁排序多因子线性（常权）加权综合评估方法，结合式（2.36），根据式（2.38）（具体表达式即式（2.6）），可以得到目标威胁排序多因子线性变权加权综合评估模型，即目标 T_j $(j=1,2,\cdots,n)$ 的威胁变权综合值为

$$V_j^L=\frac{\sum_{i=1}^{m}\omega_i\rho_i(\boldsymbol{r}_j)r_{ij}}{\sum_{i=1}^{m}\omega_i\rho_i(\boldsymbol{r}_j)}\quad (j=1,2,\cdots,n) \tag{2.39}$$

2. 目标威胁排序多因子变权 TOPSIS 综合评估方法

类似于 2.2.2 节的目标威胁排序多因子（常权）TOPSIS 综合评估方法，结合式（2.36），根据式（2.38）（具体表达式即式（2.9）），可以得到目标威胁排序多因子变权 TOPSIS 综合评估模型，即目标 T_j $(j=1,2,\cdots,n)$ 与最大威胁目标 T^+ 的变权相对接近度为

$$V_j^N=\frac{\sqrt{\sum_{i=1}^{m}[\omega_i\rho_i(\boldsymbol{r}_j)(r_{ij}-r_i^-)]^2}}{\sqrt{\sum_{i=1}^{m}[\omega_i\rho_i(\boldsymbol{r}_j)(r_{ij}-r_i^+)]^2}+\sqrt{\sum_{i=1}^{m}[\omega_i\rho_i(\boldsymbol{r}_j)(r_{ij}-r_i^-)]^2}}\quad (j=1,2,\cdots,n) \tag{2.40}$$

其中，r_i^+ 与 r_i^- 是最大威胁目标 T^+、最小威胁目标 T^- 的目标威胁因子 f_i $(i=1,2,\cdots,m)$ 的规范化目标威胁因子特征值，即

$$\begin{cases} r_i^+=\max\limits_{1\leqslant j\leqslant n}\{r_{ij}\} \\ r_i^-=\min\limits_{1\leqslant j\leqslant n}\{r_{ij}\} \end{cases}\quad (i=1,2,\cdots,m)$$

3. 目标威胁排序多因子变权 VIKOR 综合评估方法

类似于 2.2.3 节的目标威胁排序多因子（常权）VIKOR 综合评估方法，结合式（2.36），根据式（2.38）（具体表达式即式（2.10）～式（2.12）），可以得到目标威胁排序多因子变权 VIKOR 综合评估模型，即类似于式（2.10）与式（2.11），分别计算目标 T_j $(j=1,2,\cdots,n)$ 对最大威胁目标 T^+、最小威胁目标 T^- 的威胁变权相对贴近度 S_j 和 R_j 为

$$S_j=\frac{\sum_{i=1}^{m}\left(\omega_i\rho_i(\boldsymbol{r}_j)\frac{r_{ij}-r_i^-}{r_i^+-r_i^-}\right)^p}{\left(\sum_{i=1}^{m}\omega_i\rho_i(\boldsymbol{r}_j)\right)^p}\quad (j=1,2,\cdots,n) \tag{2.41}$$

$$R_j=\frac{\max\limits_{1\leqslant i\leqslant m}\left\{\left(\omega_i\rho_i(\boldsymbol{r}_j)\frac{r_{ij}-r_i^-}{r_i^+-r_i^-}\right)^p\right\}}{\left(\sum_{i=1}^{m}\omega_i\rho_i(\boldsymbol{r}_j)\right)^p}\quad (j=1,2,\cdots,n) \tag{2.42}$$

进而，类似于式（2.12），计算目标 $T_j\,(j=1,2,\cdots,n)$ 对 S_j 和 R_j 的威胁变权折中贴近度 Q_j 为

$$Q_j=\lambda\frac{S_j-S^-}{S^+-S^-}+(1-\lambda)\frac{R_j-R^-}{R^+-R^-}\quad (j=1,2,\cdots,n) \tag{2.43}$$

其中，$S^+=\max\limits_{1\leqslant j\leqslant n}\{S_j\}$；$S^-=\min\limits_{1\leqslant j\leqslant n}\{S_j\}$；$R^+=\max\limits_{1\leqslant j\leqslant n}\{R_j\}$；$R^-=\min\limits_{1\leqslant j\leqslant n}\{R_j\}$；$\lambda=[0,1]$ 仍是决策机制系数；$p\geqslant 0$ 仍是距离参数。

2.4.3 目标威胁排序多因子变权综合评估的实证分析

例 2.14 利用目标威胁排序多因子线性变权加权综合评估方法即式（2.39）、目标威胁排序多因子变权 TOPSIS 综合评估方法即式（2.40），分析 2.3.1 节讨论过的目标威胁排序评估问题，其中敌方空袭目标威胁因子参数值已知，如表 1.2 所示。

目标类型 f_4 一旦确定，不会随威胁目标的运动状态变化而改变；目标航路捷径 f_2、目标飞行高度 f_3 与其运动状态有关，但其参数值的变化不会引起目标威胁程度的剧烈变化；只有目标飞临时间 f_1 的变化最能影响目标威胁程度，这是因为当目标飞临时间很短，即目标很接近被保卫要地时，不论其他目标威胁因子特征值如何，其对应的威胁程度应该显著地增大。因此，均衡函数 $H(\boldsymbol{r}_j)\ (j=1,2,3)$ 是一个关于上述 4 个目标威胁因子 $f_i\ (i=1,2,3,4)$ 参数值（或特征值）的函数，其单调性根据上述分析可确定如下：$H(\boldsymbol{r}_j)$ 分别是关于目标航路捷径 f_2、目标飞行高度 f_3、目标类型 f_4 的规范化目标威胁因子特征值 r_{2j}、r_{3j}、r_{4j} 的一阶线性函数，是关于目标飞临时间 f_1 的规范化目标威胁因子特征值 r_{1j} 的非线性单调增加函数，具体形式可构造如下：

$$H(\boldsymbol{r}_j)=(r_{1j}+c\ln r_{1j})+r_{2j}+r_{3j}+r_{4j}\quad (j=1,2,3) \tag{2.44}$$

其中，$c \geqslant 0$ 是均衡系数，可根据实际需要选取，这里取 $c = 0.2$。

由式（2.37）和式（2.44）可以计算得到目标威胁因子状态变权向量为

$$\boldsymbol{\rho}(\boldsymbol{r}_j) = \nabla_{\boldsymbol{r}_j} H(\boldsymbol{r}_j) = \left(1 + \frac{c}{r_{1j}}, 1, 1, 1\right)^{\mathrm{T}} \quad (j = 1, 2, 3) \tag{2.45}$$

结合式（2.36），并注意到权重归一化条件即 $\sum_{i=1}^{4} \omega_i = 1$，可以得到目标威胁因子变权向量为

$$\boldsymbol{\eta}(\boldsymbol{r}_j) = \left(\frac{\omega_1 r_{1j} + \omega_1 c}{r_{1j} + \omega_1 c}, \frac{\omega_2 r_{1j}}{r_{1j} + \omega_1 c}, \frac{\omega_3 r_{1j}}{r_{1j} + \omega_1 c}, \frac{\omega_4 r_{1j}}{r_{1j} + \omega_1 c}\right)^{\mathrm{T}} \quad (j = 1, 2, 3) \tag{2.46}$$

利用表 1.2，并结合例 1.2 计算得到的目标威胁因子权重向量 $\boldsymbol{\omega} = (0.28, 0.26, 0.22, 0.24)^{\mathrm{T}}$，由式（2.46）可以计算得到各批敌方空袭目标 T_j $(j = 1, 2, 3)$ 的威胁因子权重，如表 2.12 所示。

表 2.12　各批敌方空袭目标的威胁因子权重

目标威胁因子	威胁目标		
	T_1	T_2	T_3
目标飞临时间 f_1	0.41	0.32	0.34
目标航路捷径 f_2	0.21	0.24	0.24
目标飞行高度 f_3	0.18	0.21	0.20
目标类型 f_4	0.20	0.23	0.22

利用表 1.2 和表 2.12，由式（2.39）和式（2.40）可以分别计算得到各批敌方空袭目标 T_j $(j = 1, 2, 3)$ 的威胁变权综合值 V_j^L、威胁变权相对接近度 V_j^N 及其威胁排序评估结果等，如表 2.13 所示。

表 2.13　目标威胁排序多因子常权/变权综合评估方法对敌方空袭目标的威胁排序评估结果

目标威胁排序多因子综合评估方法	无量纲化方法	极大化方法	(V_1^L, V_2^L, V_3^L) 或 (V_1^N, V_2^N, V_3^N)	目标威胁排序	$\varDelta$
式（2.6）	式（2.17）	式（2.14）	（0.79，0.728，0.515）	$T_1 \succ T_2 \succ T_3$	0.275
式（2.39）			（0.693，0.742，0.527）	$T_2 \succ T_1 \succ T_3$	0.215
式（2.9）			（0.523，0.586，0.322）	$T_2 \succ T_1 \succ T_3$	0.264
式（2.40）			（0.559，0.629，0.369）	$T_2 \succ T_1 \succ T_3$	0.260

续表

目标威胁排序多因子综合评估方法	无量纲化方法	极大化方法	(V_1^L,V_2^L,V_3^L) 或 (V_1^N,V_2^N,V_3^N)	目标威胁排序	Δ
式（2.6）	式（2.15）	式（2.13）	（0.72，0.568，0.233）	$T_1 \succ T_2 \succ T_3$	0.487
式（2.39）			（0，0.59，0.275）	$T_2 \succ T_3 \succ T_1$	0.590
式（2.9）			（0.599，0.569，0.356）	$T_1 \succ T_2 \succ T_3$	0.243
式（2.40）			（0，0.619，0.414）	$T_2 \succ T_3 \succ T_1$	0.619

利用表 2.9，并结合例 1.2 计算得到的目标威胁因子权重向量 $\boldsymbol{\omega}=(0.28,0.26,0.22,0.24)^{\mathrm{T}}$，由式（2.46）可以计算得到各批敌方空袭目标的威胁因子权重，如表 2.14 所示。

表 2.14　各批敌方空袭目标的威胁因子权重

目标威胁因子	威胁目标		
	T_1	T_2	T_3
目标飞临时间 f_1	1	0.32	0.33
目标航路捷径 f_2	0	0.24	0.24
目标飞行高度 f_3	0	0.21	0.21
目标类型 f_4	0	0.23	0.22

利用表 2.9 和表 2.14，由式（2.39）和式（2.40）可以分别计算得到各批敌方空袭目标 T_j $(j=1,2,3)$ 的威胁变权综合值 V_j^L、威胁变权相对接近度 V_j^N 及其威胁排序评估结果等，如表 2.13 所示。

为了便于比较分析，把常权情况的目标威胁排序多因子综合评估结果也列入表 2.13 中。

分析表 2.13 可得到下面的结论。采用式（2.13）与式（2.15）分别进行目标威胁因子类型极大化、目标威胁因子特征值无量纲化后，采用两种目标威胁排序多因子综合评估方法（即目标威胁排序多因子线性常权（或变权）加权综合评估方法、目标威胁排序多因子常权（或变权）TOPSIS 综合评估方法）得到的目标威胁排序评估结果完全相同：目标威胁因子常权时的目标威胁排序为 $T_1 \succ T_2 \succ T_3$，目标威胁因子变权时的目标威胁排序为 $T_2 \succ T_3 \succ T_1$，这与直观比较相吻合。采用式（2.14）与式（2.17）分别进行目标威胁因子类型极大化、目标威胁因子特征值无量纲化后，采用两种目标威胁排序多因子综合评估方法得到的目标威胁排序评估结果不完全一样：目标威胁因子常权时，采用式（2.6）即目标威胁排序多因子线性常权加权综合评估方法进行评估的目标威胁排序为$T_1 \succ T_2 \succ T_3$，其他三种情况下的目标威胁排序为$T_2 \succ T_1 \succ T_3$。为得到更加一致的目标威胁排序多因子综合评估结果，可再选取其他均衡系数c进行类似计算分析（略），便可从中确定较合理的目标威胁排序多因子综合评估结果。事实上，这个问题的较合理、可信的目标威胁排序结果是$T_2 \succ T_3 \succ T_1$。这与军事专家、指挥员、参谋人员等比较有经验的实战人员的判断完全一致。

类似地，可以使用目标威胁排序多因子变权 VIKOR 综合评估方法即式(2.41)～式（2.43）对例 2.14 的各批敌方空袭目标进行目标威胁排序评估，并可以使用目标威胁排序多因子常权 VIKOR 综合评估方法即式（2.10）～式（2.12）对例 2.14 进行计算与对比分析（略）。

2.5　本章主要研究结论与启示

前面选取了三种常用的目标威胁排序多因子综合评估模型（即目标威胁排序多因子线性加权综合评估方法、目标威胁排序多因子 TOPSIS 综合评估方法、目标威胁排序多因子 VIKOR 综合评估方法）、两种目标威胁因子类型一致化（或趋同化）方法和三种目标威胁因子特征值无量纲化（或归一化）方法，从理论层面和实证分析角度，分析、研究了目标威胁排序多因子综合评估结果关于目标威胁排序多因子综合评估模型、目标威胁因子类型趋同化方式和一致化方法、目标威胁因子特征值无量纲化方法的稳定性问题，并指出在一些目标威胁排序多因子综合评估问题中，目标威胁排序多因子常权综合评估方法会产生不合理的结果，进而提出目标威胁因子变权向量的构造原理与方法，据此建立了三种目标威胁排序多因子变权综合评估模型，即目标威胁排序多因子线性变权加权综合评估模型、目标威胁排序多因子变权 TOPSIS 综合评估模型、目标威胁排序多因子变权 VIKOR 综合评估模型。

本章研究结果显示，目标威胁排序多因子综合评估结果关于目标威胁排序多因子综合评估模型、目标威胁因子类型趋同化方式和一致化方法、目标威胁因子特征值无量纲化方法都是不稳定（或灵敏）的，从而揭示了这种不稳定（或灵敏）性将会产生一种不易被人觉察的“表面上的合理性掩盖着实际上的不合理性”的现象，而且这种现象是与决策者（或指挥员、军事专家）的主观意愿相独立的（当决策者没有注意或认识这一现象时）。不稳定性的存在对衡量目标威胁排序多因子综合评估结果的合理性、客观性和可靠性将带来一种“灾难”，并在实际作战指挥决策中可能出现某种“混乱”。这就给决策者（或指挥员、军事专家）提出了一个重要的理论与应用研究问题，即如何确定目标威胁排序评估结果的客观标准以及如何正确使用目标威胁因子类型一致化、目标威胁因子特征值无量纲化、目标威胁排序评估模型中的某些方法。

第 3 章　目标威胁等级多因子综合评估结果的稳定性

3.1　目标威胁等级多因子综合评估结果的稳定性问题

第 2 章讨论了目标威胁排序多因子综合评估结果的稳定性问题。在很多地空导弹武器（特别是近程地空导弹武器）的作战使用中，为达到快速决策和射击的要求，经常会关心某批或多批目标属于哪个威胁等级的问题，即在综合考虑目标类型、目标距离、目标速度、目标航路捷径、目标飞行高度等多个目标威胁因子以及目标威胁因子权重的情况下，评估或判定目标属于 1 级威胁目标、2 级威胁目标还是 3 级威胁目标等。这样一类问题就称为目标威胁等级评估。

在 1.3 节中已经指出，目前一些研究者把目标威胁等级评估当作目标威胁排序评估问题来解决[5, 18, 25, 48, 72, 121]，即由式（2.5）（具体表达式如式（2.6）、式（2.9）或式（2.10）～式（2.12）等）得到目标威胁综合值 $V_j\ (j=1,2,\cdots,n)$ 后，根据事先选定或规定的等级阈值，判断 V_j 是否满足阈值条件来确定目标的威胁等级。例如，根据防空作战的特点和指挥员的思维习惯，将来袭目标的威胁等级划分为 7 级，依次编号为 1、2、3、4、5、6 和 7 级，并规定其威胁等级阈值分别为

$$0 \leqslant \varepsilon_6 < \varepsilon_5 < \varepsilon_4 < \varepsilon_3 < \varepsilon_2 < \varepsilon_1$$

根据目标威胁综合值 V_j（假定 V_j 为极大型），可按下述方式评定目标 $T_j\ (j=1,2,\cdots,n)$ 的威胁等级[120, 121]。

（1）若 $V_j > \varepsilon_1$，则目标 T_j 威胁等级为 1 级，表示目标威胁（重大）紧迫：被已发射的敌机导弹或地空导弹跟踪攻击。

（2）若 $\varepsilon_2 < V_j \leqslant \varepsilon_1$，则目标 T_j 威胁等级为 2 级，表示目标威胁（较大）告警：处于敌机导弹或者地空导弹锁定状态，但尚未发射。

（3）若 $\varepsilon_3 < V_j \leqslant \varepsilon_2$，则目标 T_j 威胁等级为 3 级，表示目标威胁（大）严重：受到敌机导弹和地空导弹雷达波束的不断照射，但尚未被锁定。

（4）若 $\varepsilon_4 < V_j \leqslant \varepsilon_3$，则目标 T_j 威胁等级为 4 级，表示目标威胁中等：受到敌方电子战武器攻击，机载通信、雷达系统受到敌方干扰。

（5）若 $\varepsilon_5 < V_j \leqslant \varepsilon_4$，则目标 T_j 威胁等级为 5 级，表示目标威胁（较小）存在：被敌方发现或雷达跟踪。

（6）若 $\varepsilon_6 < V_j \leqslant \varepsilon_5$，则目标 T_j 威胁等级为 6 级，表示目标威胁极小：未受敌方干扰或攻击。

（7）若 $V_j \leqslant \varepsilon_6$，则目标 T_j 威胁等级为 7 级，表示目标无威胁。

按照上述研究思路，类似于第 2 章，可研究目标威胁等级评估结果的稳定（或灵敏）性问题。然而，1.3 节的分析指出，无论从目标威胁等级评估的概念还是方法论上看，目标威胁等级评估不同于目标威胁排序评估。因此，本章将从另一方法论角度研究目标威胁等级评估问题，特别强调从“多因子综合”视角，由此称之为目标威胁等级多因子综合评估。

3.1.1 目标威胁等级多因子综合评估的一般性原理与过程

现将本书研究的目标威胁等级多因子综合评估问题用数学语言表述如下。假设 n 批目标 $T_j\ (j=1,2,\cdots,n)$ 组成目标集 $T=\{T_1,T_2,\cdots,T_n\}$， m 个目标威胁因子 $f_i\ (i=1,2,\cdots,m)$ 组成目标威胁因子集 $F=\{f_1,f_2,\cdots,f_m\}$；用 $e_k\ (k=1,2,\cdots,h)$ 表示第 k 个威胁等级，且规定 $e_1>e_2>\cdots>e_h$，即第 k 个威胁等级 e_k 比第 $k+1$ 个威胁等级 e_{k+1} 强，所有 h 个威胁等级 $e_k\ (k=1,2,\cdots,h)$ 组成了威胁等级集 $E=\{e_1,e_2,\cdots,e_h\}$；目标 T_j 关于目标威胁因子 f_i 的威胁等级 e_k 的特征值为 $y_{ijk}=f_{ik}(T_j)\ (i=1,2,\cdots,m$；$k=1,2,\cdots,h$；$j=1,2,\cdots,n)$。用矩阵形式可直观地表示为

$$\boldsymbol{Y}_j=\begin{array}{c} \\ f_1 \\ f_2 \\ \vdots \\ f_m \end{array}\begin{array}{c} \begin{array}{cccc} e_1 & e_2 & \cdots & e_h \end{array} \\ \begin{pmatrix} y_{1j1} & y_{1j2} & \cdots & y_{1jh} \\ y_{2j1} & y_{2j2} & \cdots & y_{2jh} \\ \vdots & \vdots & & \vdots \\ y_{mj1} & y_{mj2} & \cdots & y_{mjh} \end{pmatrix} \end{array} \quad (j=1,2,\cdots,n) \tag{3.1}$$

常常简记为 $\boldsymbol{Y}_j=(y_{ijk})_{m\times h}\ (j=1,2,\cdots,n)$，称为目标 T_j 的威胁因子级别特征值矩阵。

在很多实际情况中，目标 T_j 关于目标威胁因子 f_i 的威胁等级 e_k 的特征值 y_{ijk} 不随其威胁等级 $e_k\ (k=1,2,\cdots,h)$ 的变化而变化。换句话说， y_{ijk} 与其威胁等级 $e_k\ (k=1,2,\cdots,h)$ 无关，即 $y_{ijk}=y_{ij}\ (i=1,2,\cdots,m$；$k=1,2,\cdots,h$；$j=1,2,\cdots,n)$。

在目标威胁因子级别特征值矩阵 $\boldsymbol{Y}_j\ (j=1,2,\cdots,n)$ 中，第 i 行 $(i=1,2,\cdots,m)$ 表示目标 T_j 关于目标威胁因子 f_i 的所有 h 个威胁等级的特征值，记为 $\boldsymbol{y}_{ij}=(y_{ij1},y_{ij2},\cdots,y_{ijh})$ $(i=1,2,\cdots,m)$，第 k 列 $(k=1,2,\cdots,h)$ 表示目标 T_j 关于威胁等级 e_k 的所有 m 个目标威胁因子的特征值，记为 $\boldsymbol{y}_{jk}=(y_{1jk},y_{2jk},\cdots,y_{mjk})^{\mathrm{T}}\ (k=1,2,\cdots,h)$。

与第 2 章目标威胁排序多因子综合评估一样，目标 $T_j\ (j=1,2,\cdots,n)$ 关于目标威胁因子 f_i 的威胁等级 e_k 的特征值 $y_{ijk}\ (i=1,2,\cdots,m$；$k=1,2,\cdots,h)$ 的类型通常是不一样的，一般情况下，也需要对其做类型一致化（或趋同化）和无量纲化（或归一化）处理，即做规范化映射：

$$\begin{aligned}&\phi_1:\mathbf{R}\to[0,1]\\&y_{ijk}\in\mathbf{R}\mapsto\mu_{ijk}=\phi_1(y_{ijk})\in[0,1]\end{aligned} \tag{3.2}$$

其中，ϕ_1 是目标威胁因子级别特征值规范化方法（或变换算子），可根据实际目标威胁等级多因子综合评估问题的特点选取。

利用式（3.2），可以把目标威胁因子级别特征值矩阵 $\boldsymbol{Y}_j\ (j=1,2,\cdots,n)$ 规范化为

$$\boldsymbol{\mu}_j=\begin{matrix} & \begin{matrix} e_1 & e_2 & \cdots & e_h \end{matrix} \\ \begin{matrix} f_1 \\ f_2 \\ \vdots \\ f_m \end{matrix} & \begin{pmatrix} \mu_{1j1} & \mu_{1j2} & \cdots & \mu_{1jh} \\ \mu_{2j1} & \mu_{2j2} & \cdots & \mu_{2jh} \\ \vdots & \vdots & & \vdots \\ \mu_{mj1} & \mu_{mj2} & \cdots & \mu_{mjh} \end{pmatrix} \end{matrix}\quad (j=1,2,\cdots,n) \tag{3.3}$$

通常简记为 $\boldsymbol{\mu}_j=(\mu_{ijk})_{m\times h}\ (j=1,2,\cdots,n)$，称为目标 T_j 的规范化目标威胁因子级别特征值矩阵。类似地，用 $\boldsymbol{\mu}_{jk}=(\mu_{1jk},\mu_{2jk},\cdots,\mu_{mjk})^{\mathrm{T}}\ (k=1,2,\cdots,h)$ 表示目标 $T_j\ (j=1,2,\cdots,n)$ 关于威胁等级 e_k 的所有目标威胁因子的规范化特征值。

但事实上，威胁等级的划分是包含较大主观性的模糊概念。因此，规范化目标威胁因子级别特征值矩阵 $\boldsymbol{\mu}_j\ (j=1,2,\cdots,n)$ 可看作目标威胁因子集 F 与威胁等级集 E 之间的模糊关系，从而 $\mu_{ijk}\ (i=1,2,\cdots,m;\ k=1,2,\cdots,h)$ 就是目标 T_j 关于目标威胁因子 f_i 对威胁等级 e_k 的隶属度，$\boldsymbol{\mu}_{jk}$ 则是目标 T_j 关于威胁等级 e_k 的所有目标威胁因子的隶属度向量。有时也把 $\boldsymbol{\mu}_{jk}$ 称为目标 T_j 的威胁因子级别评估向量，$\boldsymbol{\mu}_j$ 称为目标 T_j 的威胁因子级别评估矩阵。

按照某种目标威胁等级多因子综合评估方法（或集结算子）$\phi:[0,1]^{2m+h}\to[0,1]^h$，可得目标 $T_j\ (j=1,2,\cdots,n)$ 对于所有威胁等级 $e_k\ (k=1,2,\cdots,h)$ 的综合隶属度向量为

$$\boldsymbol{u}_j=\phi(\boldsymbol{\omega},\boldsymbol{\mu}_j) \tag{3.4}$$

其中，$\boldsymbol{\omega}=(\omega_1,\omega_2,\cdots,\omega_m)^{\mathrm{T}}$ 是目标威胁因子权重向量；$\boldsymbol{u}_j=(u_{j1},u_{j2},\cdots,u_{jh})$；$\phi(\boldsymbol{\omega},\boldsymbol{\mu}_j)=(\phi(\boldsymbol{\omega},\boldsymbol{\mu}_{j1}),\phi(\boldsymbol{\omega},\boldsymbol{\mu}_{j2}),\cdots,\phi(\boldsymbol{\omega},\boldsymbol{\mu}_{jh}))$，$u_{jk}=\phi(\boldsymbol{\omega},\boldsymbol{\mu}_{jk})\in[0,1]\ (k=1,2,\cdots,h;\ j=1,2,\cdots,n)$，且要求 $\sum_{k=1}^{h}u_{jk}=1$。这样，$\boldsymbol{u}_j=(u_{j1},u_{j2},\cdots,u_{jh})\ (j=1,2,\cdots,n)$ 可看作目标 $T_j\ (j=1,2,\cdots,n)$ 的威胁等级综合隶属度向量。

对每批目标 $T_j\ (j=1,2,\cdots,n)$，利用式（3.4）可以计算得到其关于所有威胁等级 $e_k\ (k=1,2,\cdots,h)$ 的综合隶属度向量 $\boldsymbol{u}_j$。把 n 批目标的威胁等级综合隶属度向量用矩阵形式直观地表示为

$$\boldsymbol{u}=\begin{array}{c} \\ T_1 \\ T_2 \\ \vdots \\ T_n \end{array}\begin{array}{c} \begin{array}{cccc} e_1 & e_2 & & e_h \end{array} \\ \begin{pmatrix} u_{11} & u_{12} & \cdots & u_{1h} \\ u_{21} & u_{22} & \cdots & u_{2h} \\ \vdots & \vdots & & \vdots \\ u_{n1} & u_{n2} & \cdots & u_{nh} \end{pmatrix} \end{array}$$

通常简记为$\boldsymbol{u}=(u_{jk})_{n\times h}$，称为$n$批目标的威胁等级综合隶属度矩阵。

因此，根据目标威胁等级综合隶属度u_{jk} $(k=1,2,\cdots,h)$，按照某种规则可对目标T_j $(j=1,2,\cdots,n)$做出威胁等级评估，即判定其威胁等级。

在传统目标威胁等级评估中，通常利用最大隶属度原则，即由

$$u_{j\bar{k}}=\max_{1\leqslant k\leqslant h}\{u_{jk}\}\quad (j=1,2,\cdots,n)$$

评定目标T_j $(j=1,2,\cdots,n)$属于第$\bar{k}$个威胁等级（即$e_{\bar{k}}$）。然而，在 3.2.3 节中将会看到，利用最大隶属度原则评定目标威胁等级可能会出现一些不合理的现象。

前面我们阐述了目标威胁等级多因子综合评估的一般性原理与过程，即利用相当抽象的映射（或集结算子）ϕ对目标T_j $(j=1,2,\cdots,n)$关于目标威胁因子f_i的威胁等级e_k的隶属度μ_{ijk} $(i=1,2,\cdots,m;\ k=1,2,\cdots,h)$进行数学变换，获得目标威胁等级综合隶属度$\mu_{jk}$ $(k=1,2,\cdots,h)$，据此判定目标T_j $(j=1,2,\cdots,n)$的威胁等级。显然，实际中如何选择映射（或集结算子）ϕ将是一个关键问题。3.1.2～3.1.4 节将分别给出映射（或集结算子）ϕ的三种具体形式，即提出三种具体的目标威胁等级多因子综合评估模型：目标威胁等级多因子线性加权综合评估方法、目标威胁等级多因子 TOPSIS 综合评估方法、目标威胁等级多因子 VIKOR 综合评估方法。

3.1.2　目标威胁等级多因子线性加权综合评估方法

受式（2.6）的目标威胁排序多因子线性加权综合评估方法的启发，对式（3.4）中的映射（或集结算子）ϕ，考虑一种比较简单、常用的线性加权平均形式，即下面常用的目标威胁等级多因子线性加权综合评估模型：

$$\boldsymbol{u}_j^L=\left(\frac{\boldsymbol{\omega}^{\mathrm{T}}\boldsymbol{\mu}_{jk}}{\sum_{k=1}^{h}\boldsymbol{\omega}^{\mathrm{T}}\boldsymbol{\mu}_{jk}}\right)_{1\times h}=\left(\frac{\boldsymbol{\omega}^{\mathrm{T}}\boldsymbol{\mu}_{j1}}{\sum_{k=1}^{h}\boldsymbol{\omega}^{\mathrm{T}}\boldsymbol{\mu}_{jk}},\frac{\boldsymbol{\omega}^{\mathrm{T}}\boldsymbol{\mu}_{j2}}{\sum_{k=1}^{h}\boldsymbol{\omega}^{\mathrm{T}}\boldsymbol{\mu}_{jk}},\cdots,\frac{\boldsymbol{\omega}^{\mathrm{T}}\boldsymbol{\mu}_{jh}}{\sum_{k=1}^{h}\boldsymbol{\omega}^{\mathrm{T}}\boldsymbol{\mu}_{jk}}\right)\quad (j=1,2,\cdots,n) \tag{3.5}$$

即目标T_j $(j=1,2,\cdots,n)$关于威胁等级e_k $(k=1,2,\cdots,h)$的威胁等级多因子线性加权综合隶属度分别为

$$u_{jk}^L = \frac{\boldsymbol{\omega}^{\mathrm{T}} \boldsymbol{\mu}_{jk}}{\sum_{k=1}^{h} \boldsymbol{\omega}^{\mathrm{T}} \boldsymbol{\mu}_{jk}} \quad (j=1,2,\cdots,n; k=1,2,\cdots,h)$$

其中，$\boldsymbol{u}_j^L = (u_{jk}^L)_{1\times h} = (u_{j1}^L, u_{j2}^L, \cdots, u_{jh}^L)$。显然，$u_{jk}^L \in [0,1]$ $(j=1,2,\cdots,n;\ k=1,2,\cdots,h)$ 且 $\sum_{k=1}^{h} u_{jk}^L = 1$ $(j=1,2,\cdots,n)$。

按照某种威胁等级判定原则，根据目标威胁等级多因子线性加权综合隶属度 u_{jk}^L $(k=1,2,\cdots,h)$，可以评定目标 T_j $(j=1,2,\cdots,n)$ 的威胁等级。

3.1.3 目标威胁等级多因子 TOPSIS 综合评估方法

受式（2.9）的目标威胁排序多因子 TOPSIS 综合评估方法的启发，对式（3.4）中的映射（或集结算子）ϕ，建立下面的目标威胁等级多因子 TOPSIS 综合评估方法。

类似于 TOPSIS 的正理想解与负理想解，按照每个威胁等级 $e_k (k=1,2,\cdots,h)$，根据最大规范化目标威胁因子级别特征值（即最大目标威胁因子等级隶属度）、最小规范化目标威胁因子级别特征值（即最小目标威胁因子等级隶属度），可定义威胁等级 $e_k (k=1,2,\cdots,h)$ 的最大威胁目标 T_k^+ 和最小威胁目标 T_k^-，其威胁因子特征值向量分别记为 $\boldsymbol{\mu}_k^+ = (\mu_{1k}^+, \mu_{2k}^+, \cdots, \mu_{mk}^+)^{\mathrm{T}}$ 与 $\boldsymbol{\mu}_k^- = (\mu_{1k}^-, \mu_{2k}^-, \cdots, \mu_{mk}^-)^{\mathrm{T}}$，其中，$\mu_{ik}^+ = \max\limits_{1\leqslant j\leqslant n}\{\mu_{jik}\}$ 与 $\mu_{ik}^- = \min\limits_{1\leqslant j\leqslant n}\{\mu_{jik}\}$ $(i=1,2,\cdots,m)$。

从式（3.2）中可以看出，规范化目标威胁因子级别特征值 μ_{ijk}（即目标威胁因子等级隶属度）的取值范围为单位闭区间[0,1]，即 $\mu_{ijk} \in [0,1]$，因此对每个威胁等级 e_k $(k=1,2,\cdots,h)$，最大威胁目标 T_k^+ 和最小威胁目标 T_k^- 的威胁因子特征值向量分别是 $\boldsymbol{\mu}_k^+ = (1,1,\cdots,1)^{\mathrm{T}}$ 与 $\boldsymbol{\mu}_k^- = (0,0,\cdots,0)^{\mathrm{T}}$。因此，目标 T_j $(j=1,2,\cdots,n)$ 关于威胁等级 e_k $(k=1,2,\cdots,h)$ 与最大威胁目标 T_k^+、最小威胁目标 T_k^- 的欧氏距离分别为

$$D_{jk}^+ = \sqrt{\sum_{i=1}^{m} [\omega_i(\mu_{ijk} - \mu_{ik}^+)]^2} = \sqrt{\sum_{i=1}^{m} [\omega_i(\mu_{ijk} - 1)]^2} \quad (j=1,2,\cdots,n;\ k=1,2,\cdots,h)$$

$$D_{jk}^- = \sqrt{\sum_{i=1}^{m} [\omega_i(\mu_{ijk} - \mu_{ik}^-)]^2} = \sqrt{\sum_{i=1}^{m} (\omega_i \mu_{ijk})^2} \quad (j=1,2,\cdots,n;\ k=1,2,\cdots,h)$$

因此，目标 T_j $(j=1,2,\cdots,n)$ 关于威胁等级 e_k $(k=1,2,\cdots,h)$ 与最大威胁目标 T_k^+ 的相对接近度为

$$V_{jk}^N=\frac{D_{jk}^-}{D_{jk}^+ + D_{jk}^-}=\frac{\sqrt{\sum_{i=1}^m(\omega_i\mu_{ijk})^2}}{\sqrt{\sum_{i=1}^m[\omega_i(\mu_{ijk}-1)]^2}+\sqrt{\sum_{i=1}^m(\omega_i\mu_{ijk})^2}}$$

$$(j=1,2,\cdots,n\;;\;k=1,2,\cdots,h) \tag{3.6}$$

即目标 T_j $(j=1,2,\cdots,n)$ 的威胁等级多因子 TOPSIS 综合隶属度向量为

$$\boldsymbol{u}_j^N=\left(\frac{\frac{D_{jk}^-}{D_{jk}^+ + D_{jk}^-}}{\sum_{k=1}^h\frac{D_{jk}^-}{D_{jk}^+ + D_{jk}^-}}\right)_{1\times h}=\left(\frac{\frac{D_{j1}^-}{D_{j1}^+ + D_{j1}^-}}{\sum_{k=1}^h\frac{D_{jk}^-}{D_{jk}^+ + D_{jk}^-}},\frac{\frac{D_{j2}^-}{D_{j2}^+ + D_{j2}^-}}{\sum_{k=1}^h\frac{D_{jk}^-}{D_{jk}^+ + D_{jk}^-}},\cdots,\frac{\frac{D_{jh}^-}{D_{jh}^+ + D_{jh}^-}}{\sum_{k=1}^h\frac{D_{jk}^-}{D_{jk}^+ + D_{jk}^-}}\right)$$

$$(j=1,2,\cdots,n) \tag{3.7}$$

即目标 T_j $(j=1,2,\cdots,n)$ 关于威胁等级 e_k $(k=1,2,\cdots,h)$ 的威胁等级多因子 TOPSIS 综合隶属度分别为

$$u_{jk}^N=\frac{\frac{D_{jk}^-}{D_{jk}^+ + D_{jk}^-}}{\sum_{k=1}^h\frac{D_{jk}^-}{D_{jk}^+ + D_{jk}^-}}\quad(j=1,2,\cdots,n\;;\;k=1,2,\cdots,h)$$

其中，$\boldsymbol{u}_j^N=(u_{jk}^N)_{1\times h}=(u_{j1}^N,u_{j2}^N,\cdots,u_{jh}^N)$。显然，$u_{jk}^N\in[0,1]$ $(j=1,2,\cdots,n;\;k=1,2,\cdots,h)$ 且 $\sum_{k=1}^h u_{jk}^N=1$ $(j=1,2,\cdots,n)$。

按照某种威胁等级判定原则，根据目标威胁等级多因子 TOPSIS 综合隶属度 u_{jk}^N $(k=1,2,\cdots,h)$，可以评定目标 T_j $(j=1,2,\cdots,n)$ 的威胁等级。

3.1.4　目标威胁等级多因子 VIKOR 综合评估方法

受式(2.10)～式(2.12)的目标威胁排序多因子 VIKOR 综合评估方法和 3.1.3 节的目标威胁等级多因子 TOPSIS 综合评估方法的启发，类似地，可以构建目标威胁等级多因子 VIKOR 综合评估方法，其基本原理与过程叙述如下。

1. 确定威胁等级的最大威胁目标与最小威胁目标

类似于 3.1.3 节的目标威胁等级多因子 TOPSIS 综合评估方法，定义威胁等级 $e_k(k=1,2,\cdots,h)$ 的最大威胁目标 T_k^+ 和最小威胁目标 T_k^-，其威胁因子特征值向量分别为

$$\boldsymbol{\mu}_k^+ = (\mu_{1k}^+, \mu_{2k}^+, \cdots, \mu_{mk}^+)^{\mathrm{T}} = (1,1,\cdots,1)^{\mathrm{T}}$$

$$\boldsymbol{\mu}_k^- = (\mu_{1k}^-, \mu_{2k}^-, \cdots, \mu_{mk}^-)^{\mathrm{T}} = (0,0,\cdots,0)^{\mathrm{T}}$$

2. 计算目标关于威胁等级的威胁相对贴近度与折中贴近度

类似于式（2.10）和式（2.11），可定义目标 $T_j\ (j=1,2,\cdots,n)$ 关于威胁等级 $e_k\ (k=1,2,\cdots,h)$ 对最大威胁目标 T_k^+、最小威胁目标 T_k^- 的威胁相对贴近度 S_{jk} 和 R_{jk} 分别为

$$S_{jk} = \sum_{i=1}^{m}\left(\omega_i \frac{\mu_{ijk} - \mu_{ik}^-}{\mu_{ik}^+ - \mu_{ik}^-}\right)^p = \sum_{i=1}^{m}(\omega_i \mu_{ijk})^p \tag{3.8}$$

$$R_{jk} = \max_{1\leqslant i\leqslant m}\left\{\left(\omega_i \frac{\mu_{ijk} - \mu_{ik}^-}{\mu_{ik}^+ - \mu_{ik}^-}\right)^p\right\} = \max_{1\leqslant i\leqslant m}\{(\omega_i \mu_{ijk})^p\} \tag{3.9}$$

其中，$p \geqslant 0$ 是距离参数，可根据实际情况的需要进行合理选取。

结合式（3.8）与式（3.9），类似于式（2.12），可定义目标 $T_j\ (j=1,2,\cdots,n)$ 关于威胁等级 $e_k\ (k=1,2,\cdots,h)$ 的威胁折中贴近度 Q_{jk} 为

$$Q_{jk} = \lambda \frac{S_{jk} - S_j^-}{S_j^+ - S_j^-} + (1-\lambda)\frac{R_{jk} - R_j^-}{R_j^+ - R_j^-} \tag{3.10}$$

其中，$S_j^+ = \max\limits_{1\leqslant k\leqslant h}\{S_{jk}\}$；$S_j^- = \min\limits_{1\leqslant k\leqslant h}\{S_{jk}\}$；$R_j^+ = \max\limits_{1\leqslant k\leqslant h}\{R_{jk}\}$；$R_j^- = \min\limits_{1\leqslant k\leqslant h}\{R_{jk}\}$；$\lambda \in [0,1]$ 是决策机制系数，$\lambda > 0.5$ 表示根据群体最大化效用机制（或原则）进行决策；$\lambda < 0.5$ 表示根据最小化个体遗憾机制（或原则）进行决策；一般情况下，可取 $\lambda = 0.5$，表示从权衡群体最大化效用机制与最小化个体遗憾机制的角度进行决策。

3. 归一化目标关于威胁等级的威胁相对贴近度与折中贴近度

对式（3.8）～式（3.10）的目标威胁相对贴近度 S_{jk}、R_{jk} 与目标威胁折中贴近度 Q_{jk} 进行归一化处理，可分别得到

$$\boldsymbol{s}_j = (s_{j1}, s_{j2}, \cdots, s_{jh}) = \left(\frac{S_{j1}}{\sum\limits_{k=1}^{h} S_{jk}}, \frac{S_{j2}}{\sum\limits_{k=1}^{h} S_{jk}}, \cdots, \frac{S_{jh}}{\sum\limits_{k=1}^{h} S_{jk}}\right) \tag{3.11}$$

$$\boldsymbol{r}_j = (r_{j1}, r_{j2}, \cdots, r_{jh}) = \left(\frac{R_{j1}}{\sum\limits_{k=1}^{h} R_{jk}}, \frac{R_{j2}}{\sum\limits_{k=1}^{h} R_{jk}}, \cdots, \frac{R_{jh}}{\sum\limits_{k=1}^{h} R_{jk}}\right) \tag{3.12}$$

$$\boldsymbol{q}_j=(q_{j1},q_{j2},\cdots,q_{jh})=\left(\frac{Q_{j1}}{\sum_{k=1}^{h}Q_{jk}},\frac{Q_{j2}}{\sum_{k=1}^{h}Q_{jk}},\cdots,\frac{Q_{jh}}{\sum_{k=1}^{h}Q_{jk}}\right) \tag{3.13}$$

4. 对目标关于威胁等级的威胁相对贴近度与折中贴近度排序

对利用式（3.11）～式（3.13）计算得到的目标 T_j $(j=1,2,\cdots,n)$ 关于所有威胁等级 $e_k(k=1,2,\cdots,h)$ 的归一化威胁相对贴近度 s_{jk} 、 r_{jk} 与归一化威胁折中贴近度 q_{jk} 按照从大到小的顺序分别进行排序，得到三个单调不增序列。不妨假定，归一化威胁折中贴近度 q_{jk} $(k=1,2,\cdots,h)$ 的单调不增序列为

$$q_{j_1}>q_{j_2}>\cdots>q_{j_h}$$

5. 确定目标威胁等级

按照归一化目标威胁折中贴近度 q_{jk} 对威胁等级进行评定。归一化目标威胁折中贴近度 q_{jk} 越大，目标 T_j 属于威胁等级 e_k 的可能性（即隶属度）越大。若同时满足以下两个条件：

（1） $q_{jk_1}-q_{jk_2}\geqslant\bar{Q}_h$ ，其中， $\bar{Q}_h=1/(h-1)$ ；

（2）在归一化威胁相对贴近度 s_{jk} 和 r_{jk} $(k=1,2,\cdots,h)$ 的单调不增排序序列中，s_{jk_1} 或 r_{jk_1} 排第一位，则将目标 T_j 的威胁等级判定为威胁等级 e_{k_1} ，其中， e_{k_1} 对应于威胁等级集 $E=\{e_1,e_2,\cdots,e_h\}$ 中的某个威胁等级，即 k_1 是威胁等级 e_k 的下标 $k=1,2,\cdots,h$ 的一个排列。

如果条件（1）和（2）不能同时满足，则分为下面两种情况讨论。

（1）如果条件（2）不满足，即 s_{jk_1} 与 r_{jk_1} 都不排在第一位，则目标 T_j 的威胁等级既可以判定为第 k_1 个等级，也可判定为第 k_2 个等级，即既可属于威胁等级 e_{k_1} ，也可属于威胁等级 e_{k_2} 。

（2）如果条件（1）不满足，即 $q_{jk_1}-q_{jk_2}<\bar{Q}_h$ ，则若计算得到最大的正整数 r $(1\leqslant r\leqslant h)$ ，使得 $q_{jk_1}-q_{jk_{r+1}}\geqslant\bar{Q}_h$ ，可将目标 T_j 的威胁等级判定为威胁等级 e_{k_s} $(1\leqslant s\leqslant r)$ 中的任何一个，其中， e_{k_s} $(1\leqslant s\leqslant r)$ 都对应于威胁等级集 $E=\{e_1,e_2,\cdots,e_h\}$ 中的威胁等级。

3.1.5　目标威胁等级多因子综合评估涉及的稳定性问题

从式（3.2）和式（3.4）中可以看出，目标 T_j $(j=1,2,\cdots,n)$ 的威胁等级多因子综合评估结果完全取决于规范化目标威胁因子级别特征值（即变换算子 ϕ_1 ）、目标威胁因子权重和目标威胁等级多因子综合评估方法（或集结算子 ϕ ）。

因此，类似于第 2 章，下面三种情况可能对目标威胁等级多因子综合评估结果产生影响，即影响目标威胁等级多因子综合评估结果的稳定（或灵敏）性。

（1）在目标威胁因子权重 $\omega_i\ (i=1,2,\cdots,m)$ 和目标威胁等级多因子综合评估方法 ϕ 给定的条件下，不同的规范化目标威胁因子级别特征值（或隶属度）$\mu_{ijk}\ (i=1,2,\cdots,m；k=1,2,\cdots,h；j=1,2,\cdots,n)$（即不同的规范化方法或变换算子 ϕ_1）会产生不同的目标威胁等级多因子综合评估结果。

（2）在规范化目标威胁因子级别特征值（或隶属度）$\mu_{ijk}\ (i=1,2,\cdots,m；k=1,2,\cdots,h；j=1,2,\cdots,n)$ 和目标威胁等级多因子综合评估方法 ϕ 给定的条件下，不同的目标威胁因子权重 $\omega_i\ (i=1,2,\cdots,m)$ 会产生不同的目标威胁等级多因子综合评估结果。

（3）在规范化目标威胁因子级别特征值（或隶属度）$\mu_{ijk}\ (i=1,2,\cdots,m；k=1,2,\cdots,h；j=1,2,\cdots,n)$ 和目标威胁因子权重 $\omega_i\ (i=1,2,\cdots,m)$ 给定的条件下，不同的目标威胁等级多因子综合评估方法 ϕ 会产生不同的目标威胁等级多因子综合评估结果。

本章将重点研究上述三种情况的问题。针对情况（1）的问题，3.2 节将通过实证分析说明，目标威胁因子特征值级别隶属度对目标威胁等级多因子综合评估结果的影响和利用最大隶属度原则评定目标威胁等级时可能会出现的不合理现象，进而提出可利用级别特征值、二元语义进行目标威胁等级评定。针对情况（2）的问题，类似于 2.3 节与 2.4 节的讨论，不难看出，目标威胁因子权重会对目标威胁等级多因子综合评估结果产生影响，目标威胁等级多因子常权综合评估方法在一些目标威胁等级评估问题中会出现不合理现象，进而在 3.4 节建立三种目标威胁等级多因子变权综合评估方法。针对情况（3）的问题，与 2.1 节中指出的一样，不同的目标威胁等级多因子综合评估方法可能会产生不一样的目标威胁等级评估结果，3.1 节建立了三种常用的目标威胁等级多因子（常权）综合评估方法。

3.2 目标威胁等级多因子综合评估结果关于目标威胁因子特征值级别隶属度的稳定性

3.2.1 目标威胁因子特征值级别隶属函数

3.1 节指出，威胁等级的划分是一个模糊概念，不同的目标威胁等级多因子综合评估问题可能会有不同的划分标准。这里给出三种常用的威胁等级划分及其隶属函数形式。

1. 下界型

目标 T_j 关于目标威胁因子 f_i 的威胁等级 $e_k\ (k=1,2,\cdots,h)$ 的特征值 y_{ijk} 不小于常数 a_{ijk}，即 $y_{ijk} \geqslant a_{ijk}$。其级别隶属函数选取为

$$\mu_{ij1}=\begin{cases}1 & (y_{ij1}\geqslant a_{ij1})\\ \dfrac{y_{ij1}-a_{ij2}}{a_{ij1}-a_{ij2}} & (a_{ij2}\leqslant y_{ij1}<a_{ij1})\\ 0 & (0\leqslant y_{ij1}<a_{ij2})\end{cases} \tag{3.14}$$

$$\mu_{ijk}=\begin{cases}\dfrac{a_{ij,k-1}}{y_{ijk}} & (y_{ijk}\geqslant a_{ij,k-1})\\ 1 & (a_{ijk}\leqslant y_{ijk}<a_{ij,k-1})\\ \dfrac{y_{ijk}-a_{ij,k+1}}{a_{ijk}-a_{ij,k+1}} & (a_{ij,k+1}\leqslant y_{ijk}<a_{ijk})\\ 0 & (0\leqslant y_{ijk}<a_{ij,k+1})\end{cases}\quad (k=2,3,\cdots,h-1) \tag{3.15}$$

$$\mu_{ijh}=\begin{cases}\dfrac{a_{ij,h-1}}{y_{ijh}} & (y_{ijh}\geqslant a_{ij,h-1})\\ 1 & (a_{ijh}\leqslant y_{ijh}<a_{ij,h-1})\\ \dfrac{y_{ijh}}{a_{ijh}} & (0\leqslant y_{ijh}<a_{ijh})\end{cases} \tag{3.16}$$

如图 3.1 所示。

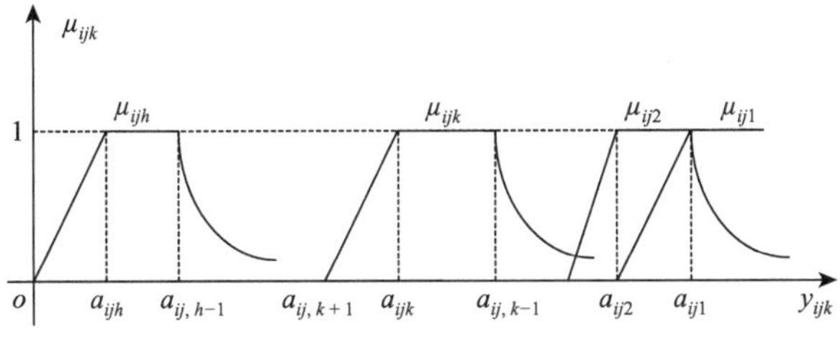

图 3.1　下界型级别隶属函数

如前所述，在一些实际问题中，目标 T_j 关于目标威胁因子 f_i 的威胁等级 $e_k\ (k=1,2,\cdots,h)$ 的特征值 y_{ijk} 与威胁等级 e_k 无关，即 $y_{ijk}=y_{ij}$。显然，在这种情况下，式（3.14）～式（3.16）也是同样适用的。在下面的讨论中，类似情况可做同样的理解，不再重复说明。

2. 上界型

目标 T_j 关于目标威胁因子 f_i 的威胁等级 $e_k\ (k=1,2,\cdots,h)$ 的特征值 y_{ijk} 不大于常数 a_{ijk}，即 $y_{ijk}\leqslant a_{ijk}$。其级别隶属函数选取为

$$\mu_{ij1}=\begin{cases}1 & (0\leqslant y_{ij1}\leqslant a_{ij1})\\ \dfrac{a_{ij2}-y_{ij1}}{a_{ij2}-a_{ij1}} & (a_{ij1}<y_{ij1}\leqslant a_{ij2})\\ 0 & (y_{ij1}>a_{ij2})\end{cases} \tag{3.17}$$

$$\mu_{ijk}=\begin{cases}\dfrac{y_{ijk}}{a_{ij,k-1}} & (0\leqslant y_{ijk}\leqslant a_{ij,k-1})\\ 1 & (a_{ij,k-1}<y_{ijk}\leqslant a_{ijk})\\ \dfrac{a_{ij,k+1}-y_{ijk}}{a_{ij,k+1}-a_{ijk}} & (a_{ijk}<y_{ijk}\leqslant a_{ij,k+1})\\ 0 & (y_{ijk}>a_{ij,k+1})\end{cases}\quad (k=2,3,\cdots,h-1) \tag{3.18}$$

$$\mu_{ijh}=\begin{cases}\dfrac{y_{ijh}}{a_{ij,h-1}} & (0\leqslant y_{ijh}\leqslant a_{ij,h-1})\\ 1 & (a_{ij,h-1}<y_{ijh}\leqslant a_{ijh})\\ \dfrac{a_{ijh}}{y_{ijh}} & (y_{ijh}>a_{ijh})\end{cases} \tag{3.19}$$

如图 3.2 所示。

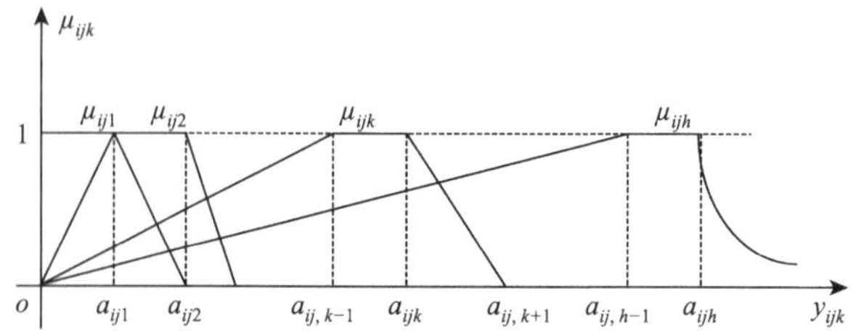

图 3.2　上界型级别隶属函数（一）

3. 区间型

目标 T_j 关于目标威胁因子 f_i 的威胁等级 $e_k\ (k=1,2,\cdots,h)$ 的特征值 y_{ijk} 在 $a_{ij,k-1}$ 与 a_{ijk} 范围之内，即 $y_{ijk}\in[a_{ij,k-1},a_{ijk})$。其级别隶属函数选取为

$$\mu_{ij1}=\begin{cases}1 & (a_{ij0}\leqslant y_{ij1}<a_{ij1})\\ \dfrac{a_{ij2}-y_{ij1}}{a_{ij2}-a_{ij1}} & (a_{ij1}\leqslant y_{ij1}<a_{ij2})\\ 0 & (a_{ij2}\leqslant y_{ij1}\leqslant a_{ijh})\end{cases} \tag{3.20}$$

$$\mu_{ijk}=\begin{cases}0 & (a_{ij0}\leqslant y_{ijk}<a_{ij,k-2})\\ \dfrac{y_{ijk}-a_{ij,k-2}}{a_{ij,k-1}-a_{ij,k-2}} & (a_{ij,k-2}\leqslant y_{ijk}<a_{ij,k-1})\\ 1 & (a_{ij,k-1}\leqslant y_{ijk}<a_{ijk})\\ \dfrac{a_{ij,k+1}-y_{ijk}}{a_{ij,k+1}-a_{ijk}} & (a_{ijk}\leqslant y_{ijk}<a_{ij,k+1})\\ 0 & (a_{ij,k+1}\leqslant y_{ijk}\leqslant a_{ijh})\end{cases}\quad (k=2,3,\cdots,h-1) \tag{3.21}$$

$$\mu_{ijh}=\begin{cases}0 & (a_{ij0}\leqslant y_{ijh}<a_{ij,h-2})\\ \dfrac{y_{ijh}-a_{ij,h-2}}{a_{ij,h-1}-a_{ij,h-2}} & (a_{ij,h-2}\leqslant y_{ijh}<a_{ij,h-1})\\ 1 & (a_{ij,h-1}\leqslant y_{ijh}<a_{ijh})\end{cases} \tag{3.22}$$

如图 3.3 所示。

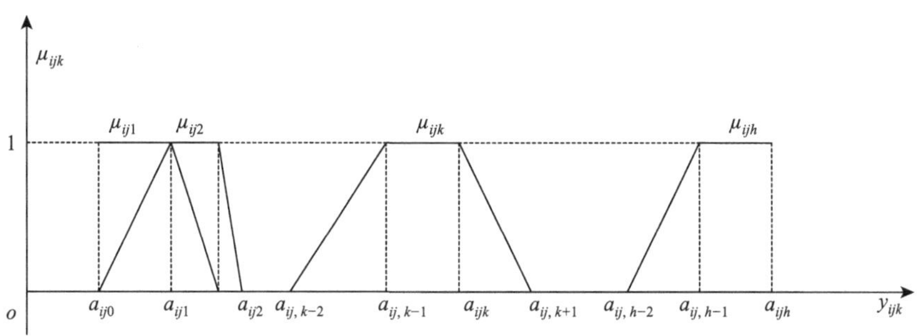

图 3.3　区间型级别隶属函数（一）

3.2.2　目标威胁等级多因子综合评估结果关于目标威胁因子特征值级别隶属度的稳定性实证分析

例 3.1　考虑与例 1.3 相类似的防空群的目标威胁等级评估问题。假设某一区域防空系统的远程预警雷达发现有 3 批敌方空袭目标 T_1、T_2 和 T_3 分别向被保卫要地进行突袭，已探测到敌方空袭目标飞临时间 f_1、目标航路捷径 f_2、目标飞行高

度 f_3 和目标类型 f_4 的参数值，如表 3.1 所示。其中，目标类型是指根据敌方空袭目标的类型而赋予的不同威胁程度值，这里规定战术地对地导弹、巡航导弹、空地导弹、隐形飞机、轰炸机、歼击轰炸机、强击机和武装直升机的威胁程度值分别为 1、2、3、4、5、6、7、8。该目标类型威胁程度值的规定与例 1.3 的不同（因此表 3.1 与表 1.1 不完全相同），仅是为了数据处理方便而已，不会影响分析方法的运用。

表 3.1　敌方空袭目标的各目标威胁因子参数值

目标威胁因子	威胁目标		
	T_1	T_2	T_3
目标飞临时间 f_1 /min	8	2	3
目标航路捷径 f_2 /km	4	6	10
目标飞行高度 f_3 /km	5	8	9
目标类型 f_4	2	5	6

针对这个目标威胁等级评估问题，考虑将目标威胁等级划分为 3 个级别：1 级威胁 (e_1) 、2 级威胁 (e_2) 和 3 级威胁 (e_3) ，且 $e_1 > e_2 > e_3$ 。下面分别给出上界型和区间型的目标威胁因子特征值 y_{ij} $(i=1,2,3,4; j=1,2,3)$ 的级别隶属函数的具体形式及相应的目标威胁等级多因子综合评估结果。

（1）上界型。

由式（3.17）～式（3.19）可以得到目标 $T_j(j=1,2,3)$ 关于目标威胁因子 $f_i(i=1,2,3,4)$ 的威胁等级 $e_k(k=1,2,3)$ 的特征值级别隶属函数为

$$\mu_{ij1}=\begin{cases}1 & (0\leqslant y_{ij}\leqslant 3)\\ \dfrac{6-y_{ij}}{3} & (3< y_{ij}\leqslant 6)\\ 0 & (y_{ij}>6)\end{cases} \tag{3.23}$$

$$\mu_{ij2}=\begin{cases}\dfrac{y_{ij}}{3} & (0\leqslant y_{ij}\leqslant 3)\\ 1 & (3< y_{ij}\leqslant 6)\\ \dfrac{10-y_{ij}}{4} & (6< y_{ij}\leqslant 10)\\ 0 & (y_{ij}>10)\end{cases} \tag{3.24}$$

$$\mu_{ij3}=\begin{cases}\dfrac{y_{ij}}{6} & (0\leqslant y_{ij}\leqslant 6)\\ 1 & (6< y_{ij}\leqslant 10)\\ \dfrac{10}{y_{ij}} & (y_{ij}>10)\end{cases} \tag{3.25}$$

如图 3.4 所示。

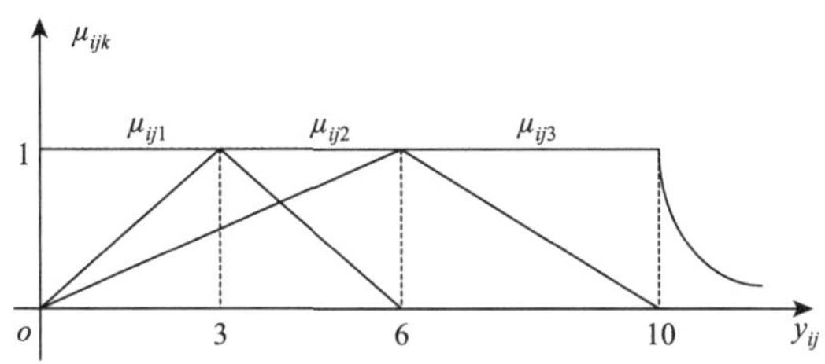

图 3.4　上界型级别隶属函数（二）

结合表 3.1，利用式（3.23）～式（3.25），可以计算得到目标 $T_j(j=1,2,3)$ 的威胁因子级别评估矩阵（或规范化目标威胁因子级别特征值矩阵）分别如下：

$$\boldsymbol{\mu}_1=\begin{matrix} & e_1 & e_2 & e_3\\ f_1 & 0 & 0.5 & 1\\ f_2 & 0.667 & 1 & 0.667\\ f_3 & 0.333 & 1 & 0.833\\ f_4 & 1 & 0.667 & 0.333\end{matrix}$$

$$\boldsymbol{\mu}_2=\begin{matrix} & e_1 & e_2 & e_3\\ f_1 & 1 & 0.667 & 0.333\\ f_2 & 0 & 1 & 1\\ f_3 & 0 & 0.5 & 1\\ f_4 & 0.333 & 1 & 0.833\end{matrix}$$

$$\boldsymbol{\mu}_3=\begin{matrix} & e_1 & e_2 & e_3\\ f_1 & 1 & 1 & 0.5\\ f_2 & 0 & 0 & 1\\ f_3 & 0 & 0.25 & 1\\ f_4 & 0 & 1 & 1\end{matrix}$$

与 2.3.2 节一样，结合例 1.2 计算得到的目标威胁因子权重向量 $\boldsymbol{\omega}=(0.28,0.26,0.22,0.24)^{\mathrm{T}}$，利用目标威胁等级多因子线性加权综合评估方法即式（3.5），

可以计算得到目标 $T_j(j=1,2,3)$ 关于 3 个威胁等级 $e_k(k=1,2,3)$ 的威胁等级多因子线性加权综合隶属度向量，并利用最大隶属度原则，可以得到3批目标 $T_j(j=1,2,3)$ 的威胁等级，如表 3.2 所示。

表 3.2　敌方空袭目标的威胁等级多因子线性加权综合隶属度向量及威胁等级

威胁目标	目标威胁因子特征值级别隶属函数	$(u_{j1}^L,u_{j2}^L,u_{j3}^L)$	最大隶属度原则评定的目标威胁等级	最大、最小目标威胁等级多因子线性加权综合隶属度之差 σ
T_1	式（3.23）～式（3.25）	（0.25，0.39，0.36）	2 级	0.14
	式（3.26）～式（3.28）	（0.27，0.44，0.29）	2 级	0.17
T_2	式（3.23）～式（3.25）	（0.19，0.41，0.40）	2 级	0.22
	式（3.26）～式（3.28）	（0.20，0.44，0.36）	2 级	0.24
T_3	式（3.23）～式（3.25）	（0.16，0.34，0.50）	3 级	0.34
	式（3.26）～式（3.28）	（0.18，0.36，0.46）	3 级	0.28

（2）区间型。

由式（3.20）～式（3.22）可以计算得到目标 $T_j(j=1,2,3)$ 关于目标威胁因子 $f_i(i=1,2,3,4)$ 的威胁等级 $e_k(k=1,2,3)$ 的特征值级别隶属函数为

$$\mu_{ij1}=\begin{cases}1 & (0\leqslant y_{ij}<3)\\ \dfrac{6-y_{ij}}{3} & (3\leqslant y_{ij}<6)\\ 0 & (6\leqslant y_{ij}\leqslant 10)\end{cases} \tag{3.26}$$

$$\mu_{ij2}=\begin{cases}\dfrac{y_{ij}}{3} & (0\leqslant y_{ij}<3)\\ 1 & (3\leqslant y_{ij}<6)\\ \dfrac{10-y_{ij}}{4} & (6\leqslant y_{ij}\leqslant 10)\end{cases} \tag{3.27}$$

$$\mu_{ij3}=\begin{cases}0 & (0\leqslant y_{ij}<3)\\ \dfrac{y_{ij}-3}{3} & (3\leqslant y_{ij}<6)\\ 1 & (6\leqslant y_{ij}\leqslant 10)\end{cases} \tag{3.28}$$

如图 3.5 所示。

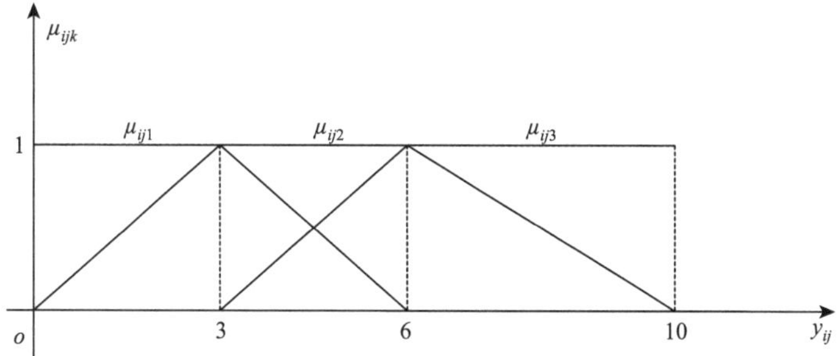

图 3.5　区间型级别隶属函数（二）

类似地，利用式(3.26)～式(3.28)，并结合表 3.1，可以计算得到目标 $T_j\,(j=1,2,3)$ 的威胁因子级别评估矩阵（或规范化目标威胁因子级别特征值矩阵）分别如下：

$$\boldsymbol{\mu}_1=\begin{matrix} & e_1 & e_2 & e_3 \\ f_1 & 0 & 0.5 & 1 \\ f_2 & 0.667 & 1 & 0.333 \\ f_3 & 0.333 & 1 & 0.667 \\ f_4 & 1 & 0.667 & 0 \end{matrix}$$

$$\boldsymbol{\mu}_2=\begin{matrix} & e_1 & e_2 & e_3 \\ f_1 & 1 & 0.667 & 0 \\ f_2 & 0 & 1 & 1 \\ f_3 & 0 & 0.5 & 1 \\ f_4 & 0.333 & 1 & 0.667 \end{matrix}$$

$$\boldsymbol{\mu}_3=\begin{matrix} & e_1 & e_2 & e_3 \\ f_1 & 1 & 1 & 0 \\ f_2 & 0 & 0 & 1 \\ f_3 & 0 & 0.25 & 1 \\ f_4 & 0 & 1 & 1 \end{matrix}$$

同样地，利用式（3.5），即目标威胁等级多因子线性加权综合评估方法，并结合例 1.2 计算得到的目标威胁因子权重向量 $\boldsymbol{\omega}=(0.28,0.26,0.22,0.24)^{\mathrm{T}}$，可以计算得到目标 $T_j\,(j=1,2,3)$ 关于 3 个威胁等级 $e_k\,(k=1,2,3)$ 的威胁等级多因子线性加权综合隶属度向量和目标威胁等级评定结果，如表 3.2 所示（为了便于比较分析）。

从表 3.2 中可以看出，按照最大隶属度原则，敌方空袭目标 T_1 和 T_2 应评定为 2 级威胁目标，而敌方空袭目标 T_3 应评定为 3 级威胁目标。进一步还可以看出，目标威胁因子特征值级别隶属函数的选取即式（3.23）～式（3.25）与式（3.26）～式（3.28）对目标威胁等级多因子综合评估结果（即目标威胁等级多因子线性加权综合隶属度向量）是有影响的。尽管在这个目标威胁等级评估问题中，目标威胁因子特征参数变化不是很大，即目标威胁因子特征值级别隶属度之间的差异不是很大，没有使得目标威胁等级多因子线性加权综合隶属度向量中的最大分量的位置即威胁等级发生变化，但很显然，最大、最小目标威胁等级多因子线性加权综合隶属度之差 σ 和目标威胁等级多因子线性加权综合隶属度向量已经发生了变化。

例 3.2　目标威胁等级评估问题背景与数据由例 3.1 给定。利用目标威胁等级多因子 TOPSIS 综合评估方法评定 3 个目标 $T_j(j=1,2,3)$ 的威胁等级。

（1）上界型。

利用式（3.23）～式（3.25），并结合表 3.1，可计算得到目标 $T_j(j=1,2,3)$ 的威胁因子级别评估矩阵，如例 3.1 中上界型的 3 个目标威胁因子级别评估矩阵所示。容易确定 3 个威胁等级 e_k $(k=1,2,3)$ 对应的最大威胁目标 T_k^+ 和最小威胁目标 T_k^-，其规范化目标威胁因子特征值向量分别是 $\boldsymbol{\mu}_k^+=(1,1,1,1)^{\mathrm{T}}$ 与 $\boldsymbol{\mu}_k^-=(0,0,0,0)^{\mathrm{T}}$。结合例 1.2 计算得到的目标威胁因子权重向量 $\boldsymbol{\omega}=(0.28,0.26,\ 0.22,0.24)^{\mathrm{T}}$，可以计算得到目标 T_1 关于威胁等级 e_1 与最大威胁目标 T_1^+、最小威胁目标 T_1^- 的欧氏距离分别为

$$D_{11}^+=\sqrt{[0.28\times(0-1)]^2+[0.26\times(0.667-1)]^2+[0.22\times(0.333-1)]^2+[0.24\times(1-1)]^2}$$
$$=0.328$$

$$D_{11}^-=\sqrt{(0.28\times 0)^2+(0.26\times 0.667)^2+(0.22\times 0.333)^2+(0.24\times 1)^2}$$
$$=0.305$$

利用式（3.6），可以计算得到目标 T_1 关于威胁等级 e_1 与最大威胁目标 T_1^+ 的相对接近度为

$$V_{11}^N=\frac{D_{11}^-}{D_{11}^+ + D_{11}^-}=\frac{0.305}{0.328+0.305}=0.482$$

类似地，可计算得到目标 T_1 关于威胁等级 $e_k(k=2,3)$ 与最大威胁目标 T_1^+、最小威胁目标 T_1^- 的欧氏距离及其相对接近度分别为

$$D_{12}^+=0.161,\quad D_{12}^-=0.402$$

$$V_{12}^N=\frac{D_{12}^-}{D_{12}^+ + D_{12}^-}=0.714$$

$$D_{13}^+=0.186,\quad D_{13}^-=0.385$$

$$V_{13}^N=\frac{D_{13}^-}{D_{13}^+ + D_{13}^-}=0.674$$

利用式（3.7），可以计算得到目标 T_1 关于 3 个威胁等级 $e_k(k=1,2,3)$ 的威胁等级多因子 TOPSIS 综合隶属度分别为

$$u_{11}^N = \frac{V_{11}^N}{V_{11}^N + V_{12}^N + V_{13}^N} = \frac{0.482}{0.482 + 0.714 + 0.674} = 0.258$$

$$u_{12}^N = \frac{V_{12}^N}{V_{11}^N + V_{12}^N + V_{13}^N} = \frac{0.714}{0.482 + 0.714 + 0.674} = 0.382$$

$$u_{13}^N = \frac{V_{13}^N}{V_{11}^N + V_{12}^N + V_{13}^N} = \frac{0.674}{0.482 + 0.714 + 0.674} = 0.360$$

因此，目标 T_1 关于 3 个威胁等级 $e_k(k=1,2,3)$ 的威胁等级多因子 TOPSIS 综合隶属度向量为

$$\boldsymbol{u}_1^N = (0.258, 0.382, 0.360)$$

按照最大隶属度原则，可以判定目标 T_1 的威胁等级为 2 级，即威胁等级 e_2。

类似地，可求得目标 T_2 关于 3 个威胁等级 $e_k(k=1,2,3)$ 的威胁等级多因子 TOPSIS 综合隶属度向量为

$$\boldsymbol{u}_2^N = (0.235, 0.399, 0.366)$$

按照最大隶属度原则，可以评定目标 T_2 的威胁等级为 e_2。

同样地，可求得目标 T_3 关于 3 个威胁等级 $e_k(k=1,2,3)$ 的威胁等级多因子 TOPSIS 综合隶属度向量为

$$\boldsymbol{u}_3^N = (0.235, 0.321, 0.444)$$

按照最大隶属度原则，可以评定目标 T_3 的威胁等级为 e_3。

（2）区间型。

根据式（3.26）～式（3.28），并结合表 3.1，计算得到目标 $T_j(j=1,2,3)$ 的威胁因子级别评估矩阵，如例 3.1 中区间型的 3 个目标威胁因子级别评估矩阵所示。类似于上述上界型的计算过程，确定 3 个威胁等级 e_k $(k=1,2,3)$ 对应的最大威胁目标 T_k^+ 和最小威胁目标 T_k^-，其规范化目标威胁因子特征值向量分别是 $\boldsymbol{\mu}_k^+ = (1,1,1,1)^{\mathrm{T}}$ 与 $\boldsymbol{\mu}_k^- = (0,0,0,0)^{\mathrm{T}}$。利用式（3.6），并结合例 1.2 计算得到的目标威胁因子权重向量 $\boldsymbol{\omega} = (0.28, 0.26, 0.22, 0.24)^{\mathrm{T}}$，可以计算得到目标 T_1 关于威胁等级 $e_k(k=1,2,3)$ 与最大威胁目标 T_1^+、最小威胁目标 T_1^- 的欧氏距离及其相对接近度分别为

$$D_{11}^+ = 0.328,\ \ D_{11}^- = 0.305$$

$$V_{11}^N = \frac{0.305}{0.328 + 0.305} = 0.482$$

$$D_{12}^+ = 0.161,\quad D_{12}^- = 0.402$$

$$V_{12}^N = \frac{0.402}{0.161 + 0.402} = 0.714$$

$$D_{13}^+ = 0.305,\quad D_{13}^- = 0.328$$

$$V_{13}^N = \frac{0.328}{0.305 + 0.328} = 0.518$$

利用式（3.7），可以计算得到目标 T_1 关于 3 个威胁等级 $e_k(k=1,2,3)$ 的威胁等级多因子 TOPSIS 综合隶属度分别为

$$u_{11}^N = \frac{0.482}{0.482 + 0.714 + 0.518} = 0.281$$

$$u_{12}^N = \frac{0.714}{0.482 + 0.714 + 0.518} = 0.417$$

$$u_{13}^N = \frac{0.518}{0.482 + 0.714 + 0.518} = 0.302$$

因此，目标 T_1 关于 3 个威胁等级 $e_k(k=1,2,3)$ 的威胁等级多因子 TOPSIS 综合隶属度向量为

$$\boldsymbol{u}_1^N = (0.281, 0.417, 0.302)$$

按照最大隶属度原则，可以判定目标 T_1 的威胁等级为 e_2。

类似地，可计算得到目标 T_2、T_3 关于 3 个威胁等级 $e_k(k=1,2,3)$ 的威胁等级多因子 TOPSIS 综合隶属度向量分别为

$$\boldsymbol{u}_2^N = (0.250, 0.426, 0.324)$$

$$\boldsymbol{u}_3^N = (0.260, 0.354, 0.386)$$

同样按照最大隶属度原则，可以判定目标 T_2、T_3 的威胁等级分别为 e_2 与 e_3。

例 3.3　目标威胁等级评估问题背景与数据由例 3.1 给定。利用目标威胁等级多因子 VIKOR 综合评估方法评定 3 个目标 $T_j(j=1,2,3)$ 的威胁等级。

（1）上界型。

类似于例 3.1，可计算得到如例 3.1 中上界型的 3 个目标 $T_j(j=1,2,3)$ 的威胁因子级别评估矩阵。

按照目标威胁等级多因子 VIKOR 综合评估方法，确定威胁等级 $e_k\ (k=1,2,3)$ 的最大威胁目标 T_k^+ 和最小威胁目标 T_k^-，其规范化目标威胁因子特征值向量分别是 $\boldsymbol{\mu}_k^+ = (1,1,1,1)^{\mathrm{T}}$ 与 $\boldsymbol{\mu}_k^- = (0,0,0,0)^{\mathrm{T}}$。

利用式（3.8）和式（3.9），并结合例 1.2 计算得到的目标威胁因子权重向量 $\boldsymbol{\omega} = (0.28, 0.26, 0.22, 0.24)^{\mathrm{T}}$，可计算得到目标 T_1 关于威胁等级 e_1 对最大威胁目标 T_1^+、最小威胁目标 T_1^- 的威胁相对贴近度 S_{11} 和 R_{11} 分别为

$$\begin{aligned} S_{11} &= (0.28\times 0)^2 + (0.26\times 0.667)^2 + (0.22\times 0.333)^2 + (0.24\times 1)^2 \\ &= 0 + 0.030 + 0.005 + 0.058 \\ &= 0.093 \end{aligned}$$

$$\begin{aligned}R_{11}&=\max\{(0.28\times 0)^2,(0.26\times 0.667)^2,(0.22\times 0.333)^2,(0.24\times 1)^2\}\\&=\max\{0,0.030,0.005,0.058\}\\&=0.058\end{aligned}$$

其中，选取距离参数 $p=0.5$。

类似地，可计算得到目标 T_1 关于威胁等级 e_k $(k=2,3)$ 对最大威胁目标 T_k^+、最小威胁目标 T_k^- 的威胁相对贴近度分别为 $S_{12}=0.161$、$R_{12}=0.068$、$S_{13}=0.148$、$R_{13}=0.078$。

容易得到

$$S_1^+=\max\{S_{11},S_{12},S_{13}\}=\max\{0.093,0.161,0.148\}=0.161$$

$$S_1^-=\min\{S_{11},S_{12},S_{13}\}=\min\{0.093,0.161,0.148\}=0.093$$

$$R_1^+=\max\{R_{11},R_{12},R_{13}\}=\max\{0.058,0.068,0.078\}=0.078$$

$$R_1^-=\min\{R_{11},R_{12},R_{13}\}=\min\{0.058,0.068,0.078\}=0.058$$

利用式（3.10），并选取决策机制系数 $\lambda=0.5$，可计算得到目标 T_1 关于威胁等级 e_1 的威胁折中贴近度 Q_{11} 为

$$\begin{aligned}Q_{11}&=0.5\times\frac{0.093-0.093}{0.161-0.093}+0.5\times\frac{0.058-0.058}{0.078-0.058}\\&=0\end{aligned}$$

类似地，可计算得到目标 T_1 关于威胁等级 e_k $(k=2,3)$ 的威胁折中贴近度分别为 $Q_{12}=0.740$、$Q_{13}=0.906$。

对目标 T_1 关于威胁等级 e_k $(k=1,2,3)$ 的威胁相对贴近度 S_{1k} 进行归一化计算，可得到

$$s_{11}=\frac{S_{11}}{S_{11}+S_{12}+S_{13}}=\frac{0.093}{0.093+0.161+0.148}=0.231$$

$$s_{12}=\frac{S_{12}}{S_{11}+S_{12}+S_{13}}=\frac{0.161}{0.093+0.161+0.148}=0.400$$

$$s_{13}=\frac{S_{13}}{S_{11}+S_{12}+S_{13}}=\frac{0.148}{0.093+0.161+0.148}=0.369$$

即目标 T_1 关于威胁等级 e_k $(k=1,2,3)$ 的归一化威胁相对贴近度向量为 $\boldsymbol{s}_1=(s_{11},s_{12},s_{13})=(0.231,0.400,0.369)$。

类似地，对目标 T_1 关于威胁等级 e_k $(k=1,2,3)$ 的威胁相对贴近度 R_{1k} 进行归一化计算，可得到

$$r_{11}=\frac{R_{11}}{R_{11}+R_{12}+R_{13}}=\frac{0.058}{0.058+0.068+0.078}=0.284$$

$$r_{12}=\frac{R_{12}}{R_{11}+R_{12}+R_{13}}=\frac{0.068}{0.058+0.068+0.078}=0.333$$

$$r_{13}=\frac{R_{13}}{R_{11}+R_{12}+R_{13}}=\frac{0.078}{0.058+0.068+0.078}=0.383$$

即目标 T_1 关于威胁等级 e_k $(k=1,2,3)$ 的归一化威胁相对贴近度向量为 $\boldsymbol{r}_1=(r_{11}, r_{12}, r_{13})=(0.284,0.333,0.383)$。

对目标 T_1 关于威胁等级 e_k $(k=1,2,3)$ 的威胁折中贴近度进行归一化计算，可以得到

$$q_{11}=\frac{Q_{11}}{Q_{11}+Q_{12}+Q_{13}}=\frac{0}{0+0.740+0.906}=0$$

$$q_{12}=\frac{Q_{12}}{Q_{11}+Q_{12}+Q_{13}}=\frac{0.740}{0+0.740+0.906}=0.450$$

$$q_{13}=\frac{Q_{13}}{Q_{11}+Q_{12}+Q_{13}}=\frac{0.906}{0+0.740+0.906}=0.550$$

即目标 T_1 关于威胁等级 e_k $(k=1,2,3)$ 的归一化威胁折中贴近度向量为 $\boldsymbol{q}_1=(q_{11}, q_{12}, q_{13})=(0,0.450,0.550)$。

对目标 T_1 关于所有威胁等级 e_k $(k=1,2,3)$ 的归一化威胁相对贴近度 s_{1k}、r_{1k} 和归一化威胁折中贴近度 q_{1k} 分别按照从大到小的顺序进行排序，可以得到 3 个排序序列分别为

$$s_{12}>s_{13}>s_{11}$$

$$r_{13}>r_{12}>r_{11}$$

$$q_{13}>q_{12}>q_{11}$$

本例中只考虑 3 个威胁等级，即 $h=3$，容易看到

$$q_{13}-q_{12}=0.550-0.450=0.1<\bar{Q}_3=\frac{1}{3-1}=0.5$$

根据目标威胁等级多因子 VIKOR 综合评估方法，目标 T_1 关于威胁等级 e_k $(k=1,2,3)$ 的归一化威胁折中贴近度单调不增排序序列不满足条件（1）。但显然可以找到最大的正整数 $r=2$，使得

$$q_{13}-q_{11}=0.550-0=0.550>\bar{Q}_3=0.5$$

因此，可将目标 T_1 的威胁等级判定为 3 级或 2 级，即目标 T_1 既可属于威胁等级 e_3，也可属于威胁等级 e_2。

同样地，可以计算得到目标 T_2 关于所有威胁等级 e_k $(k=1,2,3)$ 的归一化威胁相对贴近度 s_{2k}、r_{2k} 和归一化威胁折中贴近度 q_{2k} 及其从大到小的排序序列分别为

$$\boldsymbol{s}_2=(s_{21}, s_{22}, s_{23})=(0.201,0.408,0.391)$$

$$\boldsymbol{r}_2=(r_{21}, r_{22}, r_{23})=(0.368,0.316,0.316)$$

$$\boldsymbol{q}_2=(q_{21}, q_{22}, q_{23})=(0.343,0.343,0.314)$$

$$s_{22}>s_{23}>s_{21}$$

$$r_{21} > r_{22} = r_{23}$$

$$q_{21} = q_{22} > q_{23}$$

显然，有

$$q_{21} - q_{22} = 0.343 - 0.343 = 0 < \bar{Q}_3 = 0.5$$

根据目标威胁等级多因子 VIKOR 综合评估方法，目标 T_2 关于威胁等级 $e_k\ (k=1,2,3)$ 的归一化威胁折中贴近度单调不增排序序列不满足条件（1），而且

$$q_{21} - q_{23} = 0.343 - 0.314 = 0.029 < \bar{Q}_3 = 0.5$$

因此，可将目标 T_2 的威胁等级判定为 1 级、2 级或 3 级，即目标 T_2 的威胁等级可属于威胁等级 e_1、 e_2 或 e_3 中的任何一级。

类似地，可得到目标 T_3 关于所有威胁等级 $e_k\ (k=1,2,3)$ 的归一化威胁相对贴近度 s_{3k}、 r_{3k} 和归一化威胁折中贴近度 q_{3k} 及其从大到小的排序序列分别为

$$\boldsymbol{s}_3 = (s_{31}, s_{32}, s_{33}) = (0.191, 0.338, 0.471)$$

$$\boldsymbol{r}_3 = (r_{31}, r_{32}, r_{33}) = (0.368, 0.316, 0.316)$$

$$\boldsymbol{q}_3 = (q_{31}, q_{32}, q_{33}) = (0.283, 0.434, 0.283)$$

$$s_{33} > s_{32} > s_{31}$$

$$r_{31} > r_{32} = r_{33}$$

$$q_{32} > q_{31} = q_{33}$$

因为

$$q_{32} - q_{31} = 0.434 - 0.283 = 0.151 < \bar{Q}_3 = 0.5$$

所以根据目标威胁等级多因子 VIKOR 综合评估方法，目标 T_3 关于威胁等级 $e_k\ (k=1,2,3)$ 的归一化威胁折中贴近度单调不增排序序列不满足条件（1），而且

$$q_{32} - q_{33} = 0.434 - 0.283 = 0.151 < \bar{Q}_3 = 0.5$$

因此，可将目标 T_3 的威胁等级判定为 2 级、1 级或 3 级，即目标 T_3 的威胁等级可属于威胁等级 e_2、 e_1 或 e_3 中的任何一级。

（2）区间型。

利用式（3.26）～式（3.28）并结合表 3.1，可以计算得到如例 3.1 中区间型的 3 个目标 $T_j\ (j=1,2,3)$ 的威胁因子级别评估矩阵。

类似地，按照目标威胁等级多因子 VIKOR 综合评估方法，确定威胁等级 $e_k\ (k=1,2,3)$ 的最大威胁目标 T_k^+ 和最小威胁目标 T_k^-，其规范化目标威胁因子特征值向量分别是 $\boldsymbol{\mu}_k^+ = (1,1,1,1)^{\mathrm{T}}$ 与 $\boldsymbol{\mu}_k^- = (0,0,0,0)^{\mathrm{T}}$。

利用式（3.8）和式（3.9），并结合例 1.2 计算得到的目标威胁因子权重向量 $\boldsymbol{\omega} = (0.28, 0.26, 0.22, 0.24)^{\mathrm{T}}$，可计算得到目标 T_1 关于威胁等级 $e_k\ (k=1,2,3)$ 对最大威胁目标 T_k^+、最小威胁目标 T_k^- 的威胁相对贴近度 S_{1k} 和 R_{1k} 分别为 $S_{11} = 0.093$、 $R_{11} = 0.058$、 $S_{12} = 0.161$、 $R_{12} = 0.068$、 $S_{13} = 0.148$、 $R_{13} = 0.078$。

容易得到

$$S_1^+ = \max\{S_{11}, S_{12}, S_{13}\} = \max\{0.093, 0.161, 0.148\} = 0.161$$

$$S_1^- = \min\{S_{11}, S_{12}, S_{13}\} = \min\{0.093, 0.161, 0.148\} = 0.093$$

$$R_1^+ = \max\{R_{11}, R_{12}, R_{13}\} = \max\{0.058, 0.068, 0.078\} = 0.078$$

$$R_1^- = \min\{R_{11}, R_{12}, R_{13}\} = \min\{0.058, 0.068, 0.078\} = 0.058$$

同样选取决策机制系数 $\lambda = 0.53$，利用式（3.10），可计算得到目标 T_1 关于威胁等级 e_k $(k=1,2,3)$ 的威胁折中贴近度分别为 $Q_{11}=0$、$Q_{12}=0.740$、$Q_{13}=0.906$。

对 S_{1k}、R_{1k} 与 Q_{1k} $(k=1,2,3)$ 进行归一化计算，可以得到目标 T_1 关于威胁等级 e_k $(k=1,2,3)$ 的归一化威胁相对贴近度向量和归一化威胁折中贴近度向量分别为

$$\boldsymbol{s}_1 = (s_{11}, s_{12}, s_{13}) = (0.257, 0.446, 0.297)$$

$$\boldsymbol{r}_1 = (r_{11}, r_{12}, r_{13}) = (0.283, 0.332, 0.385)$$

$$\boldsymbol{q}_1 = (q_{11}, q_{12}, q_{13}) = (0, 0.550, 0.450)$$

对目标 T_1 关于所有威胁等级 e_k $(k=1,2,3)$ 的归一化威胁相对贴近度 s_{1k}、r_{1k} 和归一化威胁折中贴近度 q_{1k} 按照从大到小的顺序分别进行排序，可以得到 3 个排序序列为

$$s_{12} > s_{13} > s_{11}$$

$$r_{13} > r_{12} > r_{11}$$

$$q_{12} > q_{13} > q_{11}$$

容易看到

$$q_{12} - q_{13} = 0.550 - 0.450 = 0.1 < \bar{Q}_3 = 0.5$$

但

$$q_{12} - q_{11} = 0.550 - 0 = 0.550 > \bar{Q}_3 = 0.5$$

按照目标威胁等级多因子 VIKOR 综合评估方法，可将目标 T_1 的威胁等级判定为 2 级或 3 级，即目标 T_1 的威胁等级既可属于威胁等级 e_3，也可属于威胁等级 e_2。

同样地，可以得到目标 T_2 关于所有威胁等级 e_k $(k=1,2,3)$ 的归一化威胁相对贴近度 s_{2k}、r_{2k} 和归一化威胁折中贴近度 q_{2k} 及其从大到小的顺序排序分别为

$$\boldsymbol{s}_2 = (s_{21}, s_{22}, s_{23}) = (0.207, 0.435, 0.358)$$

$$\boldsymbol{r}_2 = (r_{21}, r_{22}, r_{23}) = (0.368, 0.316, 0.316)$$

$$\boldsymbol{q}_2 = (q_{21}, q_{22}, q_{23}) = (0.377, 0.377, 0.246)$$

$$s_{22} > s_{23} > s_{21}$$

$$r_{21} > r_{22} = r_{23}$$

$$q_{21} = q_{22} > q_{23}$$

容易看到

$$q_{21} - q_{22} = 0.377 - 0.377 = 0 < \bar{Q}_3 = 0.5$$

且

$$q_{21} - q_{23} = 0.377 - 0.246 = 0.131 < \bar{Q}_3 = 0.5$$

按照目标威胁等级多因子 VIKOR 综合评估方法，可将目标 T_2 的威胁等级判定为 1 级、2 级或 3 级，即目标 T_2 的威胁等级可属于威胁等级 e_1、e_2 或 e_3 中的任何一级。

同理，可得到目标 T_3 关于所有威胁等级 e_k $(k=1,2,3)$ 的归一化威胁相对贴近度 s_{3k}、r_{3k} 和归一化威胁折中贴近度 q_{3k} 及其从大到小的顺序排序分别为

$$\boldsymbol{s}_3 = (s_{31}, s_{32}, s_{33}) = (0.20, 0.356, 0.444)$$

$$\boldsymbol{r}_3 = (r_{31}, r_{32}, r_{33}) = (0.349, 0.349, 0.301)$$

$$\boldsymbol{q}_3 = (q_{31}, q_{32}, q_{33}) = (0.275, 0.450, 0.275)$$

$$s_{33} > s_{32} > s_{31}$$

$$r_{31} = r_{32} > r_{33}$$

$$q_{32} > q_{31} = q_{33}$$

由于

$$q_{32} - q_{31} = 0.450 - 0.275 = 0.175 < \bar{Q}_3 = 0.5$$

且

$$q_{32} - q_{33} = 0.450 - 0.275 = 0.175 < \bar{Q}_3 = 0.5$$

按照目标威胁等级多因子 VIKOR 综合评估方法，可将目标 T_3 的威胁等级判定为 2 级、1 级或 3 级，即目标 T_3 的威胁等级可属于威胁等级 e_2、e_1 或 e_3 中的任何一级。

从例 3.1～例 3.3 中的目标威胁等级评估结果可以归纳、得到结论 3.1。

结论 3.1　目标威胁等级综合隶属度向量（即目标威胁等级多因子综合评估结果）对目标威胁因子特征值级别隶属度是不稳定（或灵敏）的。目标威胁等级可能在一定的目标威胁因子特征参数变化范围内是稳定（或不灵敏）的。

3.2.3　目标威胁等级多因子综合评估级别特征值方法

从表 3.2 中的最后 1 行可以看出，目标 T_3 的威胁等级综合隶属度向量（即目标威胁等级多因子线性加权综合隶属度向量）为 $\boldsymbol{u}_3^L = (0.18, 0.36, 0.46)$。按照最大隶属度原则，敌方空袭目标 T_3 的威胁等级评定为 3 级。目标 T_3 的威胁等级属于 1 级、2 级的隶属度之和大于其属于 3 级的隶属度，即

$$u_{31}^L + u_{32}^L = 0.18 + 0.36 = 0.54 > 0.46 = u_{33}^L$$

因此，直观上，目标 T_3 的威胁等级评定为 2 级是比较合理的。

类似地，由表 3.2 中的倒数第 2 行的目标 T_3 的威胁等级综合隶属度向量（即目标威胁等级多因子线性加权综合隶属度向量）$\boldsymbol{u}_3^L = (0.16, 0.34, 0.50)$ 可知，目标 T_3 的威胁等级属于 1 级、2 级的隶属度之和等于其属于 3 级的隶属度，即

$$u_{31}^L + u_{32}^L = 0.16 + 0.34 = 0.50 = u_{33}^L$$

因此，目标 T_3 的威胁等级评定为不低于 2 级或 3 级都是可以的。考虑 $u_{31}^L = 0.16$、$u_{32}^L = 0.34$ 和 $u_{33}^L = 0.50$ 的分布比较均匀（即 $u_{32}^L - u_{31}^L = 0.34 - 0.16 = 0.18$，$u_{33}^L - u_{32}^L = 0.50 - 0.34 = 0.16$），直观上，判定目标 T_3 的威胁等级属于中间等级即 2 级是比较合理的。

上面分析说明，在目标威胁等级多因子综合评估中，利用最大隶属度原则确定目标的威胁等级可能会出现一些不合理的现象[160]。原因就在于：最大隶属度原则仅仅考虑隶属度的相对大小，没有考虑各威胁等级的位置差异。为此，下面着重建立一种新的目标威胁等级判定原则。

定义威胁等级 $e_k(k = 1, 2, \cdots, h)$ 的级别变量为 k，结合目标 $T_j(j = 1, 2, \cdots, n)$ 的威胁等级综合隶属度向量 $\boldsymbol{u}_j = (u_{j1}, u_{j2}, \cdots, u_{jh})$，可以定义目标的级别特征值为

$$\upsilon_j = (1, 2, \cdots, h)(\boldsymbol{u}_j)^{\mathrm{T}} = \sum_{k=1}^{h} k u_{jk} \quad (j = 1, 2, \cdots, n) \tag{3.29}$$

目标 T_j $(j = 1, 2, \cdots, n)$ 的威胁等级综合隶属度满足条件：$u_{jk} \in [0, 1]$ $(k = 1, 2, \cdots, h)$ 和 $\sum_{k=1}^{h} u_{jk} = 1$，则有

$$1 = \sum_{k=1}^{h} u_{jk} \leqslant \sum_{k=1}^{h} k u_{jk} \leqslant \sum_{k=1}^{h} h u_{jk} = h \quad (j = 1, 2, \cdots, n)$$

即

$$1 \leqslant \upsilon_j \leqslant h \quad (j = 1, 2, \cdots, n)$$

这表明：υ_j $(j = 1, 2, \cdots, n)$ 是一个无量纲的数量指标，介于 1 级（即 e_1）威胁与 h 级（即 e_h）威胁之间，反映了目标威胁等级综合隶属度与威胁等级（即级别位置）两个方面的信息。因此，用 υ_j 评定目标 $T_j(j = 1, 2, \cdots, n)$ 的威胁等级要比利用最大隶属度原则更全面、客观。一般地，υ_j 越小，目标 $T_j(j = 1, 2, \cdots, n)$ 的威胁等级越高。下面就此分别对三种特殊情况进行理论分析。

1. 目标威胁等级综合隶属度集中于某个威胁等级

假设目标 $T_j(j = 1, 2, \cdots, n)$ 的威胁等级综合隶属度 u_{jk} $(k = 1, 2, \cdots, h)$ 集中于第 $\hat{k}$ ($1 \leqslant \hat{k} \leqslant h$)个威胁等级（即 $e_{\hat{k}}$）。换句话说，除第 $\hat{k}$ 个威胁等级的综合隶属度为

1 外，其余所有威胁等级的综合隶属度均为 0，即

$$u_{j\hat{k}}=1,\ u_{jk}=0\ \ (k=1,2,\cdots,h;\ k\neq\hat{k})$$

根据式（3.29），可得目标 $T_j(j=1,2,\cdots,n)$ 的级别特征值为

$$\upsilon_j=(1,2,\cdots,h)(\overbrace{0,0,\cdots,0}^{\hat{k}-1},1,\overbrace{0,0,\cdots,0}^{h-\hat{k}})^{\mathrm{T}}=\hat{k}$$

按照级别特征值 υ_j 的大小，应把 T_j 评定为第 $\hat{k}$ 个威胁等级（即 $e_{\hat{k}}$）。显然，这个判定结果完全符合威胁等级综合隶属度集中于第 $\hat{k}$ 个威胁等级时应得到的直观感知结论，也与利用最大隶属度原则得出的结论相同。此时最大隶属度原则利用了威胁等级 $e_{\hat{k}}$ 的隶属度为 1 的全部信息，未丢失任何隶属度的信息，其判定结果与实际威胁等级评估情况完全吻合。

2. 目标威胁等级综合隶属度均匀分布于各威胁等级

假设目标 $T_j(j=1,2,\cdots,n)$ 的威胁等级综合隶属度 $u_{jk}(k=1,2,\cdots,h)$ 均匀分布于每个威胁等级 e_k。换句话说，u_{jk} 在每个威胁等级 $e_k(k=1,2,\cdots,h)$ 上的综合隶属度相同，即

$$u_{jk}=\frac{1}{h}\ \ (k=1,2,\cdots,h)$$

根据式（3.29），可得目标 T_j 的级别特征值为

$$\upsilon_j=(1,2,\cdots,h)\left(\frac{1}{h},\frac{1}{h},\cdots,\frac{1}{h}\right)^{\mathrm{T}}=\sum_{k=1}^{h}\frac{k}{h}=\frac{h+1}{2}$$

按照级别特征值 υ_j 的大小，应把 T_j 评定为呈均匀分布的 h 个威胁等级 $e_k\ (k=1,2,\cdots,h)$ 即 1 级、2 级、……、h 级的中间等级。换句话说，若 h 是奇数，则目标 T_j 的威胁等级应评定为 $(h+1)/2$ 级，即 1、2、……、h 的中间值；若 h 是偶数，则目标 T_j 的威胁等级应介于 $h/2$ 级与 $(h+2)/2$ 级之间。显然，这个评定结论完全符合人们的逻辑思维与物理概念。但在这种情况下，若采用最大隶属度原则，因无最大威胁等级综合隶属度而无法做出威胁等级的评定。即使其中某个威胁等级综合隶属度比其他一些威胁等级综合隶属度稍微大一些（注意 $\sum_{k=1}^{h}u_{jk}=1$，必然有个别威胁等级综合隶属度要小一些），按照最大隶属度原则，虽然可以评定目标 T_j 属于威胁等级综合隶属度较大一些的威胁等级，但由于丢失信息过多，可能会做出与实际目标威胁情况不相吻合的结论。本节开始时分析的表 3.2 中目标 T_3 就属于这种情况。

3. 目标威胁等级综合隶属度对称分布于各威胁等级

假设目标 $T_j\,(j=1,2,\cdots,n)$ 的威胁等级综合隶属度 $u_{jk}\ (k=1,2,\cdots,h)$ 对称分布于各威胁等级 e_k。下面按照威胁等级 h 是奇数还是偶数分别进行讨论。

1）奇数个威胁等级

当威胁等级 h 是奇数时，$(h+1)/2$ 级就是中间的威胁等级（或对称中心），从而根据对称分布的特点可知，

$$u_{j1}=u_{jh}，\quad u_{j2}=u_{j,h-1}，\quad \cdots，\quad u_{j,(h-1)/2}=u_{j,(h+3)/2}$$

注意 $\sum_{k=1}^{h}u_{jk}=1$，则有

$$u_{j1}+u_{j2}+\cdots+u_{j,(h-1)/2}+\frac{u_{j,(h+1)/2}}{2}=\frac{1}{2}$$

因此，结合式（3.29），可得目标 T_j 的级别特征值为

$$\begin{aligned}\upsilon_j&=u_{j1}+2u_{j2}+\cdots+\frac{h-1}{2}u_{j,(h-1)/2}+\frac{h+1}{2}u_{j,(h+1)/2}+\frac{h+3}{2}u_{j,(h+3)/2}+\cdots+(h-1)u_{j,h-1}+hu_{jh}\\&=(h+1)u_{j1}+(h+1)u_{j2}+\cdots+(h+1)u_{j,(h-1)/2}+\frac{h+1}{2}u_{j,(h+1)/2}\\&=\frac{h+1}{2}\end{aligned}$$

即

$$\upsilon_j=\frac{h+1}{2}$$

2）偶数个威胁等级

当威胁等级 h 是偶数时，$h/2$ 级与 $(h+2)/2$ 级的中点 $(h+1)/2$ 就是分布的对称中心，从而由对称分布的特点可得

$$u_{j1}=u_{jh}，\quad u_{j2}=u_{j,h-1}，\quad \cdots，\quad u_{j,h/2}=u_{j,(h+2)/2}$$

注意 $\sum_{k=1}^{h}u_{jk}=1$，则有

$$u_{j1}+u_{j2}+\cdots+u_{j,h/2}=\frac{1}{2}$$

因此，结合式（3.29），可得目标 T_j 的级别特征值为

$$\begin{aligned}\upsilon_j&=u_{j1}+2u_{j2}+\cdots+\frac{h}{2}u_{j,h/2}+\frac{h+2}{2}u_{j,(h+2)/2}+\cdots+(h-1)u_{j,h-1}+hu_{jh}\\&=(h+1)u_{j1}+(h+1)u_{j2}+\cdots+(h+1)u_{j,h/2}\\&=\frac{h+1}{2}\end{aligned}$$

即

$$\upsilon_j = \frac{h+1}{2}$$

由此可见，无论威胁等级 h 是奇数还是偶数，当目标威胁等级综合隶属度对称分布于各威胁等级时，按照级别特征值 υ_j 的大小，应把目标 T_j 的威胁等级评定为位于对称中心处的 $(h+1)/2$ 级。显然，这个评定结论也完全符合人们的逻辑思维与物理概念。由于情况（2）中的目标威胁等级综合隶属度在各威胁等级处呈均匀分布，它可作为情况（3）中对称分布的一种特例，因此情况（2）和（3）的级别特征值 υ_j 都等于 $(h+1)/2$。

针对例 3.1 的防空群的目标威胁等级评估问题，结合表 3.2 计算得到的 3 批敌方空袭目标 $T_j(j=1,2,3)$ 关于 3 个威胁等级 $e_k(k=1,2,3)$ 的威胁等级多因子线性加权综合隶属度向量，利用式（3.29），可计算得到这 3 批敌方空袭目标 $T_j(j=1,2,3)$ 的级别特征值 υ_j 及威胁等级评定结果，如表 3.3 所示。可以看到，利用最大隶属度原则和级别特征值评定目标 T_3 的威胁等级时，两种评定方法得到的威胁等级结论不是一样的，分别为 3 级、2 级。但根据前面的分析，把目标 T_3 的威胁等级评定为 2 级是比较合理的。

表 3.3　敌方空袭目标的级别特征值及威胁等级

威胁目标	目标威胁因子特征值级别隶属函数	$(u_{j1}^L,u_{j2}^L,u_{j3}^L)$	最大隶属度原则评定的目标威胁等级	级别特征值	级别特征值评定的目标威胁等级
T_1	式（3.23）～式（3.25）	（0.25，0.39，0.36）	2 级	2.11	2 级
	式（3.26）～式（3.28）	（0.27，0.44，0.29）	2 级	2.02	2 级
T_2	式（3.23）～式（3.25）	（0.19，0.41，0.40）	2 级	2.21	2 级
	式（3.26）～式（3.28）	（0.20，0.44，0.36）	2 级	2.16	2 级
T_3	式（3.23）～式（3.25）	（0.16，0.34，0.50）	3 级	2.34	2 级
	式（3.26）～式（3.28）	（0.18，0.36，0.46）	3 级	2.28	2 级

通过前面的分析，可以用级别特征值 υ_j 作为评定目标 T_j $(j=1,2,\cdots,n)$ 威胁等级的数量指标。因此，利用式（3.29），并结合 n 批目标 T_j $(j=1,2,\cdots,n)$ 的威胁等级综合隶属度矩阵 $\boldsymbol{u}=(u_{jk})_{n\times h}$，可计算得到 n 批目标 T_j $(j=1,2,\cdots,n)$ 的级别特征值向量 $\boldsymbol{\upsilon}=(\upsilon_1,\upsilon_2,\cdots,\upsilon_n)$ 为

$$\boldsymbol{\upsilon}=(1,2,\cdots,h)(\boldsymbol{u})^{\mathrm{T}}=\left(\sum_{k=1}^{h}ku_{1k},\sum_{k=1}^{h}ku_{2k},\cdots,\sum_{k=1}^{h}ku_{nk}\right)$$

常简记为 $\boldsymbol{\upsilon}=\left(\sum_{k=1}^{h}ku_{jk}\right)_{1\times n}$，其中，$\upsilon_j=\sum_{k=1}^{h}ku_{jk}$ $(j=1,2,\cdots,n)$。

对于式（3.5）的目标威胁等级多因子线性加权综合评估模型，目标 T_j $(j=1,2,\cdots,n)$ 的级别特征值 υ_j 可进一步简化为

$$\upsilon_j = \sum_{k=1}^{h} \frac{k\boldsymbol{\omega}^{\mathrm{T}}\boldsymbol{\mu}_{jk}}{\sum_{l=1}^{h}\boldsymbol{\omega}^{\mathrm{T}}\boldsymbol{\mu}_{jl}} \quad (j=1,2,\cdots,n) \tag{3.30}$$

从而 n 批目标 T_j $(j=1,2,\cdots,n)$ 的级别特征值向量 $\boldsymbol{\upsilon}=(\upsilon_1,\upsilon_2,\cdots,\upsilon_n)$ 为

$$\boldsymbol{\upsilon} = \left(\sum_{k=1}^{h} \frac{k\boldsymbol{\omega}^{\mathrm{T}}\boldsymbol{\mu}_{jk}}{\sum_{l=1}^{h}\boldsymbol{\omega}^{\mathrm{T}}\boldsymbol{\mu}_{jl}}\right)_{1\times n} = \left(\sum_{k=1}^{h} \frac{k\boldsymbol{\omega}^{\mathrm{T}}\boldsymbol{\mu}_{1k}}{\sum_{l=1}^{h}\boldsymbol{\omega}^{\mathrm{T}}\boldsymbol{\mu}_{1l}}, \sum_{k=1}^{h} \frac{k\boldsymbol{\omega}^{\mathrm{T}}\boldsymbol{\mu}_{2k}}{\sum_{l=1}^{h}\boldsymbol{\omega}^{\mathrm{T}}\boldsymbol{\mu}_{2l}}, \cdots, \sum_{k=1}^{h} \frac{k\boldsymbol{\omega}^{\mathrm{T}}\boldsymbol{\mu}_{nk}}{\sum_{l=1}^{h}\boldsymbol{\omega}^{\mathrm{T}}\boldsymbol{\mu}_{nl}}\right)$$

根据级别特征值向量 $\boldsymbol{\upsilon}=(\upsilon_1,\upsilon_2,\cdots,\upsilon_n)$，可确定所有目标 T_j $(j=1,2,\cdots,n)$ 的威胁等级。

归纳上述讨论与分析，可以得到结论 3.2。

结论 3.2　最大隶属度原则有时不适用于目标威胁等级评估。级别特征值可作为评定目标威胁等级的一种数量指标，能很好地反映目标威胁隶属度的相对大小和各威胁等级的位置差异。利用最大隶属度原则和级别特征值确定的目标威胁等级有时是相同的，有时则不一样。

3.3　目标威胁等级多因子综合评估二元语义方法

一般地，目标 T_j $(j=1,2,\cdots,n)$ 的级别特征值 υ_j 尽管是介于 1 与 h（威胁等级数）之间的实数，但多数情况下不是整数。一种比较自然的做法就是：若

$$[\upsilon_j]=k \tag{3.31}$$

则评定目标 T_j $(j=1,2,\cdots,n)$ 的威胁等级属于 k 级即威胁等级 e_k，其中，$[\upsilon_j]$ 表示不大于 υ_j 的最大整数。

考虑下面一个目标威胁等级评估问题：假设有 5 批敌方空袭目标 T_j $(j=1,2,\cdots,5)$，由式（3.29）计算得到其级别特征值，如表 3.4 所示。

表 3.4　敌方空袭目标的级别特征值

目标	级别特征值
T_1	1.98
T_2	2.03

续表

目标	级别特征值
T_3	2.34
T_4	2.98
T_5	3.25

由表 3.4 和式（3.31）可得

$$[\upsilon_1]=1，[\upsilon_2]=[\upsilon_3]=[\upsilon_4]=2，[\upsilon_5]=3$$

从而可对 5 批敌方空袭目标 T_j（$j=1,2,\cdots,5$）的威胁等级做出如下评定结果：目标 T_1 的威胁等级属于 1 级，目标 T_2、T_3 和 T_4 的威胁等级属于 2 级，目标 T_5 的威胁等级属于 3 级。然而，这样的目标威胁评定结论似乎与直观判断不一致。事实上，仔细分析发现，$\upsilon_1=1.98$ 与 $\upsilon_2=2.03$ 都比较接近 2，且两者相差很小，把级别特征值 υ_1 与 υ_2 相对应的目标 T_1 和 T_2 的威胁等级分别评定为 1 级、2 级是不合理的。直观上，目标 T_1 和 T_2 应属于相同的威胁等级即 2 级。同样的分析可以看到，级别特征值 $\upsilon_2=2.03$、$\upsilon_3=2.34$ 和 $\upsilon_4=2.98$ 都小于 3，但它们的差异是比较明显的：υ_2=2.03 与 2 非常接近，且其与 2 的差异程度比 υ_3=2.34 与 2 的差异程度要小，比 $\upsilon_4=2.98$ 与 2 的差异程度更小。此外，$\upsilon_4=2.98$ 已经比较接近 3。因此，把 υ_2、υ_3 和 υ_4 相对应的目标 T_2、T_3 与 T_4 的威胁等级都评定为 2 级是不合理的。直观上，目标 T_2 和 T_3 的威胁等级应属于 2 级，而目标 T_4 的威胁等级应属于 3 级。进一步地，目标 T_1、T_2 和 T_3 的威胁等级都属于 2 级，但它们的隶属程度是不完全一样的。类似地，也可以分析目标 T_4 和 T_5 的威胁等级情况。为了既能评定各批目标的威胁等级，又能反映相同威胁等级中各批目标之间的威胁程度差异。下面将给出二元语义的概念[161-163]，并建立基于二元语义的目标威胁等级多因子综合评估方法。

3.3.1　二元语义的概念及性质

3.1 节中定义的威胁等级集 $E=\{e_1,e_2,\cdots,e_h\}$ 实际上就是一个语言短语集，其中的威胁等级 e_k $(k=1,2,\cdots,h)$ 表示语言短语“k 级威胁”，且根据事先规定的要求 $e_1>e_2>\cdots>e_h$，即“k 级威胁” e_k 比“$k+1$ 级威胁” e_{k+1} 强。换句话说，威胁等级集 $E=\{e_1,e_2,\cdots,e_h\}$ 是一个有序集。例如，3 个等级的威胁等级集 $E=\{e_1,e_2,e_3\}$ 的语言短语可分别定义为：e_1=“1 级威胁”（或“威胁很大”），e_2=“2 级威胁”（或“威胁中等”），e_3=“3 级威胁”（或“威胁很小”）。又如，7 个等级的威胁等级集 $E=\{e_1,e_2,\cdots,e_7\}$ 的语言短语可分别定义为：e_1=“1 级威胁”（或“威胁非常大”），e_2=“2 级威胁”（或“威胁很大”），e_3=“3 级威胁”（或“威胁较大”），$e_4 =$ “4 级威胁”（或“威胁中等”），$e_5=$ “5 级威胁”（或“威胁较小”），$e_6 =$ “6 级威胁”（或“威胁很小”），$e_7=$ “7 级威胁”（或“威胁非常小”）。

通常，威胁等级集 $E=\{e_1,e_2,\cdots,e_h\}$ 至少满足下面三个性质。

（1）有序性。对任意 k 、 $l\in\{1,2,\cdots,h\}$ ，若 $k<l$ ，则 $e_k>e_l$ ，即威胁等级 e_k 比 e_l 强，或属于威胁等级 e_k 的目标的威胁程度比属于威胁等级 e_l 的目标大。由此可知， $e_1>e_2>\cdots>e_h$ ，即 $E=\{e_1,e_2,\cdots,e_h\}$ 是一个完全有序集。

（2）极大化运算。若 $e_k>e_l$ ，则 $\max\{e_k,e_l\}=e_k$ 。因此， e_1 是 $E=\{e_1,e_2,\cdots,e_h\}$ 中的最大元，即最高威胁等级。

（3）极小化运算。若 $e_k>e_l$ ，则 $\min\{e_k,e_l\}=e_l$ 。因此， e_h 是 $E=\{e_1,e_2,\cdots,e_h\}$ 中的最小元，即最低威胁等级。

二元语义是指在进行目标威胁等级评估时，将目标 T_j $(j=1,2,\cdots,n)$ 的级别特征值 $\upsilon_j\in[1,h]$ 表示为二元有序组 (e_k,α_{jk}) ，其中， $e_k\in E$ 和 $\alpha_{jk}\in[-0.5,0.5)$ ，具体含义可描述如下。

（1） e_k 是事先已定义好顺序的威胁等级集 $E=\{e_1,e_2,\cdots,e_h\}$ 中的“ k 级威胁”，表示由级别特征值 υ_j 计算得到的、与威胁等级集 E 中最贴近的目标 T_j 的威胁等级。

（2） α_{jk} 是符号偏移值，表示级别特征值 υ_j 与由 υ_j 计算得到的目标 T_j 的威胁等级评估结果即 k 级的偏差值。

3.3.2 目标威胁等级多因子综合评估二元语义方法的原理与过程

根据前面对表 3.4 中敌方空袭目标 T_j $(j=1,2,\cdots,5)$ 威胁等级评估的分析，按照式（3.31）评定目标的威胁等级不能很好地反映各目标之间威胁程度的差异。因此，下面就利用二元语义建立新的目标威胁等级评定标准。

若目标 $T_j(j=1,2,\cdots,n)$ 的级别特征值 υ_j 满足条件：

$$k-0.5\leqslant\upsilon_j<k+0.5\quad(k=1,2,\cdots,h)\tag{3.32}$$

则评定 $T_j(j=1,2,\cdots,n)$ 的威胁等级为 k 级（即威胁等级 e_k ）。为了刻画目标威胁等级属于 k 级的偏差程度，符号偏移值表示为

$$\alpha_{jk}=\upsilon_j-k\quad(k=1,2,\cdots,h)$$

显然， $-0.5\leqslant\alpha_{jk}<0.5$ $(k=1,2,\cdots,h)$ 。

α_{jk} 的物理含义是很清楚的。当 $\alpha_{jk}\in[-0.5,0)$ 是负数，且越大（即绝对值 $|\alpha_{jk}|$ 越小）时， $\upsilon_j\in(k-1,k)$ 越大，并越接近 k，从而相应目标 T_j 的威胁等级由 $k-1$ 级（即威胁等级 e_{k-1} ）逐渐降低到 k 级（即威胁等级 e_k ）。反之，当 $\alpha_{jk}\in(0,0.5)$ 是正

数，且越小时，$\upsilon_j \in (k,k+1)$ 越小，并越接近 k，从而相应目标 T_j 的威胁等级属于 k 级（即威胁等级 e_k）的程度越大，即目标 T_j 的威胁等级从 $k+1$ 级（即威胁等级 e_{k+1}）逐渐提高到 k 级（即威胁等级 e_k）。当 $\alpha_{jk}=0$ 时，$\upsilon_j = k$，从而相应目标 T_j 的威胁等级正好属于 k 级（即威胁等级 e_k）。级别特征值 υ_j、正整数 k 与符号偏移值 α_{jk} 的关系可在数轴上直观表示出来，如图 3.6 所示。

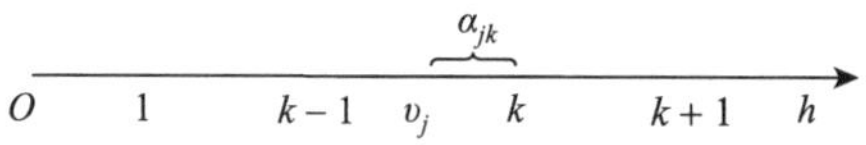

图 3.6　二元语义示意图

对式（3.32），利用二元语义的概念，可解释为：把目标 $T_j (j=1,2,\cdots,n)$ 的级别特征值 υ_j 表示成二元语义 (e_k,α_{jk})，e_k 表示对目标 T_j 威胁等级的评定结果，α_{jk} 则表示 υ_j 与由 υ_j 得到的目标 T_j 威胁等级评定结果即 k 级的偏差值。用数学语言可描述为：假设存在一个可逆映射

$$\tau:[1,h] \to E\times[-0.5,0.5)$$
$$\upsilon_j \in [1,h] \mapsto \tau(\upsilon_j) = (e_k,\alpha_{jk}) \in E\times[-0.5,0.5)$$

其中，

$$k = \mathrm{Round}(\upsilon_j),\quad \alpha_{jk} = \upsilon_j - k \tag{3.33}$$

其中，Round 为四舍五入取整函数或算子。

显然，τ 的逆映射为

$$\tau^{-1}: E\times[-0.5,0.5) \to [1,h]$$
$$(e_k,\alpha_{jk}) \in E\times[-0.5,0.5) \mapsto \tau^{-1}(e_k,\alpha_{jk}) = \upsilon_j \in [1,h]$$

其中，

$$\upsilon_j = k + \alpha_{jk} \tag{3.34}$$

设 (e_k,α_{jk})、(e_l,α_{il}) 分别是目标 T_j 和 T_i $(j,i=1,2,\cdots,n)$ 级别特征值 υ_j、υ_i 的二元语义，规定其大小比较如下。

（1）若 $e_k > e_l$（或 $k<l$），则 $(e_k,\alpha_{jk}) > (e_l,\alpha_{il})$。

（2）若 $e_k = e_l$（或 $k=l$），则当

① $\alpha_{jk} = \alpha_{il}$ 时，$(e_k,\alpha_{jk}) = (e_l,\alpha_{il})$；

② $\alpha_{jk} > \alpha_{il}$ 时，$(e_k,\alpha_{jk}) < (e_l,\alpha_{il})$；

③ $\alpha_{jk} < \alpha_{il}$ 时，$(e_k,\alpha_{jk}) > (e_l,\alpha_{il})$。

情况（1）表示，若目标威胁等级高，则不论其符号偏移值如何，其相应的目

标威胁级别特征值的二元语义大。情况（2）表示，在目标威胁等级相同的条件下，目标威胁级别特征值的二元语义的大小取决于符号偏移值，符号偏移值越小，其相应的目标威胁级别特征值的二元语义越大。

因此，可根据二元语义(e_k,α_{jk})对目标$T_j(j=1,2,\cdots,n)$的威胁等级进行评定和威胁大小排序。具体做法如下。

（1）利用式（3.33）计算得到目标$T_j(j=1,2,\cdots,n)$威胁级别特征值υ_j的二元语义(e_k,α_{jk})。

（2）根据(e_k,α_{jk})确定所有n批目标$T_j(j=1,2,\cdots,n)$的威胁等级，并按照从大到小的顺序，确定目标威胁大小的排序：威胁等级不同时，威胁等级高（即e_k大或k小）的目标的威胁排序在前面；威胁等级相同时，符号偏移值α_{jk}小的目标的威胁排序在前面。

再考虑表 3.4 中 5 批敌方空袭目标$T_j(j=1,2,\cdots,5)$的威胁等级评估问题。利用式（3.33），可计算得到目标$T_j(j=1,2,\cdots,5)$威胁级别特征值υ_j的二元语义。利用二元语义的概念和大小比较关系，可确定各批目标$T_j(j=1,2,\cdots,5)$的威胁等级和威胁大小排序，如表 3.5 所示。

表 3.5　敌方空袭目标的威胁等级评估结果及威胁排序

威胁目标	级别特征值	式（3.31）评定的威胁等级	二元语义	二元语义评定的威胁等级	二元语义确定的目标威胁排序
T_1	1.98	1 级	$(2,-0.02)$	2 级	1
T_2	2.03	2 级	$(2,0.03)$	2 级	2
T_3	2.34	2 级	$(2,0.34)$	2 级	3
T_4	2.98	2 级	$(3,-0.02)$	3 级	4
T_5	3.25	3 级	$(3,0.25)$	3 级	5

由表 3.5 可以看出，根据二元语义评定的目标威胁等级与由式（3.31）评定的威胁等级有所不同。但直观上，前者的评定结果是比较合理的，且与前面的分析相吻合。因此，这 5 批敌方空袭目标$T_j(j=1,2,\cdots,5)$的威胁等级评估结果如下：目标T_1、T_2和T_3的威胁等级属于 2 级，目标T_4和T_5的威胁等级属于 3 级，且目标威胁排序为$T_1 \succ T_2 \succ T_3 \succ T_4 \succ T_5$。

综合上述讨论与分析，可以归纳、得到结论 3.3。

结论 3.3　利用目标威胁等级多因子综合评估的二元语义方法不仅可以合理地确定目标威胁等级，而且可以区分相同威胁等级的目标威胁大小即目标威胁排序。此外，二元语义的表示方式可为实现目标威胁等级评估结果的符号化运算提供理论基础。

3.4 目标威胁等级多因子变权综合评估模型与方法

结合 2.4.1 节的变权思想，本节把 3.1.2～3.1.4 节的三种目标威胁等级多因子综合评估模型分别拓展为目标威胁等级多因子变权综合评估模型。

3.4.1 目标威胁等级多因子线性变权加权综合评估模型

结合目标威胁因子变权向量计算公式（式（2.36）），利用式（3.5），可得目标 $T_j\ (j=1,2,\cdots,n)$ 关于威胁等级 $e_k\ (k=1,2,\cdots,h)$ 的威胁等级多因子线性变权加权综合隶属度向量 $\boldsymbol{u}_j^L=(u_{j1}^L,u_{j2}^L,\cdots,u_{jh}^L)$ 为

$$\boldsymbol{u}_j^L=\left(\frac{\dfrac{(\boldsymbol{\omega}\otimes\boldsymbol{\rho}(\boldsymbol{\mu}_{jk}))^{\mathrm{T}}\boldsymbol{\mu}_{jk}}{\sum\limits_{i=1}^{m}\omega_i\rho_i(\boldsymbol{\mu}_{jk})}}{\sum\limits_{k=1}^{h}\dfrac{(\boldsymbol{\omega}\otimes\boldsymbol{\rho}(\boldsymbol{\mu}_{jk}))^{\mathrm{T}}\boldsymbol{\mu}_{jk}}{\sum\limits_{i=1}^{m}\omega_i\rho_i(\boldsymbol{\mu}_{jk})}}\right)_{1\times h}\quad(j=1,2,\cdots,n)$$

即

$$\boldsymbol{u}_j^L=\left(\frac{\dfrac{(\boldsymbol{\omega}\otimes\boldsymbol{\rho}(\boldsymbol{\mu}_{j1}))^{\mathrm{T}}\boldsymbol{\mu}_{j1}}{\sum\limits_{i=1}^{m}\omega_i\rho_i(\boldsymbol{\mu}_{j1})}}{\sum\limits_{k=1}^{h}\dfrac{(\boldsymbol{\omega}\otimes\boldsymbol{\rho}(\boldsymbol{\mu}_{jk}))^{\mathrm{T}}\boldsymbol{\mu}_{jk}}{\sum\limits_{i=1}^{m}\omega_i\rho_i(\boldsymbol{\mu}_{jk})}},\frac{\dfrac{(\boldsymbol{\omega}\otimes\boldsymbol{\rho}(\boldsymbol{\mu}_{j2}))^{\mathrm{T}}\mu_{j2}}{\sum\limits_{i=1}^{m}\omega_i\rho_i(\boldsymbol{\mu}_{j2})}}{\sum\limits_{k=1}^{h}\dfrac{(\boldsymbol{\omega}\otimes\boldsymbol{\rho}(\boldsymbol{\mu}_{jk}))^{\mathrm{T}}\boldsymbol{\mu}_{jk}}{\sum\limits_{i=1}^{m}\omega_i\rho_i(\boldsymbol{\mu}_{jk})}},\cdots,\frac{\dfrac{(\boldsymbol{\omega}\otimes\boldsymbol{\rho}(\boldsymbol{\mu}_{jh}))^{\mathrm{T}}\boldsymbol{\mu}_{jh}}{\sum\limits_{i=1}^{m}\omega_i\rho_i(\boldsymbol{\mu}_{jh})}}{\sum\limits_{k=1}^{h}\dfrac{(\boldsymbol{\omega}\otimes\boldsymbol{\rho}(\boldsymbol{\mu}_{jk}))^{\mathrm{T}}\boldsymbol{\mu}_{jk}}{\sum\limits_{i=1}^{m}\omega_i\rho_i(\boldsymbol{\mu}_{jk})}}\right)$$

$$(j=1,2,\cdots,n)\tag{3.35}$$

其中，

$$u_{jk}^L=\frac{\dfrac{(\boldsymbol{\omega}\otimes\boldsymbol{\rho}(\boldsymbol{\mu}_{jk}))^{\mathrm{T}}\boldsymbol{\mu}_{jk}}{\sum\limits_{i=1}^{m}\omega_i\rho_i(\boldsymbol{\mu}_{jk})}}{\sum\limits_{k=1}^{h}\dfrac{(\boldsymbol{\omega}\otimes\boldsymbol{\rho}(\boldsymbol{\mu}_{jk}))^{\mathrm{T}}\boldsymbol{\mu}_{jk}}{\sum\limits_{i=1}^{m}\omega_i\rho_i(\boldsymbol{\mu}_{jk})}}\quad(j=1,2,\cdots,n;k=1,2,\cdots,h)$$

显然，$u_{jk}^L\in[0,1]\ (j=1,2,\cdots,n;k=1,2,\cdots,h)$ 且 $\sum\limits_{k=1}^{h}u_{jk}^L=1\ (j=1,2,\cdots,n)$。根据前面的讨论，按照某种威胁等级判定原则，依据目标威胁等级多因子线性变权加权

综合隶属度 u_{jk}^L $(k=1,2,\cdots,h)$ 的大小，可以评定目标 T_j $(j=1,2,\cdots,n)$ 的威胁等级。

例如，通过计算目标 T_j $(j=1,2,\cdots,n)$ 的级别特征值：

$$\upsilon_j=(1,2,\cdots,h)(\boldsymbol{u}_j^L)^{\mathrm{T}}=\sum_{k=1}^{h}ku_{jk}^L$$

$$=\frac{\sum_{k=1}^{h}\left[k\frac{(\boldsymbol{\omega}\otimes\boldsymbol{\rho}(\boldsymbol{\mu}_{jk}))^{\mathrm{T}}\boldsymbol{\mu}_{jk}}{\sum_{i=1}^{m}\omega_i\rho_i(\boldsymbol{\mu}_{jk})}\right]}{\sum_{k=1}^{h}\frac{(\boldsymbol{\omega}\otimes\boldsymbol{\rho}(\boldsymbol{\mu}_{jk}))^{\mathrm{T}}\boldsymbol{\mu}_{jk}}{\sum_{i=1}^{m}\omega_i\rho_i(\boldsymbol{\mu}_{jk})}}$$

类似 3.3.2 节的目标威胁等级多因子综合评估二元语义方法，可以建立目标威胁等级多因子线性变权加权综合评估二元语义方法，用于确定目标 T_j $(j=1,2,\cdots,n)$ 的威胁等级及目标威胁排序。

例 3.4　考虑防空指挥中的目标威胁等级评估问题，如例 3.1 所述，并选择例 3.1 中上界型的 3 个目标 $T_j(j=1,2,3)$ 的威胁因子级别评估矩阵。考虑表 2.12 的目标威胁因子变权重，利用目标威胁等级多因子线性变权加权综合评估方法，确定目标 $T_j(j=1,2,3)$ 的威胁等级及其目标威胁排序。

结合表 2.12 和例 3.1 中上界型的 3 个目标 $T_j(j=1,2,3)$ 的威胁因子级别评估矩阵，利用式（3.35），首先计算得到目标 T_1 关于威胁等级 $e_k(k=1,2,3)$ 的多因子线性变权加权综合值分别为

$$\hat{u}_{11}^L=0\times0.41+0.667\times0.21+0.333\times0.18+1\times0.2=0.400$$

$$\hat{u}_{12}^L=0.5\times0.41+1\times0.21+1\times0.18+0.667\times0.2=0.728$$

$$\hat{u}_{13}^L=1\times0.41+0.667\times0.21+0.833\times0.18+0.333\times0.2=0.766$$

然后，通过归一化计算，可以得到目标 T_1 关于威胁等级 e_k $(k=1,2,3)$ 的威胁等级多因子线性变权加权综合隶属度分别为

$$u_{11}^L=\frac{\hat{u}_{11}^L}{\sum_{k=1}^{3}\hat{u}_{1k}^L}=\frac{0.400}{0.400+0.728+0.766}=0.21$$

$$u_{12}^L=\frac{\hat{u}_{12}^L}{\sum_{k=1}^{3}\hat{u}_{1k}^L}=\frac{0.728}{0.400+0.728+0.766}=0.38$$

$$u_{13}^L=\frac{\hat{u}_{13}^L}{\sum_{k=1}^{3}\hat{u}_{1k}^L}=\frac{0.766}{0.400+0.728+0.766}=0.41$$

因此，目标 T_1 关于威胁等级 $e_k\ (k=1,2,3)$ 的威胁等级多因子线性变权加权综合隶属度向量为

$$\boldsymbol{u}_1^L=(0.21,0.38,0.41)$$

利用级别特征值计算公式（即式（3.30）），可以得到目标 T_1 的级别特征值为

$$\upsilon_1=1\times0.21+2\times0.38+3\times0.41=2.20$$

利用式（3.32）与式（3.33），目标 T_1 的级别特征值 υ_1 可以表示成为二元语义 $\tau(\upsilon_1)=(e_2,0.20)$。因此，目标 T_1 的威胁等级评定为 2 级，即威胁等级 e_2。

类似地，目标 T_2 和 T_3 关于威胁等级 $e_k\ (k=1,2,3)$ 的威胁等级多因子线性变权加权综合隶属度向量分别为

$$\boldsymbol{u}_2^L=(0.20,0.41,0.39)$$

$$\boldsymbol{u}_3^L=(0.19,0.34,0.47)$$

从而可得目标 T_2 和 T_3 的级别特征值分别为

$$\upsilon_2=1\times0.20+2\times0.41+3\times0.39=2.19$$

$$\upsilon_3=1\times0.19+2\times0.34+3\times0.47=2.28$$

相应的二元语义分别为 $\tau(\upsilon_2)=(e_2,0.19)$ 和 $\tau(\upsilon_3)=(e_2,0.28)$。因此，目标 T_2 和 T_3 的威胁等级都评定为 2 级，即威胁等级 e_2。

根据 3.3.2 节的二元语义的大小比较规定，$\tau(\upsilon_1)=(e_2,0.20)$、$\tau(\upsilon_2)=(e_2,0.19)$ 和 $\tau(\upsilon_3)=(e_2,0.28)$ 的威胁等级相同，于是可根据符号偏移值从小到大的顺序排列目标威胁排序，因此 3 个目标 $T_j\,(j=1,2,3)$ 的威胁排序为 $T_2\succ T_1\succ T_3$。

3.4.2　目标威胁等级多因子变权 TOPSIS 综合评估模型

从式（3.2）中可以看出，规范化目标威胁因子级别特征值的取值范围为单位闭区间[0,1]，因此类似于 3.1.3 节的目标威胁等级多因子 TOPSIS 综合评估方法，可以定义威胁等级 $e_k\ (k=1,2,\cdots,h)$ 的最大威胁目标 T_k^+ 和最小威胁目标 T_k^-，其规范化目标威胁因子级别特征值向量分别为 $\boldsymbol{\mu}_k^+=(\mu_{1k}^+,\mu_{2k}^+,\cdots,\mu_{mk}^+)^{\mathrm{T}}=(1,1,\cdots,1)^{\mathrm{T}}$ 和 $\boldsymbol{\mu}_k^-=(\mu_{1k}^-,\mu_{2k}^-,\cdots,\mu_{mk}^-)^{\mathrm{T}}=(0,0,\cdots,0)^{\mathrm{T}}$。利用目标威胁因子变权向量计算公式（式（2.36）），目标 $T_j\ (j=1,2,\cdots,n)$ 关于威胁等级 $e_k\ (k=1,2,\cdots,h)$ 与最大威胁目标 T_k^+、最小威胁目标 T_k^- 的变权欧氏距离分别为

$$D_{jk}^+=\frac{\sqrt{\sum_{i=1}^{m}[\omega_i\rho_i(\boldsymbol{\mu}_{jk})(\mu_{ijk}-\mu_{ik}^+)]^2}}{\sum_{i=1}^{m}\omega_i\rho_i(\boldsymbol{\mu}_{jk})}=\frac{\sqrt{\sum_{i=1}^{m}[\omega_i\rho_i(\boldsymbol{\mu}_{jk})(\mu_{ijk}-1)]^2}}{\sum_{i=1}^{m}\omega_i\rho_i(\boldsymbol{\mu}_{jk})}$$

$$(j=1,2,\cdots,n;\ k=1,2,\cdots,h)$$

和

$$D_{jk}^{-}=\frac{\sqrt{\sum_{i=1}^{m}[\omega_i\rho_i(\boldsymbol{\mu}_{jk})(\mu_{ijk}-0)]^2}}{\sum_{i=1}^{m}\omega_i\rho_i(\boldsymbol{\mu}_{jk})}$$

$$(j=1,2,\cdots,n;\ k=1,2,\cdots,h)$$

从而目标 T_j $(j=1,2,\cdots,n)$ 关于威胁等级 e_k $(k=1,2,\cdots,h)$ 与最大威胁目标 T_k^{+} 的变权相对接近度为

$$V_{jk}^{N}=\frac{D_{jk}^{-}}{D_{jk}^{+}+D_{jk}^{-}}=\frac{\sqrt{\sum_{i=1}^{m}(\omega_i\rho_i(\boldsymbol{\mu}_{jk})\mu_{ijk})^2}}{\sqrt{\sum_{i=1}^{m}[\omega_i\rho_i(\boldsymbol{\mu}_{jk})(\mu_{ijk}-1)]^2}+\sqrt{\sum_{i=1}^{m}(\omega_i\rho_i(\boldsymbol{\mu}_{jk})\mu_{ijk})^2}} \tag{3.36}$$

经过归一化计算，可得目标 T_j $(j=1,2,\cdots,n)$ 关于威胁等级 e_k $(k=1,2,\cdots,h)$ 的威胁等级多因子变权 TOPSIS 综合隶属度分别为

$$u_{jk}^{N}=\frac{V_{jk}^{N}}{\sum_{k=1}^{h}V_{jk}^{N}}=\frac{\dfrac{D_{jk}^{-}}{D_{jk}^{+}+D_{jk}^{-}}}{\sum_{k=1}^{h}\dfrac{D_{jk}^{-}}{D_{jk}^{+}+D_{jk}^{-}}}\quad(j=1,2,\cdots,n;k=1,2,\cdots,h)$$

即目标 T_j $(j=1,2,\cdots,n)$ 的威胁等级多因子变权 TOPSIS 综合隶属度向量为

$$\boldsymbol{u}_j^{N}=\left(\frac{\dfrac{D_{jk}^{-}}{D_{jk}^{+}+D_{jk}^{-}}}{\sum_{k=1}^{h}\dfrac{D_{jk}^{-}}{D_{jk}^{+}+D_{jk}^{-}}}\right)_{1\times h}=\left(\frac{\dfrac{D_{j1}^{-}}{D_{j1}^{+}+D_{j1}^{-}}}{\sum_{k=1}^{h}\dfrac{D_{jk}^{-}}{D_{jk}^{+}+D_{jk}^{-}}},\frac{\dfrac{D_{j2}^{-}}{D_{j2}^{+}+D_{j2}^{-}}}{\sum_{k=1}^{h}\dfrac{D_{jk}^{-}}{D_{jk}^{+}+D_{jk}^{-}}},\cdots,\frac{\dfrac{D_{jh}^{-}}{D_{jh}^{+}+D_{jh}^{-}}}{\sum_{k=1}^{h}\dfrac{D_{jk}^{-}}{D_{jk}^{+}+D_{jk}^{-}}}\right)$$

$$(j=1,2,\cdots,n) \tag{3.37}$$

其中，$\boldsymbol{u}_j^{N}=(u_{jk}^{N})_{1\times h}=(u_{j1}^{N},u_{j2}^{N},\cdots,u_{jh}^{N})$。显然，$u_{jk}^{N}\in[0,1]$ 且 $\sum_{k=1}^{h}u_{jk}^{N}=1$ $(j=1,2,\cdots,n;k=1,2,\cdots,h)$。

类似地，利用式（3.30），可以计算得到目标 T_j $(j=1,2,\cdots,n)$ 的级别特征值分别为

$$\upsilon_j=(1,2,\cdots,h)(\boldsymbol{u}_j)^{\mathrm{T}}=\sum_{k=1}^{h}ku_{jk}=\frac{\sum_{k=1}^{h}k\dfrac{D_{jk}^{-}}{D_{jk}^{+}+D_{jk}^{-}}}{\sum_{k=1}^{h}\dfrac{D_{jk}^{-}}{D_{jk}^{+}+D_{jk}^{-}}}\quad(j=1,2,\cdots,n)$$

同样地，根据 3.3.2 节的做法，可以建立目标威胁等级多因子变权 TOPSIS 综合评估二元语义方法，用于确定目标 $T_j\ (j=1,2,\cdots,n)$ 的威胁等级及目标威胁排序。

例 3.5　考虑例 3.4 的目标威胁等级评估问题，即问题背景与数据由例 3.4 给定。利用目标威胁等级多因子变权 TOPSIS 综合评估方法，确定目标 $T_j(j=1,2,3)$ 的威胁等级及其目标威胁排序。

根据例 3.1 中上界型的 3 个目标 $T_j(j=1,2,3)$ 的威胁因子级别评估矩阵，利用目标威胁等级多因子变权 TOPSIS 综合评估方法，容易得到关于威胁等级 $e_k\ (k=1,2,3)$ 的最大威胁目标 T_k^+ 和最小威胁目标 T_k^-，其规范化目标威胁因子级别特征值向量分别为 $\boldsymbol{\mu}_k^+=(1,1,1,1)^{\mathrm{T}}$ 和 $\boldsymbol{\mu}_k^-=(0,0,0,0)^{\mathrm{T}}$。

结合表 2.12 中敌方空袭目标的威胁因子变权重，可以计算得到目标 T_1 关于威胁等级 e_1 与最大威胁目标 T_1^+、最小威胁目标 T_1^- 的变权欧氏距离分别为

$$D_{11}^+=\sqrt{(0-1)^2\times0.441+(0.667-1)^2\times0.21+(0.333-1)^2\times0.18+(1-1)^2\times0.2}=0.738$$

$$D_{11}^-=\sqrt{(0-0)^2\times0.441+(0.667-0)^2\times0.21+(0.333-0)^2\times0.18+(1-0)^2\times0.2}=0.560$$

利用式（3.36），可以计算得到目标 T_1 关于威胁等级 e_1 与最大威胁目标 T_1^+ 的变权相对贴近度为

$$V_{11}^N=\frac{D_{11}^-}{D_{11}^-+D_{11}^+}=\frac{0.560}{0.560+0.738}=0.431$$

类似地，可以计算得到目标 T_1 关于威胁等级 e_2、e_3 与最大威胁目标 T_2^+、T_3^+ 的变权相对贴近度分别为

$$V_{12}^N=\frac{D_{12}^-}{D_{12}^-+D_{12}^+}=\frac{0.369}{0.369+0.216}=0.631$$

$$V_{13}^N=\frac{D_{13}^-}{D_{13}^-+D_{13}^+}=\frac{0.463}{0.463+0.154}=0.750$$

经过归一化计算即式（3.37），可以计算得到目标 T_1 关于威胁等级 $e_k\ (k=1,2,3)$ 的威胁等级多因子变权 TOPSIS 综合隶属度分别为

$$u_{11}^N=\frac{V_{11}^N}{V_{11}^N+V_{12}^N+V_{13}^N}=\frac{0.431}{0.431+0.631+0.750}=0.238$$

$$u_{12}^N=\frac{V_{12}^N}{V_{11}^N+V_{12}^N+V_{13}^N}=\frac{0.631}{0.431+0.631+0.750}=0.348$$

$$u_{13}^N=\frac{V_{13}^N}{V_{11}^N+V_{12}^N+V_{13}^N}=\frac{0.750}{0.431+0.631+0.750}=0.414$$

即目标 T_1 关于威胁等级 $e_k\ (k=1,2,3)$ 的威胁等级多因子变权 TOPSIS 综合隶属度向量为

$$\boldsymbol{u}_1^N=(0.238,0.348,0.414)$$

利用式（3.30），可以计算得到目标 T_1 的级别特征值为

$$\upsilon_1=1\times 0.238+2\times 0.348+3\times 0.414=2.176$$

利用式（3.32）与式（3.33），目标 T_1 的级别特征值 υ_1 可以表示成为二元语义 $\tau(\upsilon_1)=(e_2,0.176)$。因此，可以评定目标 T_1 的威胁等级为 2 级，即威胁等级 e_2。

类似地，可以计算得到目标 T_2、T_3 关于威胁等级 $e_k\,(k=1,2,3)$ 的威胁等级多因子变权 TOPSIS 综合隶属度向量分别为

$$\boldsymbol{u}_2^N=(0.259,0.396,0.345)$$

$$\boldsymbol{u}_3^N=(0.266,0.333,0.401)$$

目标 T_2 和 T_3 的级别特征值分别为

$$\upsilon_2=1\times 0.259+2\times 0.396+3\times 0.345=2.086$$

$$\upsilon_3=1\times 0.266+2\times 0.333+3\times 0.401=2.135$$

对应的二元语义为 $\tau(\upsilon_2)=(e_2,0.086)$ 和 $\tau(\upsilon_3)=(e_2,0.135)$。因此，评定目标 T_2 和 T_3 的威胁等级都是 2 级，即威胁等级 e_2。

根据 3.3.2 节的二元语义的大小比较规定，由二元语义 $\tau(\upsilon_1)=(e_2,0.176)$、$\tau(\upsilon_2)=(e_2,0.086)$ 和 $\tau(\upsilon_3)=(e_2,0.135)$ 可以看出，3 个目标 $T_j\,(j=1,2,3)$ 的威胁排序为 $T_2\succ T_3\succ T_1$。显然，这个目标威胁排序与例 3.4 的 3 个目标威胁排序（$T_2\succ T_1\succ T_3$）稍微不同。

3.4.3　目标威胁等级多因子变权 VIKOR 综合评估模型

类似于 3.4.2 节，定义各威胁等级 $e_k\,(k=1,2,\cdots,h)$ 的最大威胁目标 T_k^+ 和最小威胁目标 T_k^-，其规范化目标威胁因子级别特征值向量分别为 $\boldsymbol{\mu}_k^+=(\mu_{1k}^+,\mu_{2k}^+,\cdots,\mu_{mk}^+)^{\mathrm{T}}=(1,1,\cdots,1)^{\mathrm{T}}$ 和 $\boldsymbol{\mu}_k^-=(\mu_{1k}^-,\mu_{2k}^-,\cdots,\mu_{mk}^-)^{\mathrm{T}}=(0,0,\cdots,0)^{\mathrm{T}}$。

按照 3.1.4 节的目标威胁等级多因子 VIKOR 综合评估方法，即式（3.8）与式（3.9），利用目标威胁因子变权向量计算公式（式（2.36）），计算目标 $T_j\,(j=1,2,\cdots,n)$ 关于威胁等级 $e_k\,(k=1,2,\cdots,h)$ 对最大威胁目标 T_k^+、最小威胁目标 T_k^- 的威胁变权相对贴近度 S_{jk} 和 R_{jk} 分别为

$$S_{jk}=\frac{\sum_{i=1}^{m}(\omega_i\rho_i(\boldsymbol{\mu}_{jk})\mu_{ijk})^p}{\left(\sum_{i=1}^{m}\omega_i\rho_i(\boldsymbol{\mu}_{jk})\right)^p} \tag{3.38}$$

$$R_{jk}=\frac{\max_{1\leqslant i\leqslant m}\{(\omega_i\rho_i(\boldsymbol{\mu}_{jk})\mu_{ijk})^p\}}{\left(\sum_{i=1}^{m}\omega_i\rho_i(\boldsymbol{\mu}_{jk})\right)^p} \tag{3.39}$$

其中，$p \geqslant 0$ 是距离参数，可根据实际情况进行合理选取。

利用式（3.10），可计算目标 $T_j\ (j=1,2,\cdots,n)$ 关于威胁等级 $e_k\ (k=1,2,\cdots,h)$ 的威胁变权折中贴近度 Q_{jk} 为

$$Q_{jk}=\lambda\frac{S_{jk}-S_j^-}{S_j^+-S_j^-}+(1-\lambda)\frac{R_{jk}-R_j^-}{R_j^+-R_j^-} \tag{3.40}$$

其中，$S_j^+=\max\limits_{1\leqslant k\leqslant h}\{S_{jk}\}$；$S_j^-=\min\limits_{1\leqslant k\leqslant h}\{S_{jk}\}$；$R_j^+=\max\limits_{1\leqslant k\leqslant h}\{R_{jk}\}$；$R_j^-=\min\limits_{1\leqslant k\leqslant h}\{R_{jk}\}$；$\lambda\in[0,1]$ 是决策机制系数，可根据实际情况进行合理选取。

类似于式（3.11）～式（3.13）进行归一化计算，可得目标 $T_j\ (j=1,2,\cdots,n)$ 关于威胁等级 $e_k\ (k=1,2,\cdots,h)$ 的威胁变权相对贴近度向量 $\boldsymbol{s}_j$ 、$\boldsymbol{r}_j$ 与目标威胁变权折中贴近度向量 $\boldsymbol{q}_j$ 分别为

$$\boldsymbol{s}_j=(s_{j1},s_{j2},\cdots,s_{jh})=\left(\frac{S_{j1}}{\sum\limits_{k=1}^{h}S_{jk}},\frac{S_{j2}}{\sum\limits_{k=1}^{h}S_{jk}},\cdots,\frac{S_{jh}}{\sum\limits_{k=1}^{h}S_{jk}}\right) \tag{3.41}$$

$$\boldsymbol{r}_j=(r_{j1},r_{j2},\cdots,r_{jh})=\left(\frac{R_{j1}}{\sum\limits_{k=1}^{h}R_{jk}},\frac{R_{j2}}{\sum\limits_{k=1}^{h}R_{jk}},\cdots,\frac{R_{jh}}{\sum\limits_{k=1}^{h}R_{jk}}\right) \tag{3.42}$$

$$\boldsymbol{q}_j=(q_{j1},q_{j2},\cdots,q_{jh})=\left(\frac{Q_{j1}}{\sum\limits_{k=1}^{h}Q_{jk}},\frac{Q_{j2}}{\sum\limits_{k=1}^{h}Q_{jk}},\cdots,\frac{Q_{jh}}{\sum\limits_{k=1}^{h}Q_{jk}}\right) \tag{3.43}$$

类似地，利用式（3.30），可以计算目标 $T_j(j=1,2,\cdots,n)$ 的威胁变权相对贴近度向量 $\boldsymbol{s}_j$ 、$\boldsymbol{r}_j$ 与目标威胁变权折中贴近度向量 $\boldsymbol{q}_j$ 的级别特征值分别为

$$\upsilon_j(\boldsymbol{q}_j)=(1,2,\cdots,h)(\boldsymbol{q}_j)^{\mathrm{T}}=\sum_{k=1}^{h}kq_{jk}=\frac{\sum\limits_{k=1}^{h}kQ_{jk}}{\sum\limits_{k=1}^{h}Q_{jk}}$$

$$\upsilon_j(\boldsymbol{s}_j)=(1,2,\cdots,h)(\boldsymbol{s}_j)^{\mathrm{T}}=\sum_{k=1}^{h}ks_{jk}=\frac{\sum\limits_{k=1}^{h}kS_{jk}}{\sum\limits_{k=1}^{h}S_{jk}}$$

$$\upsilon_j(\boldsymbol{r}_j)=(1,2,\cdots,h)(\boldsymbol{r}_j)^{\mathrm{T}}=\sum_{k=1}^{h}kr_{jk}=\frac{\sum_{k=1}^{h}kR_{jk}}{\sum_{k=1}^{h}R_{jk}}$$

类似于 3.3.2 节的做法与 3.1.4 节的目标威胁等级多因子 VIKOR 综合评估方法，首先按照级别特征值$\upsilon_j(\boldsymbol{q}_j)$，然后按照级别特征值$\upsilon_j(\boldsymbol{s}_j)$与$\upsilon_j(\boldsymbol{r}_j)$，可以建立目标威胁等级多因子变权 VIKOR 综合评估二元语义方法，用于确定评定目标$T_j\ (j=1,2,\cdots,n)$的威胁等级及目标威胁排序。

例 3.6 仍然考虑例 3.4 的目标威胁等级评估问题，即问题背景与数据由例 3.4 给定。利用目标威胁等级多因子变权 VIKOR 综合评估方法，确定目标$T_j(j=1,2,3)$的威胁等级及其目标威胁排序。

按照目标威胁等级多因子变权 VIKOR 综合评估方法，根据例 3.1 中上界型的 3 个目标$T_j(j=1,2,3)$的威胁因子级别评估矩阵，确定各威胁等级$e_k\ (k=1,2,3)$的最大威胁目标T_k^+和最小威胁目标T_k^-，其规范化目标威胁因子级别特征值向量分别为$\boldsymbol{\mu}_k^+=(1,1,1,1)^{\mathrm{T}}$和$\boldsymbol{\mu}_k^-=(0,0,0,0)^{\mathrm{T}}$。

结合表 2.12 中敌方空袭目标的威胁因子变权重，利用式(3.38)与式(3.39)，计算得到目标T_1关于威胁等级e_1对最大威胁目标T_1^+、最小威胁目标T_1^-的威胁变权相对贴近度S_{11}和R_{11}分别为

$$\begin{aligned}S_{11}&=(0.41\times0)^2+(0.21\times0.667)^2+(0.18\times0.333)^2+(0.2\times1)^2\\&=0+0.020+0.004+0.040\\&=0.064\end{aligned}$$

$$\begin{aligned}R_{11}&=\max\{(0.41\times0)^2,(0.21\times0.667)^2,(0.18\times0.333)^2,(0.2\times1)^2\}\\&=\max\{0,0.020,0.004,0.040\}\\&=0.040\end{aligned}$$

类似地，计算得到目标T_1关于威胁等级$e_k\ (k=2,3)$对最大威胁目标T_k^+、最小威胁目标T_k^-的威胁变权相对贴近度分别为$S_{12}=0.136$、$R_{12}=0.044$、$S_{13}=0.214$、$R_{13}=0.168$。

容易得到

$$S_1^+=\max\{S_{11},S_{12},S_{13}\}=\max\{0.064,0.136,0.214\}=0.214$$

$$S_1^-=\min\{S_{11},S_{12},S_{13}\}=\min\{0.064,0.136,0.214\}=0.064$$

$$R_1^+=\max\{R_{11},R_{12},R_{13}\}=\max\{0.040,0.044,0.168\}=0.168$$

$$R_1^-=\min\{R_{11},R_{12},R_{13}\}=\min\{0.040,0.044,0.168\}=0.040$$

选取决策机制系数$\lambda=0.5$，利用式（3.40），计算得到目标T_1关于威胁等级e_1的威胁变权折中贴近度Q_{11}为

$$Q_{11} = 0.5 \times \frac{0.064 - 0.064}{0.214 - 0.064} + 0.5 \times \frac{0.040 - 0.040}{0.168 - 0.040} = 0$$

类似地，计算得到目标 T_1 关于威胁等级 e_k $(k = 2,3)$ 的威胁变权折中贴近度分别为 $Q_{12} = 0.256$、$Q_{13} = 1$。

利用式（3.43），可计算得到目标 T_1 关于威胁等级 $e_k(k = 1,2,3)$ 的规范化目标威胁变权折中贴近度综合隶属度分别为

$$q_{11} = \frac{Q_{11}}{\sum_{k=1}^{3} Q_{1k}} = \frac{0}{0 + 0.256 + 1} = 0$$

$$q_{12} = \frac{Q_{12}}{\sum_{k=1}^{3} Q_{1k}} = \frac{0.256}{0 + 0.256 + 1} = 0.204$$

$$q_{13} = \frac{Q_{13}}{\sum_{k=1}^{3} Q_{1k}} = \frac{1}{0 + 0.256 + 1} = 0.796$$

因此，目标 T_1 关于威胁等级 $e_k(k = 1,2,3)$ 的规范化目标威胁变权折中贴近度综合隶属度向量为

$$\boldsymbol{q}_1 = (0, 0.204, 0.796)$$

利用式（3.30），可计算得到目标 T_1 的级别特征值为

$$\upsilon_1(\boldsymbol{q}_1) = 1 \times 0 + 2 \times 0.204 + 3 \times 0.796 = 2.796$$

对应的二元语义为 $\tau(\upsilon_1(\boldsymbol{q}_1)) = (e_3, -0.204)$。因此，评定目标 T_1 的威胁等级为 3 级，即威胁等级 e_3。

类似地，利用式（3.38）～式（3.40）与式（3.43），可计算得到目标 T_2、T_3 关于威胁等级 $e_k(k = 1,2,3)$ 的规范化目标威胁变权折中贴近度综合隶属度向量分别为

$$\boldsymbol{q}_2 = (0.370, 0.370, 0.260)$$

$$\boldsymbol{q}_3 = (0.259, 0.482, 0.259)$$

目标 T_2 和 T_3 的级别特征值分别为

$$\upsilon_2(\boldsymbol{q}_2) = 1 \times 0.370 + 2 \times 0.370 + 3 \times 0.260 = 1.890$$

$$\upsilon_3(\boldsymbol{q}_3) = 1 \times 0.259 + 2 \times 0.482 + 3 \times 0.259 = 2$$

对应的二元语义分别为 $\tau(\upsilon_2(\boldsymbol{q}_2)) = (e_2, -0.110)$ 与 $\tau(\upsilon_3(\boldsymbol{q}_3)) = (e_2, 0)$。因此，评定目标 T_2、T_3 的威胁等级都是 2 级，即威胁等级 e_2。

比较二元语义 $\tau(\upsilon_1(\boldsymbol{q}_1)) = (e_3, -0.204)$、$\tau(\upsilon_2(\boldsymbol{q}_2)) = (e_2, -0.110)$ 与 $\tau(\upsilon_3(\boldsymbol{q}_3)) =$

$(e_2,0)$，可以看出，3 个目标 $T_j(j=1,2,3)$ 的威胁排序为 $T_2 \succ T_3 \succ T_1$。显然，这个目标威胁排序与例 3.5 的目标威胁排序一致，但与例 3.4 的目标威胁排序稍微不同。

类似地，可以利用目标 $T_j(j=1,2,3)$ 的威胁变权相对贴近度向量 $\boldsymbol{s}_j$、$\boldsymbol{r}_j$ 的级别特征值 $\upsilon_j(\boldsymbol{s}_j)$ 与 $\upsilon_j(\boldsymbol{r}_j)$ 的二元语义，确定目标 $T_j(j=1,2,3)$ 的威胁等级及目标威胁排序（略）。

3.5　本章主要研究结论与启示

本章描述了目标威胁等级多因子综合评估的一般性原理与过程，提出了三种重要的目标威胁等级多因子（常权）综合评估方法，即目标威胁等级多因子线性加权综合评估方法、目标威胁等级多因子 TOPSIS 综合评估方法、目标威胁等级多因子 VIKOR 综合评估方法，并结合实例的计算分析，研究了目标威胁等级多因子综合评估结果关于目标威胁因子特征值级别隶属度的稳定（或灵敏）性问题。研究结果表明，目标威胁等级综合隶属度向量（即目标威胁等级多因子综合评估结果）对目标威胁因子特征值级别隶属度是不稳定（或灵敏）的，但目标威胁等级是否稳定（或灵敏）取决于目标威胁因子特征参数变化幅度。

上述研究结果进一步指出，运用最大隶属度原则确定目标威胁等级具有一定的局限性。由此提出并分析把级别特征值作为目标威胁等级评估指标的可行性、适用性，建立了目标威胁等级多因子综合评估级别特征值方法。在此基础上，为了准确地区分相同威胁等级的目标威胁程度，引入了具有威胁等级与符号偏移值双指标特征的二元语义概念，并建立了目标威胁等级多因子综合评估二元语义方法。实证分析表明，这样的二元语义方法不仅可以合理地确定目标威胁等级，而且可以准确区分相同等级的目标威胁大小（即目标威胁排序），还有利于目标威胁等级评估结果的符号化运算和计算机实现。

本章针对已建立的三种常用的目标威胁等级多因子（常权）综合评估方法，结合变权思想，进一步创建了三种重要的目标威胁等级多因子变权综合评估方法，即目标威胁等级多因子线性变权加权综合评估方法、目标威胁等级多因子变权 TOPSIS 综合评估方法、目标威胁等级多因子变权 VIKOR 综合评估方法，不仅可以有效地刻画目标威胁因子级别特征值对目标威胁因子重要性的影响，而且能够准确、合理地反映目标威胁等级的变化，为决策者（或指挥员）提供准确、可靠的目标威胁等级评估结果，提升决策效率与水平。

第4章　目标威胁排序多因子综合评估模型的稳定性

4.1　目标威胁排序多因子综合评估模型的稳定性问题

第2章研究了目标威胁排序多因子综合评估结果关于目标威胁排序多因子综合评估模型和目标威胁因子特征值规范化方法等的稳定（或灵敏）性问题。然而，在目标威胁排序多因子综合评估中，有两个主要参数将会影响目标威胁排序多因子综合评估结果：一个是目标威胁因子特征值；另一个是目标威胁因子权重。这两个参数会因各种环境条件的变化而发生改变。很自然就会关心这样的变化是否会对目标威胁排序多因子综合评估结果产生影响，或者说，目标威胁排序多因子综合评估结果关于目标威胁因子特征值和目标威胁因子权重是不是稳定（或不灵敏）的，即目标威胁排序多因子综合评估结果关于目标威胁因子特征值和目标威胁因子权重的灵敏性问题。如果目标威胁排序多因子综合评估结果关于目标威胁因子特征值或目标威胁因子权重的灵敏性高，则目标威胁排序多因子综合评估结果不稳定；反之，如果目标威胁排序多因子综合评估结果关于目标威胁因子特征值或目标威胁因子权重的灵敏性低，则目标威胁排序多因子综合评估结果稳定（或不灵敏），这样的目标威胁排序结果才可靠，才可以让指挥员（或决策者）放心地使用。

一般比较关心的问题是：当目标威胁因子特征值或目标威胁因子权重发生一定量的变化时，目标威胁排序多因子综合评估结果发生多大程度的变化。这个问题有时并不容易做出回答，尤其在目标威胁排序多因子综合评估模型比较复杂时。但可从另一个角度分析、解决这样的类似问题：目标威胁因子特征值或目标威胁因子权重在什么范围内变化时，当前的目标威胁排序多因子综合评估结果保持不变即目标威胁排序多因子综合评估结果是稳定（或不灵敏）的。这就需要确定目标威胁排序多因子综合评估结果不发生改变的目标威胁因子特征值或目标威胁因子权重的变化区间。研究这个问题的通常做法是针对某个具体给定的目标威胁排序多因子综合评估模型。本章将以式（2.6）的目标威胁排序多因子线性加权综合评估模型为出发点，研究目标威胁排序多因子综合评估结果关于目标威胁因子特征值和目标威胁因子权重的稳定性问题。

4.2 目标威胁排序多因子线性加权综合评估模型关于目标威胁因子特征值的稳定性

4.2.1 目标威胁排序多因子线性加权综合评估模型关于目标威胁因子特征值的稳定性理论分析

假设只有目标 $T_j(j=1,2,\cdots,n)$ 的威胁因子 $f_i(i=1,2,\cdots,m)$ 的特征值 x_{ij} 发生变化，即 x_{ij} 变化为 $\overline{x}_{ij}$，其余 $x_{sj}(s=1,2,\cdots,m;s\neq i)$ 不变，统一记为 $\overline{x}_{sj}=x_{sj}$。相应地，规范化目标威胁因子特征值由 r_{ij} 变化为 $\overline{r}_{ij}$，其余 $r_{sj}(s=1,2,\cdots,m;s\neq i)$ 不变，仍然统一记为 $\overline{r}_{sj}=r_{sj}$。因此，利用式（2.6）的目标威胁排序多因子线性加权综合评估模型，可计算得到目标 T_j 的威胁综合值由 V_j^L 变化为

$$\overline{V}_j^L=\boldsymbol{\omega}^{\mathrm{T}}\overline{\boldsymbol{r}}_j=\sum_{i=1}^{m}\omega_i\overline{r}_{ij} \tag{4.1}$$

假定原来按照 V_j^L 从大到小（即极大型）的顺序确定 n 个目标 $T_j(j=1,2,\cdots,n)$ 的威胁排序，并且目标 T_j 威胁排序为第 $t(t=1,2,\cdots,n)$ 位。为了使得目标 T_j 威胁排序结果保持稳定，即仍为第 t 位，$\overline{V}_j^L$ 必须满足条件：

$$V^{L,t-1}\geqslant\overline{V}_j^L\geqslant V^{L,t+1} \tag{4.2}$$

其中，$V^{L,t-1}$ 与 $V^{L,t+1}$ 为目标威胁因子特征值发生变化之前，威胁排序分别为第 $t-1$ 位和第 $t+1$ 位的目标的威胁综合值（按照式（2.6）计算得到）。相应地，把目标威胁因子特征值发生变化之前威胁排序为第 t 位的目标的威胁综合值记为 V^{Lt}，显然 $V^{Lt}=V_j^L=\boldsymbol{\omega}^{\mathrm{T}}\boldsymbol{r}_j$，且 $V^{L,t-1}\geqslant V^{Lt}\geqslant V^{L,t+1}$。为了统一叙述方便，规定：若 $t=1$，则 $V^{L0}=\overline{V}_j^L$；若 $t=n$，则 $V^{L,n+1}=\overline{V}_j^L$。换句话说，为了使得目标 T_j 威胁排序仍然分别为第 1 位和第 n 位，必须分别满足条件：

$$\overline{V}_j^L\geqslant V^{L2}$$

和

$$V^{L,n-1}\geqslant\overline{V}_j^L$$

下面仅讨论 $1<t<n$ 的情况，对 $t=1$ 和 $t=n$ 的情况可类似地讨论，这里不再赘述。

由式（4.1）可得

$$\overline{V}_j^L=\boldsymbol{\omega}^{\mathrm{T}}\boldsymbol{r}_j+\omega_i(\overline{r}_{ij}-r_{ij})=V^{Lt}+\omega_i(\overline{r}_{ij}-r_{ij})$$

结合式（4.2）可得

$$V^{L,t-1}\geqslant V^{Lt}+\omega_i(\overline{r}_{ij}-r_{ij})\geqslant V^{L,t+1}$$

则可以进一步写成

$$\frac{V^{L,t-1}-V^{Lt}}{\omega_i}+r_{ij}\geqslant\overline{r}_{ij}\geqslant r_{ij}+\frac{V^{L,t+1}-V^{Lt}}{\omega_i}$$

注意 $0\leqslant\overline{r}_{ij}\leqslant1$，可得

$$\min\left\{1,\frac{V^{L,t-1}-V^{Lt}}{\omega_i}+r_{ij}\right\}\geqslant\overline{r}_{ij}\geqslant\max\left\{0,r_{ij}+\frac{V^{L,t+1}-V^{Lt}}{\omega_i}\right\}\tag{4.3}$$

由计算 r_{ij} 所选定的目标威胁因子类型一致化方法和目标威胁因子特征值无量纲化方法（即目标威胁因子特征值规范化方法），利用式（4.3），可以计算得到相应于 $\overline{r}_{ij}$ 的目标威胁因子特征值 $\overline{x}_{ij}$。下面，仅以式（2.13）的目标威胁因子类型一致化方法和式（2.15）的目标威胁因子特征值无量纲化方法为例进行说明。

1. 极小型目标威胁因子

如果 f_i 是极小型目标威胁因子，即 $f_i\in F^2$，则先由式（2.13）把 $\overline{x}_{ij}$ 统一变换为极大型目标威胁因子特征值：

$$\hat{\overline{x}}_{ij}=M_i-\overline{x}_{ij}$$

其中，$M_i\geqslant\max\limits_{1\leqslant j\leqslant n}\{x_{ij}\}$。

再利用式（2.15），可计算 $\hat{\overline{x}}_{ij}$ 并得到

$$\overline{r}_{ij}=\frac{\hat{\overline{x}}_{ij}-\hat{m}_i}{\hat{M}_i-\hat{m}_i}$$

其中，$\hat{M}_i=\max\limits_{1\leqslant j\leqslant n}\{\hat{x}_{ij}\}$ 和 $\hat{m}_i=\min\limits_{1\leqslant j\leqslant n}\{\hat{x}_{ij}\}$。因此，$\overline{r}_{ij}$ 与 $\overline{x}_{ij}$ 的关系可表示为

$$\overline{r}_{ij}-r_{ij}=\frac{\hat{\overline{x}}_{ij}-\hat{m}_i}{\hat{M}_i-\hat{m}_i}-\frac{\hat{x}_{ij}-\hat{m}_i}{\hat{M}_i-\hat{m}_i}=\frac{x_{ij}-\overline{x}_{ij}}{\hat{M}_i-\hat{m}_i}$$

结合式（4.3），可得

$$\max\left\{0,x_{ij}-(\hat{M}_i-\hat{m}_i)\frac{V^{L,t-1}-V^{Lt}}{\omega_i}\right\}\leqslant\overline{x}_{ij}\leqslant\min\left\{x_{ij}-(\hat{M}_i-\hat{m}_i)\frac{V^{L,t+1}-V^{Lt}}{\omega_i},M_i\right\}\tag{4.4}$$

2. 极大型目标威胁因子

如果 f_i 是极大型目标威胁因子，即 $f_i\in F^1$，则不需要由式（2.13）先把 $\overline{x}_{ij}$ 统一变换为极大型目标威胁因子特征值，只需直接利用式（2.15）计算 $\overline{x}_{ij}$，可得到

$$\overline{r}_{ij}=\frac{\overline{x}_{ij}-\hat{m}_i}{\hat{M}_i-\hat{m}_i}$$

因此，$\overline{r}_{ij}$ 与 $\overline{x}_{ij}$ 的关系可直接表示为

$$\overline{r}_{ij}-r_{ij}=\frac{\overline{x}_{ij}-\hat{m}_i}{\hat{M}_i-\hat{m}_i}-\frac{x_{ij}-\hat{m}_i}{\hat{M}_i-\hat{m}_i}=\frac{\overline{x}_{ij}-\hat{x}_{ij}}{\hat{M}_i-\hat{m}_i}$$

注意 $\hat{x}_{ij}=x_{ij}$，并结合式（4.3）可得

$$\min\left\{M_i,x_{ij}+(\hat{M}_i-\hat{m}_i)\frac{V^{L,t-1}-V^{Lt}}{\omega_i}\right\}\geqslant\overline{x}_{ij}\geqslant\max\left\{0,x_{ij}+(\hat{M}_i-\hat{m}_i)\frac{V^{L,t+1}-V^{Lt}}{\omega_i}\right\}\tag{4.5}$$

4.2.2　目标威胁排序多因子线性加权综合评估模型关于目标威胁因子特征值的稳定性实证分析

考虑 1.4.5 节中的防空群的目标威胁排序评估问题。已知 3 批敌方空袭目标 T_1、T_2 和 T_3 的各目标威胁因子参数值，如表 1.1 所示。由式（2.13）、式（2.15）和表 1.1 可得敌方空袭目标的各规范化目标威胁因子特征值，如表 2.9 所示。目标威胁因子权重向量仍为例 1.2 计算得到的权重向量 $\boldsymbol{\omega}=(0.28,0.26,0.22,0.24)^{\mathrm{T}}$。利用式（2.6）的目标威胁排序多因子线性加权综合评估模型，可以计算得到目标 T_1、T_2 和 T_3 的威胁综合值（具体可见表 2.13 中倒数第 4 行，即目标威胁排序多因子线性（常权）加权综合评估方法计算得到的 3 个目标的威胁综合值及目标威胁排序），从而

$$V_1^L=0.72>V_2^L=0.568>V_3^L=0.233$$

由此可知，目标 T_2 的威胁排序为第 2 位。此时，$t=2$，$V^{L1}=0.72$，$V^{L2}=0.568$，$V^{L3}=0.233$。

首先，考虑目标 T_2 威胁排序关于目标威胁因子 f_1 特征值 x_{12} 的变化情况。由于目标飞临时间 f_1 是极小型目标威胁因子，使目标 T_2 的威胁排序仍为第 2 位的特征值 x_{12} 的变化值 $\overline{x}_{12}$ 可利用式（4.4）计算得到

$$\max\left\{0,2-(8-2)\times\frac{0.72-0.568}{0.28}\right\}\leqslant\overline{x}_{12}\leqslant\min\left\{2-(8-2)\times\frac{0.233-0.568}{0.28},M_1\right\}$$

其中，$M_1=8$（这是在表 2.9 的计算过程中选定的最大值，即表 1.1 中目标飞临时间 f_1 的最大特征值）。对上式进行简单计算，可得

$$\max\{0,-1.26\}\leqslant\overline{x}_{12}\leqslant\min\{9.18,8\}$$

即

$$0\leqslant\overline{x}_{12}\leqslant 8$$

因此，若目标 T_2 的目标飞临时间 $\overline{x}_{12}$ 在[2,8]内变化，目标 T_2 的威胁排序结果保持稳定，即目标 T_2 的威胁排序仍为第 2 位。

然后，考虑目标 T_2 威胁排序关于目标类型 f_4 的特征值 x_{42} 的变化情况。由于

目标类型f_4是极大型目标威胁因子，使目标T_2的威胁排序仍为第 2 位的特征值x_{42}的变化值$\overline{x}_{42}$可利用式（4.5）计算得到

$$\min\left\{M_4, 4+(7-3)\times\frac{0.72-0.568}{0.24}\right\}\geqslant\overline{x}_{42}\geqslant\max\left\{4+(7-3)\times\frac{0.233-0.568}{0.24}, 0\right\}$$

其中，$M_4=8$（这是在例 1.3 中规定目标类型威胁程度值时所选定的最大值）。对上式进行简单计算，可得

$$\min\{8, 6.53\}\geqslant\overline{x}_{42}\geqslant\max\{-1.58, 0\}$$

即

$$6.53\geqslant\overline{x}_{42}\geqslant 0$$

考虑到目标类型威胁程度值的取值范围，可得到$\overline{x}_{42}=1, 2, 3, 4, 5, 6$，即目标$T_2$的目标类型威胁程度值$\overline{x}_{42}$选取 1、2、3、4、5、6 中的任意一个值时，目标T_2的威胁排序保持稳定，即目标T_2的威胁排序仍为第 2 位。

对其他目标威胁因子特征值，可做类似的计算与分析（略）。

4.3　目标威胁排序多因子线性加权综合评估模型关于目标威胁因子权重的稳定性

4.3.1　目标威胁排序多因子线性加权综合评估模型关于目标威胁因子权重的稳定性理论分析

假设只有目标威胁因子$f_i(i=1,2,\cdots,m)$的权重ω_i发生变化，即由ω_i变化为$\omega_i+\Delta\omega_i$，其余目标威胁因子$f_t(t=1,2,\cdots,m;t\neq i)$的权重$\omega_t$不变。满足权重向量的归一化要求，可将变化后的权重向量$\overline{\boldsymbol{\omega}}$表示为

$$\overline{\boldsymbol{\omega}}=\left(\frac{\omega_1}{1+\Delta\omega_i},\frac{\omega_2}{1+\Delta\omega_i},\cdots,\frac{\omega_{i-1}}{1+\Delta\omega_i},\frac{\omega_i+\Delta\omega_i}{1+\Delta\omega_i},\frac{\omega_{i+1}}{1+\Delta\omega_i},\cdots,\frac{\omega_m}{1+\Delta\omega_i}\right)^{\mathrm{T}} \tag{4.6}$$

其中，初始目标威胁因子权重向量为$\boldsymbol{\omega}=(\omega_1,\omega_2,\cdots,\omega_m)^{\mathrm{T}}$。在目标威胁因子$f_i$ $(i=1,2,\cdots,m)$的权重ω_i发生变化后，目标T_j $(j=1,2,\cdots,n)$的威胁综合值按照式（2.6）（即目标威胁排序多因子线性加权综合评估模型）由V_j^L变化为

$$\overline{V}_j^L=\overline{\boldsymbol{\omega}}^{\mathrm{T}}\boldsymbol{r}_j=\sum_{i=1}^{m}\overline{\omega}r_{ij} \tag{4.7}$$

类似于 4.2.1 节，仍然假定原来按照V_j^L从大到小的顺序确定n个目标$T_j(j=1,2,\cdots,n)$的威胁排序，并且目标T_j威胁排序为第$t(t=1,2,\cdots,n)$位。为了使得目标T_j威胁排序结果保持稳定，即仍为第t位，$\overline{V}_j^L$必须满足式（4.2），即

$$V^{L,t-1}\geqslant\overline{V}_j^L\geqslant V^{L,t+1}$$

其中，$V^{L,t-1}$ 与 $V^{L,t+1}$ 为目标威胁因子权重发生变化之前，威胁排序分别为第 $t-1$ 位和第 $t+1$ 位的目标的威胁综合值（按照式（2.6）计算得到）。

同样地，把目标威胁因子权重发生变化之前威胁排序为第 t 位的目标的威胁综合值记为 V^{Lt}。显然，$V^{Lt}=\boldsymbol{\omega}^{\mathrm{T}}\boldsymbol{r}_j$。

下面，仅讨论 $1<t<n$ 的情况，对 $t=1$ 和 $t=n$ 的情况可类似地讨论（这里不再赘述）。

结合式（4.6）、式（4.7）和式（4.2），可得

$$V^{L,t-1}\geqslant\frac{V^{Lt}}{1+\Delta\omega_i}+\frac{\Delta\omega_i}{1+\Delta\omega_i}r_{ij}\geqslant V^{L,t+1}$$

简单整理，可得

$$V^{L,t-1}(1+\Delta\omega_i)\geqslant V^{Lt}+\Delta\omega_i r_{ij}\geqslant V^{L,t+1}(1+\Delta\omega_i)$$

进一步，可把上述不等式写成不等式组：

$$\begin{cases}(V^{L,t-1}-r_{ij})\Delta\omega_i\geqslant V^{Lt}-V^{L,t-1}\\(V^{L,t+1}-r_{ij})\Delta\omega_i\leqslant V^{Lt}-V^{L,t+1}\end{cases}\tag{4.8}$$

式(4.8)是关于 $\Delta\omega_i$ 的一元一次不等式组，可根据系数 $V^{L,t-1}-r_{ij}$ 与 $V^{L,t+1}-r_{ij}$ 的正、负情况，求解得到 $\Delta\omega_i$ 的具体表达式。若 $V^{L,t-1}-r_{ij}=0$ 与 $V^{L,t+1}-r_{ij}=0$ 同时成立，则可得 $V^{L,t-1}=V^{Lt}=V^{L,t+1}=r_{ij}$，从而 $V^{Lt}=\boldsymbol{\omega}^{\mathrm{T}}\boldsymbol{r}_j=r_{ij}$。因此，不论 $\Delta\omega_i$ 在 $[-\omega_i,1-\omega_i]$ 上如何取值，都有 $\bar{V}_j^L=V^{L,t-1}=V^{L,t+1}=r_{ij}$，即目标 T_j 与威胁排序为第 $t-1$ 位、第 $t+1$ 位的目标是并列的，也即 3 个目标威胁程度相同。这是一种特殊情况。因此，考虑 $V^{L,t-1}-r_{ij}=0$ 与 $V^{L,t+1}-r_{ij}=0$ 同时成立的情况没有实质性意义。下面考虑 $V^{L,t-1}>V^{Lt}>V^{L,t+1}$ 的一般情况。因此，可以按照式（4.8）的系数 $V^{L,t-1}-r_{ij}$ 与 $V^{L,t+1}-r_{ij}$ 的正或负值的不同情况进行具体讨论与求解。

（1）当 $V^{L,t-1}-r_{ij}=0$ 时，由于

$$V^{L,t+1}-r_{ij}<V^{L,t-1}-r_{ij}=r_{ij}-r_{ij}=0$$

即

$$V^{L,t+1}-r_{ij}<0$$

由式（4.8）可得

$$\Delta\omega_i\geqslant\frac{V^{Lt}-V^{L,t+1}}{V^{L,t+1}-r_{ij}}\tag{4.9}$$

注意 $0\leqslant\dfrac{\omega_i+\Delta\omega_i}{1+\Delta\omega_i}\leqslant1$，可得

$$\Delta\omega_i\geqslant-\omega_i\tag{4.10}$$

结合式（4.9）和式（4.10），可得

$$\Delta\omega_i \geqslant \max\left\{-\omega_i, \frac{V^{Lt}-V^{L,t+1}}{V^{L,t+1}-r_{ij}}\right\} \tag{4.11}$$

（2）当$V^{L,t+1}-r_{ij}=0$时，由于

$$V^{L,t-1}-r_{ij} > V^{L,t+1}-r_{ij}=r_{ij}-r_{ij}=0$$

即

$$V^{L,t-1}-r_{ij}>0$$

由式（4.8）可得

$$\Delta\omega_i \geqslant \frac{V^{Lt}-V^{L,t-1}}{V^{L,t-1}-r_{ij}} \tag{4.12}$$

结合式（4.10），可得

$$\Delta\omega_i \geqslant \max\left\{-\omega_i, \frac{V^{Lt}-V^{L,t-1}}{V^{L,t-1}-r_{ij}}\right\} \tag{4.13}$$

（3）当$V^{L,t+1}-r_{ij}>0$和$V^{L,t-1}-r_{ij}>0$时，则由式（4.8）可得

$$\frac{V^{Lt}-V^{L,t-1}}{V^{L,t-1}-r_{ij}} \leqslant \Delta\omega_i \leqslant \frac{V^{Lt}-V^{L,t+1}}{V^{L,t+1}-r_{ij}}$$

结合式（4.10），可得

$$\max\left\{-\omega_i, \frac{V^{Lt}-V^{L,t-1}}{V^{L,t-1}-r_{ij}}\right\} \leqslant \Delta\omega_i \leqslant \frac{V^{Lt}-V^{L,t+1}}{V^{L,t+1}-r_{ij}} \tag{4.14}$$

（4）当$V^{L,t+1}-r_{ij}<0$和$V^{L,t-1}-r_{ij}<0$时，则由式（4.8）可得

$$\frac{V^{Lt}-V^{L,t+1}}{V^{L,t+1}-r_{ij}} \leqslant \Delta\omega_i \leqslant \frac{V^{Lt}-V^{L,t-1}}{V^{L,t-1}-r_{ij}}$$

结合式（4.10），可得

$$\max\left\{-\omega_i, \frac{V^{Lt}-V^{L,t+1}}{V^{L,t+1}-r_{ij}}\right\} \leqslant \Delta\omega_i \leqslant \frac{V^{Lt}-V^{L,t-1}}{V^{L,t-1}-r_{ij}} \tag{4.15}$$

（5）当$V^{L,t+1}-r_{ij}<0$和$V^{L,t-1}-r_{ij}>0$时，由式（4.8）可得

$$\begin{cases} \Delta\omega_i \geqslant \dfrac{V^{Lt}-V^{L,t-1}}{V^{L,t-1}-r_{ij}} \\ \Delta\omega_i \geqslant \dfrac{V^{Lt}-V^{L,t+1}}{V^{L,t+1}-r_{ij}} \end{cases}$$

结合式（4.10），可得

$$\Delta\omega_i \geqslant \max\left\{-\omega_i, \frac{V^{Lt}-V^{L,t+1}}{V^{L,t+1}-r_{ij}}, \frac{V^{Lt}-V^{L,t-1}}{V^{L,t-1}-r_{ij}}\right\} \tag{4.16}$$

当$V^{L,t-1}-r_{ij}<0$时，可得

$$V^{L,t+1}-r_{ij}<V^{L,t-1}-r_{ij}<0$$

即

$$V^{L,t+1}-r_{ij}<0$$

因此，不存在$V^{L,t-1}-r_{ij}<0$和$V^{L,t+1}-r_{ij}>0$同时成立的情况，没有必要讨论这种情况下式（4.8）的求解。

4.3.2 目标威胁排序多因子线性加权综合评估模型关于目标威胁因子权重的稳定性实证分析

仍然考虑 1.4.5 节（即 4.2.2 节）中的防空群的目标威胁排序评估问题。已知 3 批敌方空袭目标 T_1、T_2和 T_3的各目标威胁因子参数值，如表 1.1 所示。目标威胁因子权重向量仍为例 1.2 计算得到的权重向量$\boldsymbol{\omega}=(0.28,0.26,0.22,0.24)^{\mathrm{T}}$。

1. 由式（2.14）和式（2.17）进行目标威胁因子类型极大化和特征值无量纲化

利用式（2.14）、式（2.17）（即式（1.16）与式（1.17））和表 1.1，可计算得到敌方空袭目标 T_1、T_2和 T_3的各规范化目标威胁因子特征值，如表 1.2 所示。

利用式（2.6），可以计算得到目标 T_1、T_2和 T_3的综合威胁值（具体可见表 2.13 中的第 1 行，即目标威胁排序多因子线性（常权）加权综合评估方法计算得到的 3 个目标的威胁综合值及目标威胁排序），从而可得

$$V_1^L=0.79>V_2^L=0.728>V_3^L=0.515$$

由此可知，目标 T_2的威胁排序为第 2 位。此时，$t=2$，$V^{L1}=0.79$，$V^{L2}=0.728$，$V^{L3}=0.515$。

（1）目标飞临时间权重变化对目标 T_2威胁排序的影响。

考虑目标威胁因子f_1（即目标飞临时间）的权重ω_1变化对目标 T_2的威胁排序影响。针对这种情况，从表 1.2 中可以看出，规范化目标威胁因子特征值$r_{12}=1$。从而可得

$$V^{L3}-r_{12}=0.515-1=-0.485<0$$

$$V^{L1}-r_{12}=0.79-1=-0.21<0$$

因此，由式（4.15），可得

$$\max\left\{-0.28,\frac{0.728-0.515}{0.515-1}\right\}\leqslant\Delta\omega_1\leqslant\frac{0.728-0.79}{0.79-1}$$

即

$$-0.28\leqslant\Delta\omega_1\leqslant 0.295$$

结合给定目标威胁因子权重向量 $\boldsymbol{\omega}=(0.28,0.26,0.22,0.24)^{\mathrm{T}}$ 中的 $\omega_1=0.28$，从而可得

$$0\leqslant\frac{\omega_1+\Delta\omega_1}{1+\Delta\omega_1}\leqslant 0.44$$

因此，当目标威胁因子 f_1 的权重 ω_1 在[0,0.44]内变化时，目标 T_2 的威胁排序仍为第 2 位。或者说，目标威胁排序评估结果稳定（即目标 T_2 的威胁排序仍为第 2 位）时的目标威胁因子权重 ω_1 的变化区间为[0, 0.44]。由此可见，目标威胁因子 f_1（即目标飞临时间）是一个不稳定（或灵敏）因子，在实际作战指挥中，当目标飞临时间很短时它会成为关键性的决策因子。这与 2.3.2 节的分析结论是相吻合的。

（2）目标航路捷径权重变化对目标 T_2 威胁排序的影响。

考虑目标威胁因子 f_2（即目标航路捷径）的权重 ω_2 变化对目标 T_2 的威胁排序影响。针对这种情况，从表 1.2 中可以看出，规范化目标威胁因子特征值 $r_{22}=0.667$ 。从而可得

$$V^{L3}-r_{22}=0.515-0.667=-0.152<0$$

$$V^{L1}-r_{22}=0.79-0.667=0.123>0$$

因此，由式（4.16）可得

$$\Delta\omega_2\geqslant\max\left\{-0.26,\frac{0.728-0.515}{0.515-0.667},\frac{0.728-0.79}{0.79-0.667}\right\}$$

即

$$\Delta\omega_2\geqslant -0.26$$

结合给定目标威胁因子权重向量 $\boldsymbol{\omega}=(0.28,0.26,0.22,0.24)^{\mathrm{T}}$ 中的 $\omega_2=0.26$，从而可得

$$0\leqslant\frac{\omega_2+\Delta\omega_2}{1+\Delta\omega_2}\leqslant 1$$

因此，目标威胁因子 f_2 的权重 ω_2 在[0, 1]内变化时，目标 T_2 的威胁排序仍为第 2 位，即目标威胁因子 f_2 的权重变化对目标 T_2 的威胁排序没有任何影响。换句话说，目标威胁排序评估结果稳定时的目标威胁因子权重 ω_2 的变化区间为[0,1]。

（3）目标飞行高度权重变化对目标 T_2 威胁排序的影响。

考虑目标威胁因子 f_3（即目标飞行高度）的权重 ω_3 变化对目标 T_2 的威胁排序

影响。针对这种情况，从表 1.2 中可以看出，规范化目标威胁因子特征值 $r_{32}=0.625$ 。从而可得

$$V^{L3}-r_{32}=0.515-0.625=-0.11<0$$

$$V^{L1}-r_{32}=0.79-0.625=0.165>0$$

因此，由式（4.16），可得

$$\Delta\omega_3 \geqslant \max\left\{-0.22,\frac{0.728-0.515}{0.515-0.625},\frac{0.728-0.79}{0.79-0.625}\right\}$$

即

$$\Delta\omega_3 \geqslant -0.22$$

结合给定目标威胁因子权重向量 $\boldsymbol{\omega}=(0.28,0.26,0.22,0.24)^{\mathrm{T}}$ 中的 $\omega_3=0.22$ ，从而可得

$$0\leqslant\frac{\omega_3+\Delta\omega_3}{1+\Delta\omega_3}\leqslant 1$$

因此，目标威胁因子 f_3 的权重 ω_3 在[0,1]内变化时，目标 T_2 的威胁排序仍为第 2 位，即目标威胁因子 f_3 的权重 ω_3 变化不会对目标 T_2 的威胁排序产生任何影响。换句话说，目标威胁排序评估结果稳定时的目标威胁因子权重 ω_3 的变化区间为[0, 1]。

（4）目标类型权重变化对目标 T_2 威胁排序的影响。

考虑目标威胁因子 f_4（即目标类型）的权重 ω_4 变化对目标 T_2 的威胁排序影响。针对这种情况，从表 1.2 中可以看出，规范化目标威胁因子特征值 $r_{42}=0.571$ 。从而可得

$$V^{L3}-r_{42}=0.515-0.571=-0.056<0$$

$$V^{L1}-r_{42}=0.79-0.571=0.219>0$$

因此，由式（4.16）可得

$$\Delta\omega_4 \geqslant \max\left\{-0.24,\frac{0.728-0.515}{0.515-0.571},\frac{0.728-0.79}{0.79-0.571}\right\}$$

即

$$\Delta\omega_4 \geqslant -0.24$$

结合给定目标威胁因子权重向量 $\boldsymbol{\omega}=(0.28,0.26,0.22,0.24)^{\mathrm{T}}$ 中的 $\omega_4=0.24$ ，从而可得

$$0\leqslant\frac{\omega_4+\Delta\omega_4}{1+\Delta\omega_4}\leqslant 1$$

因此，目标威胁因子 f_4 的权重 ω_4 在[0, 1]内变化时，目标 T_2 的威胁排序仍为第 2 位，即目标威胁排序评估结果稳定时的目标威胁因子权重 ω_4 的变化区间为[0,1]。

2. 由式（2.13）与式（2.15）进行目标威胁因子类型极大化和特征值无量纲化

按照式（2.13）、式（2.15）和表 1.1，可得敌方空袭目标 T_1、T_2 和 T_3 的各规范化目标威胁因子特征值，如表 2.9 所示。利用式（2.6）的目标威胁排序多因子线性加权综合评估模型，可以计算得到目标 T_1、T_2 和 T_3 的威胁综合值（具体可见表 2.13 中的倒数第 4 行，即目标威胁排序多因子线性（常权）加权综合评估方法计算得到的 3 个目标的威胁综合值及目标威胁排序），从而可得

$$V_1^L = 0.72 > V_2^L = 0.568 > V_3^L = 0.233$$

由此可知，目标 T_2 的威胁排序为第 2 位。此时，$t = 2$，$V^{L1} = 0.72$，$V^{L2} = 0.568$，$V^{L3} = 0.233$。

（1）目标飞临时间权重变化对目标 T_2 威胁排序的影响。

考虑目标威胁因子 f_1（即目标飞临时间）的权重 ω_1 变化对目标 T_2 的威胁排序影响。针对这种情况，从表 2.9 中可以看出，规范化目标威胁因子特征值 $r_{12} = 1$。从而可得

$$V^{L3} - r_{12} = 0.233 - 1 = -0.767 < 0$$

$$V^{L1} - r_{12} = 0.72 - 1 = -0.28 < 0$$

因此，由式（4.15）可得

$$\max\left\{-0.28, \frac{0.568 - 0.233}{0.233 - 1}\right\} \leqslant \Delta\omega_1 \leqslant \frac{0.568 - 0.72}{0.72 - 1}$$

即

$$-0.28 \leqslant \Delta\omega_1 \leqslant 0.54$$

结合给定目标威胁因子权重向量 $\boldsymbol{\omega} = (0.28, 0.26, 0.22, 0.24)^{\mathrm{T}}$ 中的 $\omega_1 = 0.28$，从而可得

$$0 \leqslant \frac{\omega_1 + \Delta\omega_1}{1 + \Delta\omega_1} \leqslant 0.53$$

因此，目标威胁因子 f_1 的权重 ω_1 在[0,0.53]内变化时，目标 T_2 的威胁排序仍为第 2 位，即目标威胁排序评估结果稳定时的目标威胁因子权重 ω_1 的变化区间为[0,0.53]。这里也说明，目标威胁因子 f_1（即目标飞临时间）是一个不稳定（或灵敏）因子，在实际作战指挥决策中需要优先考虑。

（2）目标航路捷径权重变化对目标 T_2 威胁排序的影响。

考虑目标威胁因子 f_2（即目标航路捷径）的权重 ω_2 变化对目标 T_2 的威胁排序影响。针对这种情况，从表 2.9 中可以看出，规范化目标威胁因子特征值 $r_{22} = 0.667$。从而可得

$$V^{L3} - r_{22} = 0.233 - 0.667 = -0.434 < 0$$

$$V^{L1} - r_{22} = 0.72 - 0.667 = 0.053 > 0$$

因此，由式（4.16）可得

$$\Delta\omega_2 \geqslant \max\left\{-0.26, \frac{0.568 - 0.233}{0.233 - 0.667}, \frac{0.568 - 0.72}{0.72 - 0.667}\right\}$$

即

$$\Delta\omega_2 \geqslant -0.26$$

结合目标威胁因子权重向量 $\boldsymbol{\omega} = (0.28, 0.26, 0.22, 0.24)^{\mathrm{T}}$ 中的 $\omega_2 = 0.26$，从而可得

$$0 \leqslant \frac{\omega_2 + \Delta\omega_2}{1 + \Delta\omega_2} \leqslant 1$$

因此，目标威胁因子 f_2 的权重 ω_2 在[0,1]内变化时，目标威胁排序评估结果是稳定的，即目标 T_2 的威胁排序仍为第 2 位。

（3）目标飞行高度权重变化对目标 T_2 威胁排序的影响。

类似地，考虑目标威胁因子 f_3（即目标飞行高度）的权重 ω_3 变化对目标 T_2 的威胁排序影响。针对这种情况，从表 2.9 中可以看出，规范化目标威胁因子特征值 $r_{32} = 0.25$。从而可得

$$V^{L3} - r_{32} = 0.233 - 0.25 = -0.017 < 0$$

$$V^{L1} - r_{32} = 0.72 - 0.25 = 0.47 > 0$$

因此，由式（4.16）可得

$$\Delta\omega_3 \geqslant \max\left\{-0.22, \frac{0.568 - 0.233}{0.233 - 0.25}, \frac{0.568 - 0.72}{0.72 - 0.25}\right\}$$

即

$$\Delta\omega_3 \geqslant -0.22$$

根据给定目标威胁因子权重向量 $\boldsymbol{\omega} = (0.28, 0.26, 0.22, 0.24)^{\mathrm{T}}$ 中的 $\omega_3 = 0.22$，从而可得

$$0 \leqslant \frac{\omega_3 + \Delta\omega_3}{1 + \Delta\omega_3} \leqslant 1$$

因此，目标威胁因子 f_3 的权重 ω_3 在[0,1]内变化时，目标威胁排序评估结果是稳定的，即目标 T_2 的威胁排序仍为第 2 位。

（4）目标类型权重变化对目标 T_2 威胁排序的影响。

同样地，可以考虑目标威胁因子 f_4（即目标类型）的权重 ω_4 变化对目标 T_2 的威胁排序影响。针对这种情况，从表 2.9 中可以看出，规范化目标威胁因子特征值 $r_{42} = 0.25$。从而可得

$$V^{L3} - r_{42} = 0.233 - 0.25 = -0.017 < 0$$

$$V^{L1} - r_{42} = 0.72 - 0.25 = 0.47 > 0$$

因此，由式（4.16）可得

$$\Delta\omega_4 \geqslant \max\left\{-0.24, \frac{0.568 - 0.233}{0.233 - 0.25}, \frac{0.568 - 0.72}{0.72 - 0.25}\right\}$$

即

$$\Delta\omega_4 \geqslant -0.24$$

利用目标威胁因子权重向量 $\boldsymbol{\omega} = (0.28, 0.26, 0.22, 0.24)^{\mathrm{T}}$ 中的 $\omega_4 = 0.24$，从而可得

$$0 \leqslant \frac{\omega_4 + \Delta\omega_4}{1 + \Delta\omega_4} \leqslant 1$$

由此可知，目标威胁因子 f_4 的权重 ω_4 在[0, 1]内变化时，目标威胁排序评估结果是稳定（或不灵敏）的，即目标 T_2 的威胁排序仍为第 2 位。

综上所述，目标威胁因子 f_1（即目标飞临时间）的权重变化对目标 T_2 的威胁排序是有影响的，而其他 3 个目标威胁因子 $f_i(i = 2,3,4)$（即目标航路捷径、目标飞行高度、目标类型）的权重变化不会对目标 T_2 的威胁排序产生任何影响。

目标威胁因子 $f_i(i = 1,2,3,4)$ 的权重 ω_i 变化对目标 T_1 和 T_3 的威胁排序影响可进行类似的计算与分析（略）。

4.4　本章主要研究结论与启示

本章从理论层面和实证角度对目标威胁排序多因子线性加权综合评估模型（即式（2.6））的稳定（或灵敏）性进行了研究分析，具体给出了保持当前目标威胁排序多因子综合评估结果不变的条件下，目标威胁因子特征值和目标威胁因子权重的变化范围的解析表达式。反过来，给出了目标威胁排序多因子综合评估结果改变或不稳定时的目标威胁因子特征值和目标威胁因子权重的取值范围的解析表达式。这可为实际作战指挥决策中判断目标威胁排序结果是否发生改变提供理论依据。

本章虽然没有对式（2.9）的目标威胁排序多因子 TOPSIS 综合评估模型、式（2.10）～式（2.12）的目标威胁排序多因子 VIKOR 综合评估模型的稳定（或灵敏）性做具体、深入的研究分析，但在考虑这两种模型的非线性特点的基础上，对上述分析思路和方法做适当推广后，可以类似地进行研究。不过，很难求解、获得目标威胁因子权重、目标威胁因子特征值的变化区间或范围的解析表达式（略）。

第 5 章　目标威胁等级多因子综合评估模型的稳定性

5.1　目标威胁等级多因子综合评估模型的稳定性问题

第 3 章研究了目标威胁等级多因子综合评估结果关于目标威胁因子特征值级别隶属度的稳定（或灵敏）性问题。与 4.1 节类似，目标威胁因子级别特征值和目标威胁因子权重将会随着作战任务、战场环境的不同而发生变化，从而会对目标威胁等级多因子综合评估结果产生影响，即对目标威胁等级多因子综合评估结果的稳定性产生影响。因此，目标威胁等级多因子综合评估结果关于目标威胁因子级别特征值和目标威胁因子权重的稳定（或灵敏）性是值得关注的问题之一。类似于 4.1 节的处理方法，通常也需要确定目标威胁因子级别特征值或目标威胁因子权重在什么范围内变化时，当前的目标威胁等级多因子综合评估结果（即目标威胁等级）保持不变。这就是目标威胁等级多因子综合评估模型的稳定（或灵敏）性分析的内容之一。

若采用 3.1 节介绍的阈值确定目标威胁等级的方法，则可以类似于第 4 章进行目标威胁等级多因子综合评估模型的稳定性分析。本书特别强调目标威胁等级多因子综合评估不同于目标威胁排序多因子综合评估，因此这里不按这样的研究思路做深入探讨。

本章将以基于级别特征值（即式（3.29））的目标威胁等级多因子线性加权综合评估模型（即式（3.5））为出发点，即 3.2.3 节的目标威胁等级多因子线性加权综合评估级别特征值方法（即式（3.30）），研究分析目标威胁等级多因子线性加权综合评估结果关于目标威胁因子级别特征值、目标威胁因子权重的稳定（或灵敏）性问题。

5.2　目标威胁等级多因子线性加权综合评估模型关于目标威胁因子级别特征值的稳定性

5.2.1　目标威胁等级多因子线性加权综合评估模型关于目标威胁因子级别特征值的稳定性理论分析

假设目标 $T_j(j=1,2,\cdots,n)$ 的威胁因子特征值只有 $y_{ijd}(i=1,2,\cdots,m;\ d=1,2,\cdots,h)$

发生变化，即由 y_{ijd} 变化为 $\overline{y}_{ijd}$，其余 $y_{sjl}(s=1,2,\cdots,m;s\neq i;l=1,2,\cdots,h;l\neq d)$ 保持不变，统一记为 $\overline{y}_{sjl}=y_{sjl}$。相应地，目标威胁因子特征值级别隶属度 $\mu_{ijd}(i=1,2,\cdots,m;d=1,2,\cdots,h)$ 变化为 $\overline{\mu}_{ijd}$，其余 $\mu_{sjl}(s=1,2,\cdots,m;s\neq i;l=1,2,\cdots,h;\ l\neq d)$ 保持不变，仍然统一记为 $\overline{\mu}_{sjl}=\mu_{sjl}$。因此，目标 $T_j(j=1,2,\cdots,n)$ 的级别特征值由 υ_j 变化为 $\overline{\upsilon}_j$。利用式（3.30），可以计算得到

$$\overline{\upsilon}_j=\sum_{t=1}^{h}\frac{t\boldsymbol{\omega}^{\mathrm{T}}\overline{\boldsymbol{\mu}}_{jt}}{\sum_{l=1}^{h}\boldsymbol{\omega}^{\mathrm{T}}\overline{\boldsymbol{\mu}}_{jl}} \tag{5.1}$$

要使目标 $T_j(j=1,2,\cdots,n)$ 的威胁等级多因子线性加权综合评估结果保持稳定，即目标 T_j 的威胁等级仍是 $k(k=1,2,\cdots,h)$ 级（即威胁等级 e_k），根据式（3.32）可知，目标 T_j 的级别特征值 $\overline{\upsilon}_j$ 必须满足条件：

$$k-0.5\leqslant\overline{\upsilon}_j<k+0.5 \tag{5.2}$$

将式（5.1）代入式（5.2），并做简单计算，可得不等式组：

$$(k-0.5)\sum_{l=1}^{h}\boldsymbol{\omega}^{\mathrm{T}}\overline{\boldsymbol{\mu}}_{jl}\leqslant\sum_{l=1}^{h}l\boldsymbol{\omega}^{\mathrm{T}}\overline{\boldsymbol{\mu}}_{jl}<(k+0.5)\sum_{l=1}^{h}\boldsymbol{\omega}^{\mathrm{T}}\overline{\boldsymbol{\mu}}_{jl} \tag{5.3}$$

只有 $\overline{\mu}_{ijd}\neq\mu_{ijd}$，其余 $\overline{\mu}_{sjl}=\mu_{sjl}(s=1,2,\cdots,m;l=1,2,\cdots,h)$，从而可得

$$\sum_{l=1}^{h}l\boldsymbol{\omega}^{\mathrm{T}}\overline{\boldsymbol{\mu}}_{jl}=\sum_{l=1}^{h}l\boldsymbol{\omega}^{\mathrm{T}}\boldsymbol{\mu}_{jl}+d\omega_i(\overline{\mu}_{ijd}-\mu_{ijd})$$

和

$$\sum_{l=1}^{h}\boldsymbol{\omega}^{\mathrm{T}}\overline{\boldsymbol{\mu}}_{jl}=\sum_{l=1}^{h}\boldsymbol{\omega}^{\mathrm{T}}\boldsymbol{\mu}_{jl}+\omega_i(\overline{\mu}_{ijd}-\mu_{ijd})$$

把上述两个等式代入式（5.3），并简化，可得不等式组：

$$\begin{aligned}(k-0.5)\left[\sum_{l=1}^{h}\boldsymbol{\omega}^{\mathrm{T}}\boldsymbol{\mu}_{jl}+\omega_i(\overline{\mu}_{ijd}-\mu_{ijd})\right]&\leqslant\sum_{l=1}^{h}l\boldsymbol{\omega}^{\mathrm{T}}\boldsymbol{\mu}_{jl}+d\omega_i(\overline{\mu}_{ijd}-\mu_{ijd})\\&<(k+0.5)\left[\sum_{l=1}^{h}\boldsymbol{\omega}^{\mathrm{T}}\boldsymbol{\mu}_{jl}+\omega_i(\overline{\mu}_{ijd}-\mu_{ijd})\right]\end{aligned}$$

进一步做简单运算，可得不等式组：

$$\begin{cases}(d-k+0.5)\omega_i(\overline{\mu}_{ijd}-\mu_{ijd})\geqslant\sum_{l=1}^{h}(k-l-0.5)\boldsymbol{\omega}^{\mathrm{T}}\boldsymbol{\mu}_{jl}\\(d-k-0.5)\omega_i(\overline{\mu}_{ijd}-\mu_{ijd})<\sum_{l=1}^{h}(k-l+0.5)\boldsymbol{\omega}^{\mathrm{T}}\boldsymbol{\mu}_{jl}\end{cases} \tag{5.4}$$

式(5.4)是关于 $\overline{\mu}_{ijd}$ 的一元一次不等式组，可根据系数 $d-k+0.5$ 与 $d-k-0.5$ 的正或负值的不同情况，分别求解可得 $\overline{\mu}_{ijd}$ 的具体表达式。

（1）当 $d-k-0.5=0$ 时，由于

$$d-k+0.5=(d-k-0.5)+1=1>0$$

由式（5.4）可得

$$\bar{\mu}_{ijd} \geqslant \mu_{ijd}+\frac{\sum_{l=1}^{h}(k-l-0.5)\boldsymbol{\omega}^{\mathrm{T}}\boldsymbol{\mu}_{jl}}{(d-k+0.5)\omega_i}$$

结合$0 \leqslant \bar{\mu}_{ijd} \leqslant 1$，可得

$$\max\left\{0,\mu_{ijd}+\frac{\sum_{l=1}^{h}(k-l-0.5)\boldsymbol{\omega}^{\mathrm{T}}\boldsymbol{\mu}_{jl}}{(d-k+0.5)\omega_i}\right\} \leqslant \bar{\mu}_{ijd} \leqslant 1 \tag{5.5}$$

（2）当$d-k+0.5=0$时，由于

$$d-k-0.5=(d-k+0.5)-1=-1<0$$

由式（5.4）可得

$$\bar{\mu}_{ijd} > \mu_{ijd}+\frac{\sum_{l=1}^{h}(k-l+0.5)\boldsymbol{\omega}^{\mathrm{T}}\boldsymbol{\mu}_{jl}}{(d-k-0.5)\omega_i}$$

结合$0 \leqslant \bar{\mu}_{ijd} \leqslant 1$，可得

$$\max\left\{0,\mu_{ijd}+\frac{\sum_{l=1}^{h}(k-l+0.5)\boldsymbol{\omega}^{\mathrm{T}}\boldsymbol{\mu}_{jl}}{(d-k-0.5)\omega_i}\right\} < \bar{\mu}_{ijd} \leqslant 1 \tag{5.6}$$

（3）当$d-k-0.5>0$和$d-k+0.5>0$时，由式（5.4）可得

$$\mu_{ijd}+\frac{\sum_{l=1}^{h}(k-l-0.5)\boldsymbol{\omega}^{\mathrm{T}}\boldsymbol{\mu}_{jl}}{(d-k+0.5)\omega_i} \leqslant \bar{\mu}_{ijd} < \mu_{ijd}+\frac{\sum_{l=1}^{h}(k-l+0.5)\boldsymbol{\omega}^{\mathrm{T}}\boldsymbol{\mu}_{jl}}{(d-k-0.5)\omega_i}$$

类似于式（5.6），可以计算得到

$$\max\left\{0,\mu_{ijd}+\frac{\sum_{l=1}^{h}(k-l-0.5)\boldsymbol{\omega}^{\mathrm{T}}\boldsymbol{\mu}_{jl}}{(d-k+0.5)\omega_i}\right\} \leqslant \bar{\mu}_{ijd} < \min\left\{1,\mu_{ijd}+\frac{\sum_{l=1}^{h}(k-l+0.5)\boldsymbol{\omega}^{\mathrm{T}}\boldsymbol{\mu}_{jl}}{(d-k-0.5)\omega_i}\right\} \tag{5.7}$$

（4）当 $d-k-0.5<0$ 和 $d-k+0.5>0$ 时，由式（5.4）可得

$$\begin{cases} \bar{\mu}_{ijd} \geqslant \mu_{ijd} + \dfrac{\sum\limits_{l=1}^{h}(k-l-0.5)\boldsymbol{\omega}^{\mathrm{T}}\boldsymbol{\mu}_{jl}}{(d-k+0.5)\omega_i} \\ \bar{\mu}_{ijd} > \mu_{ijd} + \dfrac{\sum\limits_{l=1}^{h}(k-l+0.5)\boldsymbol{\omega}^{\mathrm{T}}\boldsymbol{\mu}_{jl}}{(d-k-0.5)\omega_i} \end{cases}$$

类似于式（5.6），可以计算得到

$$\max\left\{0, \mu_{ijd} + \frac{\sum\limits_{l=1}^{h}(k-l-0.5)\boldsymbol{\omega}^{\mathrm{T}}\boldsymbol{\mu}_{jl}}{(d-k+0.5)\omega_i}, \mu_{ijd} + \frac{\sum\limits_{l=1}^{h}(k-l+0.5)\boldsymbol{\omega}^{\mathrm{T}}\boldsymbol{\mu}_{jl}}{(d-k-0.5)\omega_i}\right\} < \bar{\mu}_{ijd} \leqslant 1 \tag{5.8}$$

（5）当 $d-k-0.5<0$ 和 $d-k+0.5<0$ 时，由式（5.4）可得

$$\mu_{ijd} + \frac{\sum\limits_{l=1}^{h}(k-l+0.5)\boldsymbol{\omega}^{\mathrm{T}}\boldsymbol{\mu}_{jl}}{(d-k-0.5)\omega_i} < \bar{\mu}_{ijd} \leqslant \mu_{ijd} + \frac{\sum\limits_{l=1}^{h}(k-l-0.5)\boldsymbol{\omega}^{\mathrm{T}}\boldsymbol{\mu}_{jl}}{(d-k+0.5)\omega_i}$$

结合 $0 \leqslant \bar{\mu}_{ijd} \leqslant 1$，可得

$$\max\left\{0, \mu_{ijd} + \frac{\sum\limits_{l=1}^{h}(k-l+0.5)\boldsymbol{\omega}^{\mathrm{T}}\boldsymbol{\mu}_{jl}}{(d-k-0.5)\omega_i}\right\} < \bar{\mu}_{ijd} \leqslant \min\left\{1, \mu_{ijd} + \frac{\sum\limits_{l=1}^{h}(k-l-0.5)\boldsymbol{\omega}^{\mathrm{T}}\boldsymbol{\mu}_{jl}}{(d-k+0.5)\omega_i}\right\} \tag{5.9}$$

当 $d-k-0.5>0$ 时，有

$$d-k+0.5=(d-k-0.5)+1>1>0$$

由此可见，不存在 $d-k-0.5>0$ 和 $d-k+0.5<0$ 同时成立的情况，因此没有必要求解这种情况下的式（5.4）。

在获得情况（1）～情况（5）的 $\bar{\mu}_{ijd}$ 的具体表达式（5.5）～式（5.9）后，可利用与计算 $\bar{\mu}_{ijd}$ 时所选取的级别隶属函数反求 $\bar{y}_{ijd}$（即求逆函数）。由于不同的级别隶属函数会有不同 $\bar{y}_{ijd}$ 的表达式，且处理过程比较烦琐，这里就不再具体给出 $\bar{y}_{ijd}$ 的表达式，5.2.2 节将通过一个具体实例进行说明。

5.2.2 目标威胁等级多因子线性加权综合评估模型关于目标威胁因子级别特征值的稳定性实证分析

仍然考虑 3.2.2 节中防空群的目标威胁等级评估问题。已知 3 批敌方空袭目标

T_1、T_2 和 T_3 的各目标威胁因子参数值，如表 3.1 所示。考虑 3 个威胁等级 $e_k(k=1,2,3)$。仍假定 4 个目标威胁因子 $f_i(i=1,2,3,4)$ 的权重向量为例 1.2 计算得到的权重向量 $\boldsymbol{\omega}=(0.28,0.26,0.22,0.24)^{\mathrm{T}}$。

1. 目标威胁因子特征值对目标 T_1 威胁等级的影响

利用式（3.26）～式（3.28）和表 3.1，可以计算得到目标 T_1 的威胁因子级别评估矩阵（即规范化目标威胁因子级别特征值矩阵）为

$$\boldsymbol{\mu}_1=\begin{matrix} \\ f_1 \\ f_2 \\ f_3 \\ f_4 \end{matrix}\begin{matrix} \begin{matrix} e_1 & \quad e_2 & \quad e_3 \end{matrix} \\ \begin{pmatrix} 0 & 0.5 & 1 \\ 0.667 & 1 & 0.333 \\ 0.333 & 1 & 0.667 \\ 1 & 0.667 & 0 \end{pmatrix} \end{matrix}$$

结合例 1.2 计算得到的目标威胁因子权重向量 $\boldsymbol{\omega}=(0.28,0.26,0.22,0.24)^{\mathrm{T}}$，利用式（3.5）的目标威胁等级多因子线性加权综合评估模型，可以确定目标 T_1 的威胁等级是 2 级，如表 3.2 的目标 T_1 所在第 2 行对应的目标威胁等级。

首先，考虑目标威胁因子 f_1（即目标飞临时间）的级别特征值 μ_{111} 的变化对目标 T_1 威胁等级（目前目标 T_1 的威胁等级是 2 级）的影响。此时，$i=1$，$j=1$，$d=1$，$k=2$。显然，可得

$$d-k-0.5=1-2-0.5=-1.5<0$$

$$d-k+0.5=1-2+0.5=-0.5<0$$

则由式（5.9），可得

$$\max\{0,0-2.05\}<\bar{\mu}_{111}\leqslant\min\{1,0+6.56\}$$

即

$$0<\bar{\mu}_{111}\leqslant 1$$

由式（3.26）可知，$0\leqslant\bar{y}_{111}<6$，即只要目标 T_1 关于目标威胁因子 f_1 的特征值 $\bar{y}_{111}$ 在 $[0,6)$ 内变化，目标 T_1 的威胁等级仍是 2 级。或者说，目标威胁等级多因子线性加权综合评估结果稳定（即目标 T_1 的威胁等级仍是 2 级）时的 $\bar{y}_{111}$ 的变化区间为 $[0,6)$。

然后，考虑目标威胁因子 f_1（即目标飞临时间）的级别特征值 μ_{112} 的变化对目标 T_1 威胁等级的影响。此时，$i=1$，$j=1$，$d=2$，$k=2$。显然，可得

$$d-k-0.5=2-2-0.5=-0.5<0$$

$$d-k+0.5=2-2+0.5=0.5>0$$

则由式（5.8），可得

$$\max\{0,0.5-6.56,0.5-6.16\}<\bar{\mu}_{112}\leqslant 1$$

即

$$0 < \bar{\mu}_{112} \leqslant 1$$

由式（3.27）可知，$0 < \bar{y}_{112} < 10$，即只要目标 T_1 关于目标威胁因子 f_1 的特征值 $\bar{y}_{112}$ 在(0, 10)内变化，目标 T_1 的威胁等级仍是 2 级。

最后，考虑目标威胁因子 f_1 的级别特征值 μ_{113} 的变化对目标 T_1 威胁等级的影响。此时，$i=1$，$j=1$，$d=3$，$k=2$。显然，可得

$$d-k-0.5=3-2-0.5=0.5>0$$

$$d-k+0.5=3-2+0.5=1.5>0$$

则由式（5.7），可得

$$\max\{0,1-2.19\} \leqslant \bar{\mu}_{113} < \min\{1,1+6.16\}$$

即

$$0 \leqslant \bar{\mu}_{113} < 1$$

由式（3.28）可知，$0 \leqslant \bar{y}_{113} < 6$，即只要目标 T_1 关于目标威胁因子 f_1 的特征值 $\bar{y}_{113}$ 在 [0,6) 内变化，目标 T_1 的威胁等级仍是 2 级。

综上所述，目标 T_1 关于目标威胁因子 f_1 的特征值 $\bar{y}_{11}$ 在(0,6)（即上述 3 种情况对应的 3 个区间 [0,6)、(0, 10)与 [0,6) 的交集）内变化时，目标 T_1 的威胁等级仍是 2 级，即目标威胁等级多因子线性加权综合评估结果稳定（即目标 T_1 的威胁等级仍是 2 级）时的 $\bar{y}_{11}$ 的变化区间为(0,6)。

类似地，可以分析目标威胁因子 $f_i(i=2,3,4)$ 的特征值 $\bar{y}_{i1}$ 的变化对目标 T_1 威胁等级的影响。

2. 目标威胁因子特征值对目标 T_2 威胁等级的影响

利用式（3.26）～式（3.28）和表 3.1，可得目标 T_2 的威胁因子级别评估矩阵（即规范化目标威胁因子级别特征值矩阵）为

$$\boldsymbol{\mu}_2 = \begin{array}{c} \\ f_1 \\ f_2 \\ f_3 \\ f_4 \end{array} \begin{array}{c} \begin{array}{ccc} e_1 & e_2 & e_3 \end{array} \\ \begin{pmatrix} 1 & 0.667 & 0 \\ 0 & 1 & 1 \\ 0 & 0.5 & 1 \\ 0.333 & 1 & 0.667 \end{pmatrix} \end{array}$$

结合例 1.2 计算得到的目标威胁因子权重向量 $\boldsymbol{\omega}=(0.28,0.26,0.22,0.24)^{\mathrm{T}}$，利用式（3.5），可以确定目标 T_2 的威胁等级是 2 级，如表 3.2 的目标 T_2 所在第 2 行对应的目标威胁等级。

首先，考虑目标威胁因子 f_1（即目标飞临时间）的级别特征值 μ_{121} 的变化对目标 T_2 威胁等级（目前目标 T_2 的威胁等级是 2 级）的影响。此时，$i=1$，$j=2$，$d=1$，

$k=2$。显然，可得

$$d-k+0.5=1-2-0.5=-1.5<0$$

$$d-k+0.5=1-2+0.5=-0.5<0$$

则由式（5.9），可得

$$\max\{0,1-1.47\}<\bar{\mu}_{121}\leqslant\min\{1,1+8.41\}$$

即

$$0<\bar{\mu}_{121}\leqslant 1$$

由式（3.26）可知，$0\leqslant\bar{y}_{121}<6$，即只要目标 T_2 关于目标威胁因子 f_1 的特征值 $\bar{y}_{121}$ 在 $[0,6)$ 内变化，目标 T_2 的威胁等级仍是 2 级。

然后，考虑目标威胁因子 f_1（即目标飞临时间）的级别特征值 μ_{122} 的变化对目标 T_2 威胁等级的影响。此时，$i=1$，$j=2$，$d=2$，$k=2$。显然，可得

$$d-k+0.5=2-2-0.5=-0.5<0$$

$$d-k+0.5=2-2+0.5=0.5>0$$

则由式（5.8），可得

$$\max\{0,0.667-8.41,0.667-4.41\}<\bar{\mu}_{122}\leqslant 1$$

即

$$0<\bar{\mu}_{122}\leqslant 1$$

由式（3.27）可知，$0<\bar{y}_{122}<10$，即只要目标 T_2 关于目标威胁因子 f_1 的特征值 $\bar{y}_{122}$ 在(0,10)内变化，目标 T_2 的威胁等级仍是 2 级。

最后，考虑目标威胁因子 f_1 的级别特征值 μ_{123} 的变化对目标 T_2 威胁等级的影响。此时，$i=1$，$j=2$，$d=3$，$k=2$。显然，可得

$$d-k-0.5=3-2-0.5=0.5>0$$

$$d-k+0.5=3-2+0.5=1.5>0$$

则由式（5.7），可得

$$\max\{0,0-2.8\}\leqslant\bar{\mu}_{123}<\min\{1,0+4.41\}$$

即

$$0\leqslant\bar{\mu}_{123}<1$$

由式（3.28）可知，$0\leqslant\bar{y}_{123}<6$，即只要目标 T_2 关于目标威胁因子 f_1 的特征值 $\bar{y}_{123}$ 在 $[0,6)$ 内变化，目标 T_2 的威胁等级仍是 2 级。

综上所述，目标 T_2 关于目标威胁因子 f_1 的特征值 $\bar{y}_{12}$ 在(0,6)（即上述 3 种情况对应的 3 个区间 $[0,6)$、(0,10)与 $[0,6)$ 的交集）内变化，目标 T_2 的威胁等级仍是 2 级，即目标威胁等级多因子线性加权综合评估结果稳定（即目标 T_2 的威胁等级仍是 2 级）时的 $\bar{y}_{12}$ 的变化区间为(0, 6)。

类似地，可以分析目标威胁因子 $f_i(i=2,3,4)$ 的特征值 $\overline{y}_{i2}$ 的变化对目标 T_2 威胁等级的影响。

同样地，可以分析各目标威胁因子 $f_i(i=1,2,3,4)$ 的特征值 $\overline{y}_{i3}$ 的变化对目标 T_3 威胁等级的影响。

5.3　目标威胁等级多因子线性加权综合评估模型关于目标威胁因子权重的稳定性

5.3.1　目标威胁等级多因子线性加权综合评估模型关于目标威胁因子权重的稳定性理论分析

假设只有目标威胁因子 $f_i(i=1,2,\cdots,m)$ 的权重 ω_i 发生变化，即由 ω_i 变化为 $\omega_i+\Delta\omega_i$，其余目标威胁因子 $f_t(t=1,2,\cdots,m;t\neq i)$ 的权重 ω_t 保持不变。满足权重向量的归一化要求，可将变化后的权重向量 $\overline{\boldsymbol{\omega}}$ 表示为

$$\overline{\boldsymbol{\omega}}=\left(\frac{\omega_1}{1+\Delta\omega_i},\frac{\omega_2}{1+\Delta\omega_i},\cdots,\frac{\omega_{i-1}}{1+\Delta\omega_i},\frac{\omega_i+\Delta\omega_i}{1+\Delta\omega_i},\frac{\omega_{i+1}}{1+\Delta\omega_i},\cdots,\frac{\omega_m}{1+\Delta\omega_i}\right)^{\mathrm{T}} \quad (5.10)$$

其中，初始目标威胁因子权重向量为 $\boldsymbol{\omega}=(\omega_1,\omega_2,\cdots,\omega_m)^{\mathrm{T}}$。在目标威胁因子 $f_i(i=1,2,\cdots,m)$ 的权重 ω_i 发生变化后，目标 $T_j(j=1,2,\cdots,n)$ 的级别特征值也发生改变，记为 $\overline{\upsilon}_j$。由式（3.30）可得

$$\overline{\upsilon}_j=\sum_{t=1}^{h}\frac{t\overline{\boldsymbol{\omega}}^{\mathrm{T}}\boldsymbol{\mu}_{jt}}{\sum_{l=1}^{h}\overline{\boldsymbol{\omega}}^{\mathrm{T}}\boldsymbol{\mu}_{jl}} \quad (5.11)$$

要使目标 $T_j(j=1,2,\cdots,n)$ 的威胁等级仍属于 $k(k=1,2,\cdots,h)$ 级（即威胁等级 e_k），根据式（3.32）可知，目标 T_j 的级别特征值 $\overline{\upsilon}_j$ 必须满足条件

$$k-0.5\leqslant\overline{\upsilon}_j<k+0.5 \quad (5.12)$$

将式（5.11）代入式（5.12），可以得到

$$(k-0.5)\sum_{l=1}^{h}\overline{\boldsymbol{\omega}}^{\mathrm{T}}\boldsymbol{\mu}_{jl}\leqslant\sum_{l=1}^{h}l\overline{\boldsymbol{\omega}}^{\mathrm{T}}\boldsymbol{\mu}_{jl}<(k+0.5)\sum_{l=1}^{h}\overline{\boldsymbol{\omega}}^{\mathrm{T}}\boldsymbol{\mu}_{jl} \quad (5.13)$$

利用式（5.10），可以计算分别得到

$$\sum_{l=1}^{h}l\overline{\boldsymbol{\omega}}^{\mathrm{T}}\boldsymbol{\mu}_{jl}=\sum_{l=1}^{h}l\left(\sum_{\substack{s=1\\s\neq i}}^{m}\frac{\omega_s}{1+\Delta\omega_i}\mu_{sjl}+\frac{\omega_i+\Delta\omega_i}{1+\Delta\omega_i}\mu_{ijl}\right)=\frac{1}{1+\Delta\omega_i}\left(\sum_{l=1}^{h}l\boldsymbol{\omega}^{\mathrm{T}}\boldsymbol{\mu}_{jl}+\sum_{l=1}^{h}l\Delta\omega_i\mu_{ijl}\right)$$

$$\sum_{l=1}^{h}\bar{\boldsymbol{\omega}}^{\mathrm{T}}\boldsymbol{\mu}_{jl}=\sum_{l=1}^{h}\left(\sum_{\substack{s=1\\s\neq i}}^{m}\frac{\omega_s}{1+\Delta\omega_i}\mu_{sjl}+\frac{\omega_i+\Delta\omega_i}{1+\Delta\omega_i}\mu_{ijl}\right)=\frac{1}{1+\Delta\omega_i}\left(\sum_{l=1}^{h}\boldsymbol{\omega}^{\mathrm{T}}\boldsymbol{\mu}_{jl}+\sum_{l=1}^{h}\Delta\omega_i\mu_{ijl}\right)$$

把上述两个等式同时代入式（5.13），并经过化简，可以得到

$$(k-0.5)\left(\sum_{l=1}^{h}\boldsymbol{\omega}^{\mathrm{T}}\boldsymbol{\mu}_{jl}+\sum_{l=1}^{h}\Delta\omega_i\mu_{ijl}\right)\leqslant\sum_{l=1}^{h}l\boldsymbol{\omega}^{\mathrm{T}}\boldsymbol{\mu}_{jl}+\sum_{l=1}^{h}l\Delta\omega_i\mu_{ijl}<(k+0.5)\left(\sum_{l=1}^{h}\boldsymbol{\omega}^{\mathrm{T}}\boldsymbol{\mu}_{jl}+\sum_{l=1}^{h}\Delta\omega_i\mu_{ijl}\right)$$

经过简单运算，可进一步得到不等式组

$$\begin{cases}\Delta\omega_i\sum_{l=1}^{h}(l-k+0.5)\mu_{ijl}\geqslant\sum_{l=1}^{h}(k-l-0.5)\boldsymbol{\omega}^{\mathrm{T}}\boldsymbol{\mu}_{jl}\\\Delta\omega_i\sum_{l=1}^{h}(l-k-0.5)\mu_{ijl}<\sum_{l=1}^{h}(k-l+0.5)\boldsymbol{\omega}^{\mathrm{T}}\boldsymbol{\mu}_{jl}\end{cases}\tag{5.14}$$

式（5.14）是关于$\Delta\omega_i$的一元一次不等式组，可根据系数$\sum_{l=1}^{h}(l-k+0.5)\mu_{ijl}$与$\sum_{l=1}^{h}(l-k-0.5)\mu_{ijl}$的正或负值的不同情况，分别进行求解，从而获得$\Delta\omega_i$的具体表达式。

（1）当$\sum_{l=1}^{h}(l-k-0.5)\mu_{ijl}=0$时，由于

$$\sum_{l=1}^{h}(l-k+0.5)\mu_{ijl}=\sum_{l=1}^{h}(l-k-0.5)\mu_{ijl}+\sum_{l=1}^{h}\mu_{ijl}=\sum_{l=1}^{h}\mu_{ijl}>0$$

由式（5.14），可以得到

$$\Delta\omega_i\geqslant\frac{\sum_{l=1}^{h}(k-l-0.5)\boldsymbol{\omega}^{\mathrm{T}}\boldsymbol{\mu}_{jl}}{\sum_{l=1}^{h}(l-k+0.5)\mu_{ijl}}$$

结合式（5.10），可以得到

$$\Delta\omega_i\geqslant\max\left\{-\omega_i,\frac{\sum_{l=1}^{h}(k-l-0.5)\boldsymbol{\omega}^{\mathrm{T}}\boldsymbol{\mu}_{jl}}{\sum_{l=1}^{h}(l-k+0.5)\mu_{ijl}}\right\}\tag{5.15}$$

（2）当$\sum_{l=1}^{h}(l-k+0.5)\mu_{ijl}=0$时，由于

$$\sum_{l=1}^{h}(l-k-0.5)\mu_{ijl}=\sum_{l=1}^{h}(l-k+0.5)\mu_{ijl}-\sum_{l=1}^{h}\mu_{ijl}=-\sum_{l=1}^{h}\mu_{ijl}<0$$

由式（5.14），可以得到

$$\Delta\omega_i > \frac{\sum_{l=1}^{h}(k-l+0.5)\boldsymbol{\omega}^{\mathrm{T}}\boldsymbol{\mu}_{jl}}{\sum_{l=1}^{h}(l-k-0.5)\mu_{ijl}}$$

结合式（5.10），可以得到

$$\Delta\omega_i > \max\left\{-\omega_i, \frac{\sum_{l=1}^{h}(k-l+0.5)\boldsymbol{\omega}^{\mathrm{T}}\boldsymbol{\mu}_{jl}}{\sum_{l=1}^{h}(l-k-0.5)\mu_{ijl}}\right\} \tag{5.16}$$

（3）当 $\sum_{l=1}^{h}(l-k-0.5)\mu_{ijl} > 0$ 和 $\sum_{l=1}^{h}(l-k+0.5)\mu_{ijl} > 0$ 时，由式（5.14），可以得到

$$\frac{\sum_{l=1}^{h}(k-l-0.5)\boldsymbol{\omega}^{\mathrm{T}}\boldsymbol{\mu}_{jl}}{\sum_{l=1}^{h}(l-k+0.5)\mu_{ijl}} \leqslant \Delta\omega_i < \frac{\sum_{l=1}^{h}(k-l+0.5)\boldsymbol{\omega}^{\mathrm{T}}\boldsymbol{\mu}_{jl}}{\sum_{l=1}^{h}(l-k-0.5)\mu_{ijl}}$$

结合式（5.10），可以得到

$$\max\left\{-\omega_i, \frac{\sum_{l=1}^{h}(k-l-0.5)\boldsymbol{\omega}^{\mathrm{T}}\boldsymbol{\mu}_{jl}}{\sum_{l=1}^{h}(l-k+0.5)\mu_{ijl}}\right\} \leqslant \Delta\omega_i < \frac{\sum_{l=1}^{h}(k-l+0.5)\boldsymbol{\omega}^{\mathrm{T}}\boldsymbol{\mu}_{jl}}{\sum_{l=1}^{h}(l-k-0.5)\mu_{ijl}} \tag{5.17}$$

（4）当 $\sum_{l=1}^{h}(l-k-0.5)\mu_{ijl} < 0$ 和 $\sum_{l=1}^{h}(l-k+0.5)\mu_{ijl} > 0$ 时，由式（5.14），可以得到

$$\begin{cases} \Delta\omega_i \geqslant \dfrac{\sum_{l=1}^{h}(k-l-0.5)\boldsymbol{\omega}^{\mathrm{T}}\boldsymbol{\mu}_{jl}}{\sum_{l=1}^{h}(l-k+0.5)\mu_{ijl}} \\ \Delta\omega_i > \dfrac{\sum_{l=1}^{h}(k-l+0.5)\boldsymbol{\omega}^{\mathrm{T}}\boldsymbol{\mu}_{jl}}{\sum_{l=1}^{h}(l-k-0.5)\mu_{ijl}} \end{cases}$$

结合式（5.10），可以得到

$$\Delta\omega_i > \max\left\{-\omega_i, \frac{\sum_{l=1}^{h}(k-l-0.5)\boldsymbol{\omega}^{\mathrm{T}}\boldsymbol{\mu}_{jl}}{\sum_{l=1}^{h}(l-k+0.5)\mu_{ijl}}, \frac{\sum_{l=1}^{h}(k-l+0.5)\boldsymbol{\omega}^{\mathrm{T}}\boldsymbol{\mu}_{jl}}{\sum_{l=1}^{h}(l-k-0.5)\mu_{ijl}}\right\} \tag{5.18}$$

（5）当 $\sum_{l=1}^{h}(l-k-0.5)\mu_{ijl} < 0$ 和 $\sum_{l=1}^{h}(l-k+0.5)\mu_{ijl} < 0$ 时，由式（5.14），可以得到

$$\frac{\sum_{l=1}^{h}(k-l+0.5)\boldsymbol{\omega}^{\mathrm{T}}\boldsymbol{\mu}_{jl}}{\sum_{l=1}^{h}(l-k-0.5)\mu_{ijl}} < \Delta\omega_i \leqslant \frac{\sum_{l=1}^{h}(k-l-0.5)\boldsymbol{\omega}^{\mathrm{T}}\boldsymbol{\mu}_{jl}}{\sum_{l=1}^{h}(l-k+0.5)\mu_{ijl}}$$

结合式（5.10），可以得到

$$\max\left\{-\omega_i, \frac{\sum_{l=1}^{h}(k-l+0.5)\boldsymbol{\omega}^{\mathrm{T}}\boldsymbol{\mu}_{jl}}{\sum_{l=1}^{h}(l-k-0.5)\mu_{ijl}}\right\} < \Delta\omega_i \leqslant \frac{\sum_{l=1}^{h}(k-l-0.5)\boldsymbol{\omega}^{\mathrm{T}}\boldsymbol{\mu}_{jl}}{\sum_{l=1}^{h}(l-k+0.5)\mu_{ijl}} \tag{5.19}$$

当 $\sum_{l=1}^{h}(l-k-0.5)\mu_{ijl} > 0$ 时，显然有

$$\sum_{l=1}^{h}(l-k+0.5)\mu_{ijl} = \sum_{l=1}^{h}(l-k-0.5)\mu_{ijl} + \sum_{l=1}^{h}\mu_{ijl} > 0$$

因此，不存在 $\sum_{l=1}^{h}(l-k-0.5)\mu_{ijl} > 0$ 和 $\sum_{l=1}^{h}(l-k+0.5)\mu_{ijl} < 0$ 同时成立的情况，没有必要求解这种情况下的式（5.14）。

5.3.2　目标威胁等级多因子线性加权综合评估模型关于目标威胁因子权重的稳定性实证分析

继续以 3.2.1 节中防空群的目标威胁等级评估问题为例进行讨论。已知 3 批敌方空袭目标 T_1、T_2 和 T_3 的各目标威胁因子参数值，如表 3.1 所示。考虑 3 个威胁等级 $e_k(k=1,2,3)$。假定 4 个目标威胁因子 $f_i(i=1,2,3,4)$ 的权重向量仍为例 1.2 计算得到的目标威胁因子权重向量 $\boldsymbol{\omega}=(0.28,0.26,0.22,0.24)^{\mathrm{T}}$。

1. 目标飞临时间权重变化对目标 T_1 威胁等级的影响

类似于 5.2.2 节，利用式（3.26）～式（3.28）和表 3.1，可以计算得到目标 T_1 的威胁因子级别评估矩阵为

$$\boldsymbol{\mu}_1 = \begin{matrix} & e_1 & e_2 & e_3 \\ f_1 & 0 & 0.5 & 1 \\ f_2 & 0.667 & 1 & 0.333 \\ f_3 & 0.333 & 1 & 0.667 \\ f_4 & 1 & 0.667 & 0 \end{matrix}$$

根据例 1.2 计算得到的目标威胁因子权重向量 $\boldsymbol{\omega} = (0.28,0.26,0.22,0.24)^{\mathrm{T}}$，利用式（3.5），可以确定目标 T_1 的威胁等级是 2 级，如表 3.2 中目标 T_1 所在第 2 行对应的目标威胁等级。

首先，考虑目标威胁因子 f_1（即目标飞临时间）权重 ω_1 的变化对目标 T_1 威胁等级的影响，目前目标 T_1 的威胁等级是 2 级。此时，$i=1$，$j=1$，$k=2$。由于

$$\sum_{l=1}^{3}(l-k-0.5)\mu_{11l} = -1.5\times 0 - 0.5\times 0.5 + 0.5\times 1 = 0.25 > 0$$

$$\sum_{l=1}^{3}(l-k+0.5)\mu_{11l} = -0.5\times 0 + 0.5\times 0.5 + 1.5\times 1 = 1.75 > 0$$

则由式（5.17），可以得到

$$\max\{-0.28, -0.52\} \leqslant \Delta\omega_1 < 3.45$$

即

$$-0.28 \leqslant \Delta\omega_1 < 3.45$$

结合目标威胁因子权重向量 $\boldsymbol{\omega} = (0.28,0.26,0.22,0.24)^{\mathrm{T}}$ 中的 $\omega_1 = 0.28$，从而可得

$$0 \leqslant \frac{\omega_1 + \Delta\omega_1}{1+\Delta\omega_1} < 0.84$$

因此，目标威胁因子 f_1 的权重 ω_1 在 $[0,0.84)$ 内变化时，目标 T_1 的威胁等级仍是 2 级。或者说，目标威胁等级多因子线性加权综合评估结果稳定，即目标 T_1 的威胁等级仍是 2 级时的权重 ω_1 变化区间为 $[0,0.84)$。由此可见，目标威胁因子 f_1 即目标飞临时间是不稳定（或灵敏）的。

然后，考虑目标威胁因子 f_2（即目标航路捷径）权重 ω_2 的变化对目标 T_1 威胁等级的影响。此时，$i=2$，$j=1$，$k=2$。由于

$$\sum_{l=1}^{3}(l-k-0.5)\mu_{21l} = -1.5\times 0.667 - 0.5\times 1 + 0.5\times 0.333 = -1.33 < 0$$

$$\sum_{l=1}^{3}(l-k+0.5)\mu_{21l} = -0.5\times 0.667 + 0.5\times 1 + 1.5\times 0.333 = 0.67 > 0$$

则由式（5.18），可以得到

$$\Delta\omega_2 > \max\{-0.26, -1.37, -0.65\}$$

即

$$\Delta\omega_2 > -0.26$$

结合目标威胁因子权重向量 $\boldsymbol{\omega}=(0.28,0.26,0.22,0.24)^{\mathrm{T}}$ 中的 $\omega_2=0.26$，从而可以得到

$$0 < \frac{\omega_2+\Delta\omega_2}{1+\Delta\omega_2} \leqslant 1$$

由此可知，目标威胁因子 f_2 的权重 ω_2 在 $(0,1]$ 内变化时，目标威胁等级多因子线性加权综合评估结果是稳定的，即目标 T_1 的威胁等级仍是 2 级。

类似地，可以考虑目标威胁因子 f_3（即目标飞行高度）和 f_4（即目标类型）对保持目标 T_1 的威胁等级仍为 2 级时的权重变化范围（略）。

2. 目标飞临时间权重变化对目标 T_2 威胁等级的影响

与 5.2.2 节相类似，利用式（3.26）～式（3.28）和表 3.1，可得到目标 T_2 的威胁因子级别评估矩阵为

$$\boldsymbol{\mu}_2 = \begin{matrix} & e_1 & e_2 & e_3 \\ f_1 & 1 & 0.667 & 0 \\ f_2 & 0 & 1 & 1 \\ f_3 & 0 & 0.5 & 1 \\ f_4 & 0.333 & 1 & 0.667 \end{matrix}$$

结合例 1.2 的目标威胁因子权重向量 $\boldsymbol{\omega}=(0.28,0.26,0.22,0.24)^{\mathrm{T}}$，利用式（3.5），可以确定目标 T_2 的威胁等级是 2 级，如表 3.2 的目标 T_2 所在第 2 行对应的目标威胁等级。

首先，考虑目标威胁因子 f_1（即目标飞临时间）权重 ω_1 的变化对目标 T_2 威胁等级的影响，目前目标 T_2 的威胁等级为 2 级。此时，$i=2$，$j=2$，$k=2$。由于

$$\sum_{l=1}^{3}(l-k-0.5)\mu_{12l} = -1.5\times1-0.5\times0.667+0.5\times0=-1.83<0$$

$$\sum_{l=1}^{3}(l-k+0.5)\mu_{12l} = -0.5\times1+0.5\times0.667+1.5\times0=-0.17<0$$

则由式（5.19），可以得到

$$\max\{-0.28,-0.34\} < \Delta\omega_1 \leqslant 6.93$$

即

$$-0.28 < \Delta\omega_1 \leqslant 6.93$$

结合给定目标威胁因子权重向量 $\boldsymbol{\omega}=(0.28,0.26,0.22,0.24)^{\mathrm{T}}$ 中的 $\omega_1=0.28$，从而可以得到

$$0 < \frac{\omega_1+\Delta\omega_1}{1+\Delta\omega_1} \leqslant 0.91$$

因此，目标威胁因子 f_1 的权重 ω_1 在 $(0,0.91]$ 内变化时，目标威胁等级多因子线性加权综合评估结果是稳定的，即目标 T_2 的威胁等级仍是 2 级。但目标威胁因子 f_1 的权重 ω_1 在 $(0.91,1]$ 内变化时，目标 T_2 的威胁等级不一定仍然保持为 2 级，即目标威胁等级多因子线性加权综合评估结果不一定是稳定的。

其次，考虑目标威胁因子 f_2（即目标航路捷径）权重 ω_2 的变化对目标 T_2 威胁等级的影响。此时，$i=2$，$j=2$，$k=2$。由于

$$\sum_{l=1}^{3}(l-k-0.5)\mu_{22l}=-1.5\times 0-0.5\times 1+0.5\times 1=0$$

$$\sum_{l=1}^{3}(l-k+0.5)\mu_{22l}=-0.5\times 0+0.5\times 1+1.5\times 1=2>0$$

则由式（5.15），可以得到

$$\Delta\omega_2\geqslant \max\{-0.26,-0.59\}$$

即

$$\Delta\omega_2\geqslant -0.26$$

进一步结合给定目标威胁因子权重向量 $\boldsymbol{\omega}=(0.28, 0.26, 0.22, 0.24)^{\mathrm{T}}$ 中的 $\omega_2=0.26$，从而可以得到

$$0\leqslant\frac{\omega_2+\Delta\omega_2}{1+\Delta\omega_2}\leqslant 1$$

因此，目标威胁因子 f_2 的权重 ω_2 在[0,1]内变化时，目标威胁等级多因子线性加权综合评估结果是稳定的，即目标 T_2 的威胁等级仍为 2 级。

再次，考虑目标威胁因子 f_3（即目标飞行高度）权重 ω_3 的变化对目标 T_2 威胁等级的影响。此时，$i=3$，$j=2$，$k=2$。由于

$$\sum_{l=1}^{3}(l-k-0.5)\mu_{32l}=-1.5\times 0-0.5\times 0.5+0.5\times 1=0.25>0$$

$$\sum_{l=1}^{3}(l-k+0.5)\mu_{32l}=-0.5\times 0+0.5\times 0.5+1.5\times 1=1.75>0$$

则由式（5.17），可以得到

$$\max\{-0.22,-0.67\}\leqslant\Delta\omega_3<2.47$$

即

$$-0.22\leqslant\Delta\omega_3<2.47$$

结合给定目标威胁因子权重向量 $\boldsymbol{\omega}=(0.28,0.26,0.22,0.24)^{\mathrm{T}}$ 中的 $\omega_3=0.22$，从而可以得到

$$0\leqslant\frac{\omega_3+\Delta\omega_3}{1+\Delta\omega_3}<0.78$$

因此，目标威胁因子 f_3 的权重 ω_3 在 $[0,0.78)$ 内变化时，目标威胁等级多因子线性

加权综合评估结果是稳定的，即目标 T_2 的威胁等级仍是 2 级。但目标威胁因子 f_3 的权重 ω_3 在[0.78,1]内变化时，目标威胁等级多因子线性加权综合评估结果不一定是稳定的，即目标 T_2 的威胁等级不一定仍然保持为 2 级。

最后，考虑目标威胁因子 f_4（即目标类型）权重 ω_4 的变化对目标 T_2 威胁等级的影响。此时，$i=4$，$j=2$，$k=2$。由于

$$\sum_{l=1}^{3}(l-k-0.5)\mu_{42l} = -1.5\times 0.333 - 0.5\times 1 + 0.5\times 0.667 = -0.67 < 0$$

$$\sum_{l=1}^{3}(l-k+0.5)\mu_{42l} = -0.5\times 0.333 + 0.5\times 1 + 1.5\times 0.667 = 1.33 > 0$$

则由式（5.18），可以得到

$$\Delta\omega_4 > \max\{-0.22, -0.88, -0.92\}$$

即

$$\Delta\omega_4 > -0.22$$

结合给定目标威胁因子权重向量 $\boldsymbol{\omega}=(0.28,0.26,0.22,0.24)^{\mathrm{T}}$ 中的 $\omega_4=0.24$，从而可以得到

$$0 < \frac{\omega_4+\Delta\omega_4}{1+\Delta\omega_4} \leqslant 1$$

由此可见，目标威胁因子 f_4 的权重 ω_4 在 $(0,1]$ 内变化时，目标威胁等级多因子线性加权综合评估结果是稳定的，即目标 T_2 的威胁等级仍是 2 级。

类似地，可分析各目标威胁因子 $f_i(i=1,2,3,4)$ 的权重 ω_i 变化对目标 T_3 威胁等级的影响（略）。

5.4 本章主要研究结论与启示

本章以级别特征值（即式（3.29））作为目标威胁等级的评定原则，从理论层面和实证角度对目标威胁等级多因子线性加权综合评估模型（即式（3.5））的稳定（或灵敏）性进行了研究分析，具体给出了保持当前目标威胁等级多因子线性加权综合评估结果不变的条件下，目标威胁因子级别特征值和目标威胁因子权重的变化范围，即给出了目标威胁等级多因子线性加权综合评估结果改变或不稳定时的目标威胁因子级别特征值和目标威胁因子权重的取值范围的解析表达式，为实际作战指挥决策中判断目标威胁等级评估结果是否发生改变提供理论依据。

采用级别特征值作为目标威胁等级多因子综合评估的一个数量指标，即式（3.32），便于进行目标威胁因子级别特征值和目标威胁因子权重的稳定（或灵敏）性分析，尤其便于求解、获得具体的解析表达式。若运用通常的最大隶属度原则，则很难进行相应的稳定性分析，其原因就在于难以确定最大隶属度

的取值范围。这也是提出并建立目标威胁等级多因子综合评估级别特征值方法的动机之一。

此外，可以结合非线性特点，推广目标威胁等级多因子线性加权综合评估模型的稳定性分析方法，进一步创建 3.1.3 节的目标威胁等级多因子 TOPSIS 综合评估模型、3.1.4 节的目标威胁等级多因子 VIKOR 综合评估模型的稳定性分析方法。

第6章　目标威胁多因子综合评估主要研究结论与展望

6.1　目标威胁多因子综合评估主要研究结论

目标威胁评估是目标分配与火力运用的重要前提，也是作战指挥决策中的重要环节，对实现信息优势到决策优势进而到全维优势的转化、提高指挥决策效能和作战效果具有重要意义。由于涉及军兵种作战条令条例、战场兵力部署、武器装备性能以及作战指挥决策等大量军事背景，并伴随着很多不确定性和主观性，目标威胁评估问题更加复杂。尽管目标威胁评估已经受到国内外军事理论专家与指挥员（或决策者）的高度关注，并进行了大量的研究，但从公开发表的文献资料看，绝大多数研究工作是关于目标威胁评估的构模方法及其在具体作战任务中的应用，目前尚未形成统一的合理、有效、实用的理论与方法体系，尤其缺乏从“多因子综合”角度开展对目标威胁多因子综合评估（包括目标威胁排序多因子综合评估、目标威胁等级多因子综合评估两种类型）的研究，特别缺乏对目标威胁多因子综合评估（包括目标威胁排序多因子综合评估与目标威胁等级多因子综合评估）模型与结果的稳定（或灵敏）性问题的研究。这些问题的解决直接关系到目标威胁评估的质量和可信度，也是能否让指挥员（或决策者）在实际作战指挥决策中放心地参考、使用的关键因素。本书以此为研究对象，从数理基础和实证分析两个方面，对目标威胁排序（等级）多因子综合评估模型与结果的稳定性进行了尝试性的系统、深入探讨和研究，主要工作和成果如下。

1. 提出目标威胁排序多因子综合评估结果的稳定性分析方法

通过创建三种常用的目标威胁排序多因子综合评估模型（即目标威胁排序多因子线性加权综合评估模型、目标威胁排序多因子 TOPSIS 综合评估模型、目标威胁排序多因子 VIKOR 综合评估模型）、两种目标威胁因子类型一致化方法（即线性变换方法、非线性变换方法）和三种目标威胁因子特征值无量纲化方法（即极差化变换方法、极值变换方法、单位向量化变换方法），从理论层面和实证分析角度，研究并指出目标威胁排序多因子综合评估结果关于目标威胁排序多因子综合评估模型、目标威胁因子权重、目标威胁因子类型一致化方法和目标威胁因子特征值无量纲化方法是不稳定（或灵敏）的，应在实际作战指挥决策中避免这种不稳定（或灵敏）性带来的不合理性。分析在一些目标威胁排序多因子综合评估中的常权综合方法产生不合理结果的原因，提出目标威胁因子变权向量的构造原理与方法，据此建立三种目标威胁排序多因子变权综合评估方法：目标威胁排序多因子线性变权加权综合评估方法、目标威胁排序多因子变权 TOPSIS 综合评估方法、目标威胁排序多因子变权 VIKOR 综合评估方法。

2. 提出目标威胁等级多因子综合评估结果的稳定性分析方法

在描述目标威胁等级多因子综合评估的一般性原理与过程的基础上，建立了目标威胁等级多因子线性加权综合评估方法、目标威胁等级多因子 TOPSIS 综合评估方法、目标威胁等级多因子 VIKOR 综合评估方法和上界型、下界型、区间型三种类型的目标威胁因子特征值级别隶属函数，并结合实例的计算分析，研究并指出目标威胁等级多因子综合评估结果关于目标威胁因子特征值级别隶属度、目标威胁因子权重、目标威胁等级多因子综合评估模型是不稳定（或灵敏）的。通过分析采用通常的最大隶属度原则确定目标威胁等级具有的局限性和不合理性，提出把级别特征值作为目标威胁等级多因子综合评估的一个数量指标，建立了目标威胁等级多因子综合评估级别特征值方法。在此基础上，为了准确地区分相同威胁等级的目标威胁程度，提出具有威胁等级与符号偏移值双指标特征的二元语义概念，建立了目标威胁等级多因子综合评估二元语义方法，不仅可以合理地确定目标威胁等级，而且可以准确区分相同威胁等级的目标威胁排序，有利于目标威胁等级评估结果的符号化运算和计算机实现。此外，结合变权思想，进一步创建了三种重要的目标威胁等级多因子变权综合评估方法：目标威胁等级多因子线性变权加权综合评估方法、目标威胁等级多因子变权 TOPSIS 综合评估方法、目标威胁等级多因子变权 VIKOR 综合评估方法。

3. 提出目标威胁排序多因子综合评估模型的稳定性分析方法

从数理基础和实证角度，对目标威胁排序多因子线性加权综合评估模型进行了稳定性分析，给出了保持当前目标威胁排序多因子线性加权综合评估结果（即目标威胁排序）不变的条件下目标威胁因子特征值和目标威胁因子权重的变化范围，尤其求解、获得了具体的解析表达式，可为实际作战指挥决策中判断目标威胁排序评估结果是否发生改变提供理论依据。

4. 提出目标威胁等级多因子综合评估模型的稳定性分析方法

从数理基础和实证角度，以级别特征值作为目标威胁等级的评定原则，对目标威胁等级多因子线性加权综合评估模型进行了稳定性分析，给出了保持当前目标威胁等级多因子线性加权综合评估结果不变的条件下目标威胁因子级别特征值和目标威胁因子权重的变化范围，尤其求解、获得了具体的解析表达式，可为实际作战指挥决策中快速判断目标威胁等级评估结果是否发生改变提供理论依据。

本书的主要学术贡献有六个方面。

（1）建立了六种具体的目标威胁排序多因子常权/变权综合评估模型与方法。

（2）建立了六种具体的目标威胁等级多因子常权/变权综合评估模型与方法。

（3）提出了级别特征值作为目标威胁等级的评定原则，并创建了目标威胁等级多因子综合评估级别特征值方法。

（4）建立了目标威胁等级多因子综合评估二元语义方法。

（5）建立了目标威胁排序多因子线性加权综合评估模型的稳定性分析方法。

（6）建立了目标威胁等级多因子线性加权综合评估模型的稳定性分析方法。

6.2 目标威胁多因子综合评估未来研究与展望

本书对目标威胁多因子综合评估（包括目标威胁排序多因子综合评估、目标威胁等级多因子综合评估两种类型）模型与结果的稳定性问题从数理基础和实证分析角度进行了系统、深入研究，获得了一些具体的结论，有助于目标威胁评估研究工作的深入开展。但尚有一些问题影响目标威胁排序（等级）多因子综合评估结果的稳定性，还需要进一步完善与深入研究。未来需要深入研究的问题及可能研究方向主要如下。

1. 目标威胁排序（等级）多因子综合评估结果关于目标威胁因子增减的稳定性分析

在作战任务、战场环境发生变化，需要考虑增加或减少某些目标威胁因子时，目标威胁排序（等级）多因子综合评估结果是否会受到影响？影响的程度有多大？换句话说，目标威胁排序（等级）多因子综合评估结果关于目标威胁因子增减是不是稳定（或灵敏）的？

2. 目标威胁排序（等级）多因子综合评估结果关于多人参与评估的稳定性分析

在指挥员（或决策者）、军事专家和参谋人员等多人参与目标威胁排序（等级）评估时，由于各人掌握的情报信息和具有的专业背景、知识经验以及个人偏好等不完全一样，对目标威胁程度和目标威胁因子重要性的认识、判断等可能不完全一致。如何集结这些参与人员的信息并形成群体对目标的威胁排序（等级）评估结果是一个非常重要的问题[164, 165]。群体集结方法对目标威胁排序（等级）多因子综合评估结果是否会产生影响即目标威胁排序（等级）多因子群体综合评估结果的稳定性分析问题。

3. 目标威胁排序（等级）多因子综合评估模型的融合拓展研究

本书提出了三种重要的目标威胁排序多因子综合评估模型（即目标威胁排序多因子线性加权综合评估模型、目标威胁排序多因子 TOPSIS 综合评估模型、目标威胁排序多因子 VIKOR 综合评估模型）与五种重要的目标威胁等级多因子综合评估方法（即目标威胁等级多因子线性加权综合评估方法、目标威胁等级多因子 TOPSIS 综合评估方法、目标威胁等级多因子 VIKOR 综合评估方法、目标威胁等级多因子综合评估级别特征值方法、目标威胁等级多因子综合评估二元语义方法）。深入分析不难看出，目标威胁排序（等级）多因子综合评估模型强调被评估威胁目标的局部效应，突出目标威胁因子之间的互补性。但有时需要强调被评估威胁目标的整体效应，突出目标威胁因子之间的协调、均衡作用，尤其需要考虑目标威胁因子之间的非补偿性[166, 167]。因此，需要研究、建立具有非补偿性等其他非线性形式的目标威胁排序（等级）多因子综合评估模型，甚至多种组合形式的目标威胁排序（等级）多因子综合评估模型。

4. 其他类型的目标威胁排序（等级）多因子变权综合评估模型的研究

本书建立了三种目标威胁排序多因子变权综合评估模型（即目标威胁排序多因子线性变权加权综合评估模型、目标威胁排序多因子变权 TOPSIS 综合评估模型、目标威胁排序多因子变权 VIKOR 综合评估模型）与三种目标威胁等级多因子变权综合评估模型（即目标威胁等级多因子线性变权加权综合评估模型、目标威胁等级多因子变权 TOPSIS 综合评估模型、目标威胁等级多因子变权 VIKOR 综合评估模型），但基于与上面情况同样的理由，需要研究、建立其他形式或类型的目标威胁排序（等级）多因子变权综合评估模型[69, 168]，以满足实际作战指挥中目标威胁等级评估的现实要求和适应实际威胁态势的快速变化需要。

5. 目标威胁因子类型的多样化拓展与研究

本书主要研究了极大型和极小型目标威胁因子类型一致化方法对目标威胁排序（等级）多因子综合评估结果的影响。在实际中，目标威胁因子类型可能还有区间型、居中型、固定型、最佳值型等[169]。这些目标威胁因子类型一致化方法是否会对目标威胁排序（等级）多因子综合评估结果的稳定性产生影响即目标威胁排序（等级）多因子综合评估结果关于这些目标威胁因子类型一致化方法的稳定性分析问题。

6. 目标威胁因子特征值规范化方法的统一拓展研究

本书主要讨论了极差化变换、极值变换、单位向量化变换等三种目标威胁因子特征值无量纲化方法对目标威胁排序（等级）多因子综合评估结果的稳定性的影响。在一些目标威胁排序（等级）评估问题中，可能会采用标准化变换、功效系数法等。目标威胁排序（等级）多因子综合评估结果关于这些目标威胁因子特征值无量纲化方法的稳定性分析也是未来需要进行深入研究的问题。

参 考 文 献

[1] 孔祥忠. 战场态势估计和威胁估计[J]. 火力与指挥控制，2003，28（6）：91-94，98.

[2] 万自明，温羡峤. 地空导弹武器系统威胁判断及火力分配模型[J]. 系统工程与电子技术，1988，8（3）：80-83.

[3] Looney C G，Liang L R. Cognitive situation and threat assessments of ground battle spaces[J]. Information Fusion，2003，4（4）：297-308.

[4] 李登峰. 目标威胁评估研究现状及发展趋势[J]. 系统理论与应用，2009，7（2）：1-9.

[5] 余舟毅，陈宗基，周锐. 基于贝叶斯网络的威胁等级评估算法研究[J]. 系统仿真学报，2005，17（3）：555-558.

[6] Poolsappasit N，Dewri R，Ray I. Dynamic security risk management using Bayesian attack graphs[J]. IEEE Transactions on Dependable and Secure Computing，2012，9（1）：61-74.

[7] Munoz-Gonzalez L，Sgandurra D，Barrere M，et al. Exact inference techniques for the analysis of Bayesian attack graphs[J]. IEEE Transactions on Dependable and Secure Computing，2019，16（2）：231-244.

[8] Elmrabit N，Yang S H，Yang L L，et al. Insider threat risk prediction based on Bayesian Network[J]. Computers & Security，2020，96：1-12.

[9] 杨爱武，李战武，徐安，等. 基于加权动态云贝叶斯网络空战目标威胁评估[J]. 飞行力学，2020，38（4）：87-94.

[10] 陈龙，马亚平. 基于分层贝叶斯网络的航母编队对潜威胁评估[J]. 系统仿真学报，2017，29（9）：2206-2212，2220.

[11] 赵建军，王毅，杨利斌，等. 基于动态贝叶斯网络的防空作战威胁估计[J]. 计算机技术与发展，2012，22（11）：138-140，144.

[12] 孙海文，谢晓方，孙涛，等. 小样本数据缺失状态下 DBN 舰艇编队防空目标威胁评估方法[J]. 系统工程与电子技术，2019，41（6）：1300-1308.

[13] 孙海文，谢晓方，孙涛，等. 基于 DDBN-Cloud 的舰艇编队防空目标威胁评估方法[J]. 系统工程与电子技术，2018，40（11）：2466-2475.

[14] 孟光磊，周铭哲，朴海音，等. 基于协同战术识别的双机编队威胁评估方法[J]. 系统工程与电子技术，2020，42（10）：2285-2293.

[15] 潘红华，王建明，朱森，等. 目标威胁判断的模糊模式识别模型[J]. 兵工学报，2004，25（5）：576-580.

[16] 曲长文，何友，马强. 应用多属性决策的威胁评估方法[J]. 系统工程与电子技术，2000，22（5）：26-29.

[17] 周林，娄寿春，赵杰. 基于 MADM 的威胁评估排序模型[J]. 系统工程与电子技术，2001，23（1）：18-20.

[18] 李正东. 量化目标威胁等级的改进[J]. 系统工程与电子技术，2003，25（5）：563-567.
[19] 柯宏发，陈永光. 电子战干扰目标的多属性多层次威胁评估模型[J]. 系统工程与电子技术，2006，28（9）：1370-1374.
[20] 刘健，王献锋，聂成. 空袭目标威胁程度评估与排序[J]. 系统工程理论与实践，2001，21（2）：142-144.
[21] 孔德鹏，常天庆，郝娜，等. 地面作战目标威胁评估多属性指标处理方法[J]. 自动化学报，2021，47（1）：161-172.
[22] 王永春，李登峰，刘蜀. 基于直觉模糊可能度的威胁排序方法[J]. 海军大连舰艇学院学报，2009，32（1）：8-11.
[23] 武传玉，刘付显. 基于模糊评判的新防空威胁评估模型[J]. 系统工程与电子技术，2004，26（8）：1069-1071.
[24] 姜宁，胡维礼，李登峰，等. 辐射源威胁大小综合排序的模糊相对比值法[J]. 控制与决策，2002，17（2）：175-177.
[25] 姜宁，胡维礼，孙翱. 辐射源威胁等级判定的模糊多属性方法[J]. 兵工学报，2004，25（1）：56-59.
[26] 吴智辉，张多林. 基于模糊理论的空袭目标威胁判断模型[J]. 火力与指挥控制，2005，30（4）：92-94.
[27] 李进军，丛蓉，熊吉光. 舰艇编队对空中目标的威胁程度判断模型[J]. 火力与指挥控制，2005，30（7）：29-33.
[28] 吴强，曹义华，金长江. 威胁级别判断技术的研究[J]. 飞行力学，2002，20（4）：56-60.
[29] 胡绍勇，郑应平. 用模糊运算确定目标的威胁程度[J]. 兵工学报，1999，20（1）：43-46.
[30] 范春彦，韩晓明，王献峰. 基于最大隶属度的目标威胁评估与排序法[J]. 系统工程与电子技术，2003，25（1）：47-48.
[31] 冯卉，邢清华，宋乃华. 一种基于区间数的空中目标威胁评估技术[J]. 系统工程与电子技术，2006，28（8）：1201-1203.
[32] Li D F. Fuzzy multiattribute decision making models and methods with incomplete preference information[J]. Fuzzy Sets and Systems，1999，106（2）：113-119.
[33] 李登峰，徐培德. 具有一般偏好信息结构的作战方案评价与优选方法[J]. 模糊系统与数学，1999，13（4）：74-79.
[34] Wohl J G. Force management decision requirements for air force tactical command and control[J]. IEEE Transactions on Systems，Man，and Cybernetics：Systems，1981，11（9）：618-639.
[35] 李登峰，程春田，陈守煜. 部分信息不完全的多目标决策方法[J]. 控制与决策，1998，13（1）：83-86.
[36] 李登峰. 具有一般信息结构的模糊多属性决策方法[J]. 管理科学学报，1998，1（3）：41-44.
[37] 刘蜀，李登峰. 航空导弹系统作战通道评估与优选方法[J]. 海军大连舰艇学院学报，2009，32（6）：70-72.
[38] 李登峰，张安清. 具有复杂信息结构的作战方案优选[J]. 海军大连舰艇学院学报，1998，21（3）：48-50.
[39] 李登峰. 不完全信息环境的作战方案优选方法[J]. 海军大连舰艇学院学报，1998，21（2）：

53-55.
[40] 姜宁，李登峰，胡维礼. 不完全信息多属性决策的集成模型与方法[J]. 系统工程与电子技术，2001，23（2）：71-73，93.
[41] 李登峰，刘德铭. 作战方案优选的最小加权平均偏差算法[J]. 信息与决策系统，1997，2（1）：30-33.
[42] 李登峰，陈守煜. 多目标优化问题的模糊交叉算法与收敛性[J]. 应用数学，1997，10（3）：107-109
[43] 李登峰. 复杂模糊系统多层次多目标多人决策理论模型方法与应用研究[D]. 大连：大连理工大学，1995.
[44] 张肃. 考虑主观偏好信息的辐射源威胁评估方法[J]. 电子对抗，2007，（2）：13-16.
[45] 高晶，李为民. 不完全权重信息下目标威胁模糊评估[J]. 战术导弹技术，2006，（1）：64-67.
[46] 黄宪成，陈守煜. 定量和定性指标相混合的威胁排序模型[J]. 兵工学报，2003，24（1）：78-81.
[47] 任全，聂成，李为民. 基于最小偏差指标赋权法的威胁判断模型[J]. 空军工程大学学报（自然科学版），2003，4（5）：78-81.
[48] 王瑜. 要地防空中目标未确知威胁的测度变权评价[J]. 系统工程理论与实践，2003，23（2）：111-115.
[49] 李凤华，李勇俊，杨正坤，等. 不完全信息下的威胁处置效果模糊评估[J]. 通信学报，2019，40（4）：117-127.
[50] 王毅，刘三阳，张文，等. 属性权重不确定的直觉模糊多属性决策的威胁评估方法[J]. 电子学报，2014，42（12）：2509-2514.
[51] Li D F. Compromise ratio method for fuzzy multi-attribute group decision making[J]. Applied Soft Computing，2007，7（3）：807-817.
[52] 张浩为，谢军伟，葛佳昂，等. 改进 TOPSIS 的多态融合直觉模糊威胁评估[J]. 系统工程与电子技术，2018，40（10）：2263-2269.
[53] 张浩为，谢军伟，葛佳昂，等. 改进 TOPSIS 的多时刻融合直觉模糊威胁评估[J]. 控制与决策，2019，34（4）：811-815.
[54] 胡涛，王栋，孙曜，等. 基于改进 CRITIC-LRA 和灰色逼近理想解排序法的空战威胁评估[J]. 兵工学报，2020，41（12）：2561-2569.
[55] 奚之飞，徐安，寇英信，等. 基于前景理论的空战目标威胁评估[J]. 兵工学报，2020，41（6）：1236-1248.
[56] 董鹏宇，王红卫，陈游. 基于博弈论的 GRA-TOPSIS 辐射源威胁评估方法[J]. 北京航空航天大学学报，2020，46（10）：1973-1981.
[57] 董鹏宇，王红卫，陈游. 区间条件下基于 GRA 和 TOPSIS 的辐射源威胁评估[J]. 控制与决策，2021，36（6）：1516-1522.
[58] Opricovic S. Multicriteria Optimization of Civil Engineering Systems[M]. Belgrade：Faculty of Civil Engineering，1998.
[59] Opricovic S，Tzeng G H. Compromise solution by MCDM methods：A comparative analysis of VIKOR and TOPSIS[J]. European Journal of Operational Research，2004，156（2）：445-455.
[60] Opricovic S，Tzeng G H. Extended VIKOR method in comparison with outranking methods[J].

European Journal of Operational Research，2007，178（2）：514-529.

[61] Mohsen O，Fereshteh N. An extended VIKOR method based on entropy measure for the failure modes risk assessment—A case study of the geothermal power plant（GPP）[J]. Safety Science，2017，92：160-172.

[62] 殷春武. 无人飞行器航迹方案的 VIKOR 择优评价[J]. 控制与决策，2020，35（12）：2950-2958.

[63] 胡涛，王栋，黄震宇，等. 基于前景理论和 VIKOR 法的空战威胁评估[J]. 空军工程大学学报（自然科学版），2020，21（5）：62-68.

[64] 张明双，徐克虎，李灵之. 基于直觉模糊集和 VIKOR 法的多目标威胁评估[J]. 兵器装备工程学报，2019，40（6）：62-67.

[65] 申兴盼，丁勇，李世豪. 基于动态直觉模糊群决策的舰艇编队防空威胁评估[J]. 指挥控制与仿真，2017，39（3）：19-26.

[66] 朱学耕，王强，刘家路，等. 基于三角模糊 VIKOR 的合成营动态作战能力评估[J]. 火力与指挥控制，2020，45（10）：143-148.

[67] Li D F. TOPSIS-based nonlinear-programming methodology for multiattribute decision making with interval-valued intuitionistic fuzzy sets[J]. IEEE Transactions on Fuzzy Systems，2010，18（2）：299-311.

[68] 李元左，李登峰. 基于广义判断的一类模糊区间层次分析法：IGJAHP[J]. 系统工程理论方法应用，1996，5（1）：74-80.

[69] 吕翔昊，李登峰. 基于模糊信息的群体多维偏好分析决策模型[J]. 系统工程与电子技术，2004，26（5）：605-609.

[70] 李春生，王耀南，陈光辉，等. 基于层次分析法的模糊分类优选模型[J]. 控制与决策，2009，24（12）：1881-1884.

[71] 李万胜，张汉锋，李远星，等. 城市防空作战中空中目标威胁度估计模型[J]. 火力与指挥控制，2004，29（3）：55-57.

[72] 陈克，刘士场，王幸军. AHP 法改进及其在目标威胁等级评估中的应用[J]. 指挥控制与仿真，2006，28（1）：108-110.

[73] 田桐良，刘作良，王广云，等. 部分特征值未知的空中目标威胁程度排序方法[J]. 空军工程大学学报（自然科学版），2004，5（2）：55-58.

[74] 张由余，罗丽莉. 多因子动态加权威胁估计方法[J]. 火力与指挥控制，1997，22（4）：44-48.

[75] 陈东锋，雷英杰. 空袭目标威胁程度的综合评估与排序模型[J]. 系统工程与电子技术，2005，27（9）：1597-1599.

[76] 谷向东，童中翔，柴世杰，等. 基于 IAHP 和离差最大化 TOPSIS 法目标威胁评估[J]. 空军工程大学学报（自然科学版），2011，12（2）：27-31.

[77] 孙云柯，方志耕，陈顶. 基于动态灰色主成分分析的多时刻威胁评估[J]. 系统工程与电子技术，2021，43（3）：740-746.

[78] 刘胜利，王刚. 基于雷达图的空袭目标突防航路威胁评估[J]. 系统仿真学报，2021，33（1）：196-204.

[79] 张延风，刘建书，张士峰. 基于层次分析法和熵值法的目标多属性威胁评估[J]. 弹箭与制导学报，2019，39（2）：163-165.

[80] Dempster A P. Upper and lower probabilities induced by a multivalued mapping[J]. Annals of Mathematical Statistics，1967，38（2）：325-339.

[81] 黄文斌，陈颜辉. 基于 D-S 证据理论的潜艇威胁判断方法研究[J]. 哈尔滨工程大学学报，2005，26（2）：164-168.

[82] 魏青梅，李宇博，应雨龙. 结合 Dempster-Shafer 证据理论与循环神经网络的网络安全态势预测[J]. 济南大学学报（自然科学版），2020，34（3）：238-246.

[83] 徐浩，邢清华. 基于证据理论的助推段弹道导弹目标威胁评估[J]. 军事运筹与系统工程，2016，30（2）：9-14.

[84] 徐浩，邢清华，王伟. 基于 DST-IFS 的空中目标敌我属性综合识别[J]. 系统工程与电子技术，2017，39（8）：1757-1764.

[85] Wang K. A new multi-sensor target recognition framework based on Dempster-Shafer evidence theory[J]. International Journal of Performability Engineering，2018，14（6）：1224-1233.

[86] Li J E，Yang X Z，Zhou L A. Multi-sensor target recognition based-on multi-period improved DS evidence fusion method[J]. Journal of Nanoelectronics and Optoelectronics，2018，13（5）：758-767.

[87] 高晓阳，王刚. 基于改进时域证据融合的目标识别[J]. 系统工程与电子技术，2018，40（12）：2629-2635.

[88] 于军善，张涛，曹宁，等. 灰色关联分析中的空袭目标威胁度判断[J]. 火力与指挥控制，2004，29（4）：68-70.

[89] 袁进徐，赵建峰，董振平，等. 灰靶理论的空中目标威胁评估与排序[J]. 火力与指挥控制，2007，32（4）：56-58，61.

[90] 奚之飞，徐安，寇英信，等. 基于灰主成分的空战目标威胁评估[J]. 系统工程与电子技术，2021，43（1）：147-155.

[91] 周弘波，张金成. 基于组合权重的灰色目标威胁评估[J]. 火力与指挥控制，2018，43（10）：143-147.

[92] 李卫忠，李志鹏，江洋，等. 混沌海豚群优化灰色神经网络的空中目标威胁评估[J]. 控制与决策，2018，33（11）：1997-2003.

[93] Li D F，Chen S Y. FNN optimum seeking decision making method[J]. The International Journal of Fuzzy Mathematics，1997，5（3）：699-705.

[94] 李登峰，陈守煜，程春田，等. 多属性决策问题的模糊神经网络综合决策方法[J]. 系统工程理论方法应用，1995，4（2）：45-52.

[95] 高尚. 基于神经网络威胁判断模型[J]. 系统工程理论与实践，2000，20（7）：49-51.

[96] 邱浪波，刘作良，刘明. 一种应用神经网络技术的威胁估计算法[J]. 空军工程大学学报（自然科学版），2002，3（6）：25-28.

[97] 王向华，覃征，刘宇，等. 径向基神经网络解决威胁排序问题[J]. 系统仿真学报，2004，16（7）：1576-1579.

[98] 翟保磊，王文豪，胡盛华，等. 基于优化广义回归神经网络的目标威胁评估[J]. 电光与控制，2015，（10）：44-47.

[99] 高尚，杨静宇. 基于支持向量机的威胁判断模型[J]. 火力与指挥控制，2006，31（2）：55-58.

[100] 韩伟，刘敏，何文龚，等. 基于在线支持向量机的空对地攻击决策算法[J]. 吉林大学学报

（信息科学版），2013，31（1）：73-82.
[101] 朱光耀，张贞凯. 基于优化神经网络的雷达波束分配方法研究[J]. 火力与指挥控制，2021，46（1）：88-93.
[102] 奚之飞，徐安，寇英信，等. 基于 PCA-MPSO-ELM 的空战目标威胁评估[J]. 航空学报，2020，41（9）：216-231.
[103] 闫实，贺静，王跃东，等. 基于强化学习的多机协同传感器管理[J]. 系统工程与电子技术，2020，42（8）：1726-1733.
[104] Lee H，Choi B J，Kim C O，et al. Threat evaluation of enemy air fighters via neural network-based Markov chain modeling[J]. Knowledge-Based Systems，2017，116：49-57.
[105] 李登峰. 模糊多目标多人决策与对策[M]. 北京：国防工业出版社，2003.
[106] Li D F. Lexicographic method for matrix games with payoffs of triangular fuzzy numbers[J]. International Journal of Uncertainty，Fuzziness and Knowledge-Based Systems，2008，16（3）：371-389.
[107] 李登峰. 直觉模糊集决策与对策分析方法[M]. 北京：国防工业出版社，2012.
[108] 曲长文，何友. 基于对策论的威胁评估模型[J]. 火力与指挥控制，1999，24（2）：27-30.
[109] 闫怀志，胡昌振，谭惠民. 基于模糊矩阵博弈的网络安全威胁评估[J]. 计算机工程与应用，2002，38（13）：4-6，10.
[110] Cheung K F，Michael G H. Attacker-defender model against quantal response adversaries for cyber security in logistics management：An introductory study[J]. European Journal of Operational Research，2021，291（2）：471-481.
[111] 胡永进，马骏，郭渊博，等. 基于多阶段网络欺骗博弈的主动防御研究[J]. 通信学报，2020，41（8）：32-42.
[112] 谭晶磊，张恒巍，张红旗，等. 基于 Markov 时间博弈的移动目标防御最优策略选取方法[J]. 通信学报，2020，41（1）：42-52.
[113] 蒋侣，张恒巍，王晋东. 基于信号博弈的移动目标防御最优策略选取方法[J]. 通信学报，2019，40（6）：128-137.
[114] 杨峻楠，张红旗，张传富. 基于随机博弈与改进 WoLF-PHC 的网络防御决策方法[J]. 计算机研究与发展，2019，56（5）：942-954.
[115] 孙骞，薛雷琦，高岭，等. 基于随机博弈与禁忌搜索的网络防御策略选取[J]. 计算机研究与发展，2020，57（4）：767-777.
[116] Li D F. Multiattribute decision making models and methods using intuitionistic fuzzy sets[J]. Journal of Computer and System Sciences，2005，70（1）：73-85.
[117] Li D F. Some measures of dissimilarity in intuitionistic fuzzy structures[J]. Journal of Computer and System Sciences，2004，68（1）：115-122.
[118] Li D F，Cheng C T. New similarity measures of intuitionistic fuzzy sets and application to pattern recognitions[J]. Pattern Recognition Letters，2002，23（1-3）：221-225.
[119]Li D F. Linear programming method for MADM with interval-valued intuitionistic fuzzy sets[J]. Expert Systems with Applications，2010，37（8）：5939-5945.
[120] 雷英杰. 基于直觉模糊推理的态势与威胁评估研究[D]. 西安：西安电子科技大学，2005.
[121] 陈东锋，雷英杰. 威胁评估中的一种直觉模糊推理方法[J]. 指挥控制与仿真，2006，28（4）：

21-23.

[122] 李闯，端木京顺，雷英杰，等. 基于认知图和直觉模糊推理的态势评估方法[J]. 系统工程与电子技术，2012，34（10）：2064-2068.

[123] Kong D P，Chang T Q，Wang Q D，et al. A threat assessment method of group targets based on interval-valued intuitionistic fuzzy multi-attribute group decision-making[J]. Applied Soft Computing，2018，67：350-369.

[124] Zhang K，Kong W R，Liu P P，et al. Assessment and sequencing of air target threat based on intuitionistic fuzzy entropy and dynamic VIKOR[J]. Journal of Systems Engineering and Electronics，2018，29（2）：305-310.

[125] Feng J F，Zhang Q，Hu J H，et al. Dynamic assessment method of air target threat based on improved GIFSS[J]. Journal of Systems Engineering and Electronics，2019，30（3）：525-534.

[126] Gao Y，Li D S，Zhong H. A novel target threat assessment method based on three-way decisions under intuitionistic fuzzy multi-attribute decision making environment[J]. Engineering Applications of Artificial Intelligence，2020，87：103276.

[127] 武华，苏秀琴. 基于群广义直觉模糊软集的空袭目标威胁评估方法[J]. 控制与决策，2015，30（8）：1462-1468.

[128] 杨诚修，王谦喆，彭卫东，等. 基于 IFA-HFS 的雷达波形域 LPI 性能评估方法[J]. 北京航空航天大学学报，2020，46（8）：1574-1581.

[129] 钟赟，姚佩阳，孙昱. 有人机/UCAV 编队协同作战决策分配方法[J]. 系统工程理论与实践，2016，36（11）：2984-2992.

[130] 韩博文，姚佩阳，钟赟，等. 基于 QABC-IFMADM 算法的有人/无人机编队作战威胁评估[J]. 电子学报，2018，46（7）：51-59.

[131] 李登峰，许腾. 海军运筹分析教程[M]. 北京：海潮出版社，2004.

[132] 王宏飞，姚仲舒，杨成梧. 基于 Lanchester 方程的威胁评估模型[J]. 火力与指挥控制，2003，28（1）：47-50.

[133] 郝强，冯立东，龚旭. 摩步师（团）反空袭作战空中威胁评估[J]. 火力与指挥控制，2006，31（4）：70-73.

[134] 黄洁，李弼程，赵拥军. 基于 Choquet 模糊积分的目标威胁评估方法[J]. 信息工程大学学报，2012，13（1）：18-21.

[135] 黄世锐，张恒巍，王晋东，等. 基于定性微分博弈的网络安全威胁预警方法[J]. 通信学报，2018，39（8）：29-36.

[136] 汪培庄. 模糊集与随机集落影[M]. 北京：北京师范大学出版社，1985.

[137] 李洪兴. 因素空间理论与知识表示的数学框架（Ⅷ）：变权综合原理[J]. 模糊系统与数学，1995，9（3）：1-9.

[138] 李洪兴. 因素空间理论与知识表示的数学框架（Ⅸ）：均衡函数的构造与 Weber-Fechner 特性[J]. 模糊系统与数学，1996，10（2）：12-19.

[139] 余高锋，刘文奇，李登峰. 基于折衷型变权向量的直觉语言决策方法[J]. 控制与决策，2015，30（12）：2233-2240.

[140] Yu G F，Fei W，Li D F. A compromise-typed variable weight decision method for hybrid multiattribute decision making[J]. IEEE Transactions on Fuzzy Systems，2019，27（5）：861-872.

[141] 余高锋，李登峰，刘文奇. 考虑决策者心理行为特征的激励型变权决策方法研究[J]. 系统工程理论与实践，2017，37（5）：1304-1312.

[142] 叶银芳，李登峰，余高锋. 联合订货区间值 EOQ 模型及变权 Shapley 值成本分摊方法[J]. 中国管理科学，2019，27（10）：90-99.

[143] 李涛，刘进忙. 考虑目标攻击信号的一种变权威胁评估方法[J]. 弹箭与制导学报，2017，37（1）：135-138，143.

[144] 孙庆鹏，李战武，常一哲. 基于威力势场的多机种威胁评估方法[J]. 系统工程与电子技术，2018，40（9）：1993-1999.

[145] 徐克虎，张明双，李灵之. 基于区间变权灰色关联法的集群目标威胁评估[J]. 电光与控制，2019，26（12）：6-11.

[146] Li D F，Cheng C T. Stability on multiobjective dynamic programming problems with fuzzy parameters in the objective functions and in the constraints[J]. European Journal of Operational Research，2004，158（3）：678-696.

[147] Li D F. Linear Programming Models and Methods of Matrix Games with Payoffs of Triangular Fuzzy Numbers[M]. Berlin，Heidelberg：Springer，2016.

[148] Fiacco A V. Introduction to Sensitivity and Stability Analysis in Nonlinear Programming[M]. New York：Academic Press，1983.

[149] Traintaphyllou E，Sabchez A. A sensitivity analysis approach for some deterministic multi-criteria decision-making methods[J]. Decision Sciences，1997，28（1）：151-194.

[150] 樊治平，尤天慧，张全. 多属性决策中基于加权模型的属性值灵敏度分析[J]. 东北大学学报（自然科学版），2002，23（1）：83-86.

[151] 郭亚军. 综合评价结果的敏感性问题及其实证分析[J]. 管理科学学报，1998，1（3）：28-35.

[152] 蒋艳. 多属性决策中参数敏感性研究及应用[D]. 武汉：华中科技大学，2002.

[153] 郭亚军，于兆吉. 综合评价的合理性问题[J]. 东北大学学报（自然科学版），2002，23（9）：844-847.

[154] 吴敬业，史本山. 评价模式对评价可靠性的影响分析[J]. 系统工程理论与实践，1993，13（3）：11-15.

[155] 李登峰，许腾. 海军作战运筹分析及应用[M]. 北京：国防工业出版社，2007.

[156] 佟淼，李登峰. 舰艇作战方案评估模型与方法研究[J]. 海军大连舰艇学院学报，2000，23（3）：38-39.

[157] 郭亚军. 综合评价理论与方法[M]. 北京：科学出版社，2002.

[158] Hwang C L，Yoon K. Multiple Attributes Decision Making Methods and Applications[M]. Berlin，Heidelberg：Springer，1981.

[159] Li D F. An approach to fuzzy multiattribute decision making under uncertainty[J]. Information Sciences，2005，169（1-2）：97-112.

[160] 陈守煜. 工程模糊集理论与应用[M]. 北京：国防工业出版社，1998.

[161] Herrera F，Herrera-Viedma E. Linguistic decision analysis：Steps for solving decision problems under linguistic information[J]. Fuzzy Sets and Systems，2000，115（1）：67-82.

[162] Herrera-Viedma E，Martínez L，Mata F，et al. A consensus support system model for group decision-making problems with multigranular linguistic preference relations[J]. IEEE

Transactions on Fuzzy Systems，2005，13（5）：644-658.
[163] Herrera F，Martínez L，Sanchez P J. Managing non-homogeneous information in group decision making[J]. European Journal of Operational Research，2005，166：115-132.
[164] Li D F，Sun T. Fuzzy LINMAP method for multiattribute group decision making with linguistic variables and incomplete information[J]. International Journal of Uncertainty，Fuzziness and Knowledge-Based Systems，2008，15（2）：153-173.
[165] Li D F，Yang J B. Fuzzy linear programming technique for multiattribute group decision making in fuzzy environments[J]. Information Sciences，2004，158：263-275.
[166] Li D F. A fuzzy closeness approach to fuzzy multi-attribute decision making[J]. Fuzzy Optimization and Decision Making，2007，6（3）：237-254.
[167] Xia H C，Li D F，Zhou J Y，et al. Fuzzy LINMAP method for multiattribute decision making under fuzzy environments[J]. Journal of Computer & System Sciences，2006，72（4）：741-759.
[168] 王书齐，李登峰. 进攻作战中对有利战机综合模糊评估分析[J]. 海军大连舰艇学院学报，2002，25（2）：6-7.
[169] Laskey K B，Ambrosio B D，Levitt T S，et al. Limited rationality in action：Decision support for military situation assessment[J]. Minds and Machines，2000，10（1）：53-77.